Johanna Stöckl und Rosemarie Pexa

ErlebnisUrlaub mit Kindern

KROATIEN

40 Wanderungen und Ausflüge

ROTHER
BERGVERLAG

Vorwort

Unzählige wunderschöne Strände und ein kristallklares Meer machen Kroatien schon seit Generationen zu einer der beliebtesten Urlaubsdestinationen für Familien. Nicht selten »entdecken« heutige Eltern gemeinsam mit ihren Kindern jenes Land wieder, das sie selbst schon in ihrer eigenen Kindheit gemeinsam mit ihren Eltern besucht haben. Natürlich hat schon damals der Großteil der Touristen die Ferien vor allem am Strand verbracht, aber viele haben schon in den 1970er- und 1980er-Jahren erlebt, welche Fülle an lohnenswerten Wanderungen und Ausflügen das gebirgige Land an der Adria bietet. Wandervereine, markierte Wege und bewirtschaftete Berghütten gibt es schon seit der Zeit, als Istrien und Dalmatien noch Kronländer der Habsburgermonarchie waren; schon damals wurden Wege angelegt und sogar Aussichtstürme gebaut. Auch zur Zeit von Titos Jugoslawien stand Wandern hoch im Kurs; als jedermann zugängliches Freizeitvergnügen wurde es staatlich gefördert und unterstützt. Auch den unglaublichen Reichtum an Natur- und Kulturschätzen wusste man schon damals zu würdigen. Die Plitvicer Seen oder die Paklenica-Schlucht, die vor allem im deutschsprachigen Raum durch die »Karl-May-Filme« der 1960er-Jahre erst so richtig bekannt wurden, hatte man bereits 1949 zu Nationalparks erklärt. Weitere wie die Krka-Wasserfälle oder die Insel Mljet folgten, sodass es heute acht National- und elf Naturparks in Kroatien gibt, wodurch heute schon etwa fünf Prozent des gesamten Staatsgebietes unter Naturschutz stehen.

Was die Elterngeneration aber noch nicht genießen konnte, sind die zahlreichen Attraktionen speziell für Kinder, die erst in den letzten Jahren errichtet wurden – und laufend kommen neue hinzu: Klettergärten, Wasserparks, Dinopark, Bärenrefugium oder Greifvogelstation sind für Kinder genauso interessant wie für ihre Eltern.

Natürlich gäbe es in Kroatien noch viel mehr zu entdecken, etwa in der quirligen Landeshauptstadt Zagreb oder in den historisch interessanten Orten Slawoniens. Das vorliegende Buch kann hier nur eine kleine Auswahl persönlicher Empfehlungen und »Highlights« präsentieren, die alle von uns und unseren Kindern »getestet« und für gut befunden wurden. Wir haben uns aus naheliegenden Gründen auf die Küstenregionen konzentriert, wo sich das Wandern und der Besuch der verschiedensten Attraktionen mit einem Badeaufenthalt am Meer verbinden lassen. Die ins Buch aufgenommenen Ziele im Landesinneren sind ausnahmslos in Form eines Tagesausflugs erreichbar. Weniger ist, gerade auf Reisen mit Kindern, immer mehr. Nach einem aufregenden Wandertag muss immer noch genug Zeit zum Baden, Erholen und für ein Eis bleiben. Man sollte aber nicht der Versuchung unterliegen, in einem Urlaub möglichst viele der hier beschriebenen Aktivitäten »abzuhaken« – wenn Sie, so wie wir, Kroatien einmal kennen und lieben gelernt haben, dann werden Sie ohnehin immer wieder kommen wollen. In diesem Sinne wünschen wir einen schönen, spannenden und erholsamen Aufenthalt in Kroatien!

Johanna Stöckl und Rosemarie Pexa

Inhalt

Allgemeine Hinweise

Anforderungen

Um die Auswahl der Wanderungen und sonstigen Aktivitäten zu erleichtern, sind die einzelnen Touren je nach Anforderungen farblich gekennzeichnet:

▸ **Leicht**

Auch mit kleinen und nicht wandererfahrenen Kindern begehbare leichte Wanderungen und Spaziergänge in sicherem Gelände ohne nennenswerte Steigungen und mit Gehzeiten nicht über zwei Stunden.

▸ **Mittel**

Diese Wanderungen erfordern in jeder Hinsicht schon etwas mehr Übung und Kondition: Die Wege können steinig und schmal sein; Trittsicherheit und etwas Bergerfahrung sind erforderlich. Aber auch »leichte« Touren, die aufgrund der Länge anstrengender sind, wurden als mittel eingestuft.

▸ **Schwierig**

Längere, anstrengendere und anspruchsvollere Touren, die auch größere Höhenunterschiede aufweisen und leichte Kraxeleien beinhalten können. Hier sind Trittsicherheit und entsprechende Bergerfahrung unbedingt nötig.

▸ **Sonstige Aktivitäten**

Ausflüge wie etwa zu einem Aquapark, in einen Hochseilgarten oder in ein Falknereizentrum sowie Stadt- und Museumsbesuche und andere Freizeitaktivitäten. Diese erfordern üblicherweise keinerlei besondere Anforderungen.

Weitere Hilfestellung bei der Auswahl der richtigen Aktivität bieten die Tabelle auf der vorderen Umschlagklappe sowie die »Kurzinfo« bei den jeweiligen Programmpunkten. Dort wird unter »Anforderungen« nochmals im Detail auf Besonderheiten, wie etwa schwierige Passagen, eingegangen. Die Alterseinstufung sowie die angegebene Wegzeit und -länge sollen eine weitere Orientierungshilfe geben. Alle diese Angaben sind aber nur als grobe Richtlinie zu verstehen – das persönliche Empfinden von »anstrengend« und »schwierig« ist gerade bei Kindern sehr unterschiedlich und auch von Tagesverfassung, Lust und Laune abhängig.

Zeitangaben

Die bei den Wanderungen angeführten Gehzeiten verstehen sich als Anhaltspunkt und beinhalten nur die reine Gehzeit ohne Spiel-, Rast-, Essens- oder Fotopausen. Bei den sonstigen Attraktionen bietet die dort angegebene Besuchsdauer eine grobe Orientierung, ob man für die Aktivität nur ein paar Stunden oder einen ganzen Tag einplanen sollte. Als Faustregel gilt im Urlaub – und ganz besonders im Urlaub mit Kindern: Versuchen Sie nicht, so viel wie möglich in einen einwöchigen Aufenthalt hineinzupacken. Es ist besser, wenn noch so viel Zeit übrig bleibt, dass man den Tag am Strand oder bei einem Eis ausklingen lassen kann. Wenn man von Aktivität zu Aktivität hetzt, hat man nach der Rückkehr soviel Stress hinter sich, dass man noch eine weitere Woche Urlaub zur Erholung bräuchte.

Anfahrt

Eine Anfahrt zu den einzelnen Touren oder Aktivitäten mit öffentlichen Verkehrsmitteln ist nur in Ausnahmefällen beschrieben – also nur dann, wenn es eine attraktive, mehrmals am Tag verfügbare öf-

Am Gipfel Sveti Ivan oberhalb von Mali Lošinj (Tour 17).

fentliche Anbindung mit Bahn oder Bus gibt. Im Regelfall beziehen sich die Anfahrtsbeschreibungen auf die Anreise mit dem Auto. Dabei wird der Weg immer zunächst großräumig von der nächstgelegenen Autobahnausfahrt oder größeren Stadt aus beschrieben und dann im Detail auf die Zufahrt zu einer geeigneten Parkmöglichkeit eingegangen.
Besitzer eines Navigationsgerätes finden im Buch zu allen Ausgangspunkten Koordinaten nach Dezimalgrad und, soweit sinnvoll, auch Ortsangaben – bei Punkten außerhalb von Ortschaften führt nur die Eingabe der direkten Koordinaten zum Ziel. Wenn das Navigationsgerät normalerweise ein anderes Format (z. B. Grad, Minuten und Sekunden) verwendet, muss man dieses am Gerät umstellen (Angaben dazu finden sich in der Bedienungsanleitung des Navis), bevor man die Angaben aus dem Buch nützen kann, oder eines der im Internet verfügbaren Umrechnungstools (z. B. rechneronline.de/geo-koordinaten) verwenden. Bei den meisten in Europa ausgelieferten Geräten muss man »N« für Norden und »E« für Osten nicht mit eingeben.

Einkehr

Bei fast allen Wanderungen und Ausflügen gibt es direkt am Weg oder in der Nähe – sodass man auf der Hin- oder Rückfahrt dort einen Stopp einlegen kann – eine Einkehrmöglichkeit in Form eines Gasthauses (Gostionica), einer Taverne (Konoba) oder einer Imbissstube (Bife), manchmal auch ein Café, einen Eissalon oder eine Konditorei (Slastičarna). Wenn es an einem Ort ein breites Angebot verschiedener Einkehrmöglichkeiten gibt, wird nicht im Detail auf die Lokale eingegangen. Öffnungszeiten und Telefonnummern sind nur dort angegeben, wo es sich um die einzige Einkehrmöglichkeit weit und breit handelt.

Aussichtspunkt über das Tal der Lika bei Grabovača (Tour 24).

Unterkunft

An der Küste Kroatiens und in der Nähe der touristischen Hauptattraktionen im Hinterland herrscht kein Mangel an Übernachtungsmöglichkeiten – von Privatzimmern bis zu Vier-Sterne-Hotels. Eine ideale Alternative, die für Kinder spannend und abwechslungsreich ist und auch für die Erwachsenen viele Vorteile bietet, ist das Übernachten auf Campingplätzen – sei es mit dem eigenen Pkw und Zelt, mit einem Campingbus oder mit dem gemieteten Wohnmobil. In der Kurzinfo wird auf Übernachtungsmöglichkeiten in der Umgebung hingewiesen. Einzelne Betriebe sind nur dort angeführt, wo es keine Alternativen gibt.

Ausrüstung

Kroatien ist, im wahrsten Sinn des Wortes, steinreich. Der Großteil der Küste und des Hinterlandes besteht aus schroffem, scharfkantigem Kalkgestein, das durch Erosion in den unterschiedlichsten Formen verwittert ist. Im Karstgebirge sind feste Wanderschuhe oder zumindest knöchelhohe Schuhe mit griffigem Profil ein unbedingtes Muss; Sandalen oder leichte Sportschuhe wären hier fehl am Platz. Ideal sind Letztere aber für die ebenfalls in diesem Buch enthaltenen leichten Wanderungen auf gut befestigten Wegen. Wenn es unterwegs an einem Fluss, einem See oder auch am Meer eine Bademöglichkeit gibt, sollten Badeschuhe im Rucksack dabei sein; barfuß in unbekannte Gewässer zu gehen ist wegen der Verletzungsgefahr nicht ratsam. Wenn der Zustieg nicht zu schwer ist, sind auch sogenannte Aquaschuhe oder Trekkingsandalen aus Kunststoff (kein Leder!) für das Waten im Wasser eine Alternative; wichtig ist, dass sie fest am Fuß sitzen und man sie auch in der Strömung nicht verlieren kann.

Während man bei der übrigen Ausrüstung sehr variabel ist – manche bevorzugen moderne Funktionsbe-

GPS-Daten und Koordinaten der Ausgangspunkte

Auf **gps.rother.de** stehen zu diesem Wanderführer GPS-Tracks und die Koordinaten der Ausgangspunkte zum kostenlosen Download bereit. Dieser QR-Code führt direkt zum Download.

2. Auflage, Passwort: **315802aks**

Die GPS-Tracks können in die **Rother App** importiert werden. In der App kann man unterwegs stets sehen, wo man gerade ist und wo es langgeht. **Anleitungen dazu: rother.de/gps**

Trotz sorgfältiger Prüfung können wir Fehler und zwischenzeitliche Veränderungen nicht ausschließen. Verlassen Sie sich für die Orientierung niemals einzig und allein auf die GPS-Daten, sondern beurteilen Sie die Verhältnisse vor Ort.

kleidung aus schnell trocknenden, Schweiß ableitenden Kunstfasern, während andere auf leichte Baumwoll-T-Shirts schwören – sollte man bei den Schuhen keine Kompromisse eingehen. Wichtig ist, vor dem Urlaub die Schuhe bei kurzen Wanderungen auszuprobieren – sie sollten gut passen, sodass die Füße darin nicht herumrutschen, aber auf jeden Fall genug Freiraum bei den Zehen bieten. Druckstellen und Blasen sind etwas, was Kindern und Erwachsenen gleichermaßen die Freude am Wandern verderben kann.
Die Frage langer oder kurzer Hosen ist Geschmackssache: Will man lieber schwitzen, oder nimmt man durch die allgegenwärtigen Dornengewächse am Wegrand Kratzer an den Beinen in Kauf? Wir empfehlen Shorts und halblange Hosen nur für Spaziergänge auf breiten Wegen; sobald es ins Gelände geht, sind, auch wegen der Gefahr durch Stürze auf scharfkantigem Gestein, lange Hosen die bessere Wahl.
Im Einleitungstext zu den jeweiligen Aktivitäten wird auf das richtige Schuhwerk und eventuelle Besonderheiten (Fernglas zur Vogelbeobachtung oder Taschenlampe zum Erforschen von Höhlen) hingewiesen. Jene Dinge, die immer und bei jeder Wanderung dabei sein sollten, werden nicht eigens erwähnt: Egal, wie das Wetter zum Zeitpunkt des Aufbruchs aussehen mag, ein leichter Regenschutz und zumindest eine dünne, winddichte Jacke gehören immer ins Gepäck, denn Gewitter können sich rasch zusammenbrauen und die Temperatur kann dann empfindlich fallen. Ein kleiner (Not-)Proviant (selbst bei einem nur halbstündigen Spaziergang kann jemand einen akuten Hungeranfall bekommen) und eine Flasche mit

In der Vrženica-Schlucht auf der Insel Krk (Tour 18).

Trinkwasser müssen auch immer dabei sein. Bei Touren ohne Einkehrmöglichkeit muss der Wasservorrat entsprechend größer ausfallen, denn Quellen entlang des Weges sind im Karstgebirge eher eine Ausnahmeerscheinung.
Ganz wichtig ist ein guter Sonnenschutz, denn die UV-Strahlung ist sowohl am Meer als auch im gebirgigen Hinterland spürbar stärker als in Mitteleuropa. Sonnencreme mit einem Schutzfaktor von mindestens 30, von Juni bis August besser 50, sollte schon vor dem Aufbruch aufgetragen und in regelmäßigen Abständen nachgecremt werden, vor allem nach einem Aufenthalt im Wasser. Eine Sonnenbrille mit gutem UV-Filter und am besten ein leichter Sonnenhut oder eine Schirmkappe gehören zur Grundausstattung und sollten bei keiner Tour fehlen. Und: Wer trotz aller Vorsichtsmaßnahmen bereits einen

Bananenbootfahrten machen Spaß!

Sonnenbrand hat, gehört für die nächsten Tage in den Schatten und sollte vor allem die Mittagszeit meiden. Der englische Spruch »from eleven to three stay under a tree« ist eine gute Merkhilfe und sollte so weit wie möglich berücksichtigt werden. Im Hochsommer sind die Tage ohnehin lange genug, sodass sich viele Aktivitäten auch noch am Nachmittag, wenn es bereits etwas kühler ist, zeitlich problemlos ausgehen.

Normalerweise wird der Großteil des Gepäcks von den Erwachsenen getragen; größere Kinder können (und wollen oft!) selbst einen Rucksack tragen – zumindest zu Beginn der Wanderung. Ideal ist es, wenn der Ranzen der Kinder klein genug ist, dass er sich zusätzlich noch obenauf in den Rucksack der Eltern stopfen lässt, wenn es irgendwann mal keinen Spaß mehr macht, ihn zu tragen oder er zu schwer geworden ist. Als Faustregel gilt, dass der Rucksack nie schwerer sein sollte als ein Zehntel des Körpergewichtes und beim Gehen nicht hinderlich sein darf.

Wer mit ganz kleinen Kindern unterwegs ist, die noch nicht – oder nicht die ganze Strecke – selbst laufen können, für den sind Rückentragen eine mögliche Alternative: Ein Elternteil trägt das Gepäck, der andere nimmt das Kleinkind in der Trage. Allerdings sollte man sich dazu nur dann entschließen, wenn man bereits zuhause Touren mit Rückentrage unternommen hat und das Kind daran gewöhnt ist. Schwierige Touren, bei denen man auf schmalen Wegen unterwegs ist und ausrutschen könnte, sind wegen des stark erhöhten Schwerpunktes mit Rückentrage jedenfalls tabu.

Mit Kindern unterwegs

Es gibt viele Aktivitäten, die für Erwachsene und Kinder gleichermaßen interessant, spannend und unterhaltsam sind. Kinder empfinden etwa Wanderungen an und für sich nicht automatisch als langweilig – es kommt nur darauf an, was es an interessanten Dingen unterwegs zu sehen gibt. Oft ist es auch entscheidend, wie man Kindern eine Tour schmackhaft macht. Eine Festung wird zum Beispiel gleich wesentlich interessanter, wenn man sich vorstellt, dass hier einst Piraten gehaust haben. Während Erwachsene auch eine Stunde auf einer eintönigen Forststraße in Kauf nehmen, wenn es dafür am Ende einen herrlichen Aussichtspunkt gibt, ist die Toleranz der meisten Kinder hier deutlich geringer und sie wollen ständig etwas sehen, erleben und beschäftigt sein. Die Wanderungen und Ausflüge in diesem Buch nehmen darauf Rücksicht. Bei allen Touren gibt es Dinge, die für Kinder interessant, spannend und abwechslungsreich sind. Mal kann man alte Ruinen erforschen, mal wandert man durch einen fins-

Halb-Unterseeboot an der Küste bei Rabac (o.) und im Hafen von Omiš (u.).

Sonstige Aktivitäten für Schlechtwetter & Co

In Kroatien scheint zwar meistens die Sonne und das touristische Angebot ist großteils auf den Sommer und auf Schönwetter ausgerichtet, aber den einen oder anderen Regentag kann man trotzdem erwischen. Einige auch für Schlechtwetter geeignete Aktivitäten sind bei den jeweiligen Gegenden angeführt; solche, die es an mehreren Orten gibt, stehen hier:

Halb-Unterseeboote (»Semi-Submarines«): Diese kleinen, roten Boote, die wie ein echtes U-Boot aussehen, aber nicht wirklich ganz untertauchen, gibt es mittlerweile in unzähligen Orten an der Küste. Man sitzt im Inneren des Bootes und kann durch große Glasfenster die Unterwasserwelt beobachten und je nach Ort viele Fische, schön bewachsene Riffe oder auch Schiffswracks entdecken. Dabei ist es egal, ob es draußen regnet oder nicht – man sitzt ohnehin unter Wasser.

Aquarien: Abgesehen von den bei den jeweiligen Städten im Text erwähnten Aquarien von Šibenik und Split gibt es derartige Einrichtungen auch noch in Umag, Poreč, Rovinj, Pula (sehr originell gelegen im Inneren der alten Festung Verudela), in Rijeka (im Naturhistorischen Museum), in Krk, Baška, Crikvenica, Vodice (bei Šibenik) und Dubrovnik (in der Festung Sv. Ivan).

Einkaufszentren: Wenn einem wirklich nichts anderes mehr einfällt oder man sich einmal vor einem Platzregen nach drinnen flüchten möchte, bieten sich die in den größeren Städten zu findenden Shoppingcenter an. Man kann je nach Interesse an Schaufenstern vorbeibummeln oder etwas essen oder trinken. Da die Zentren meist schon an den Stadteinfahrten mit großen Werbetafeln angekündigt werden, sind sie meist problemlos zu finden.

Hallo Kinder,

»Was sind denn das für komische Buchstaben?«, werdet ihr euch in Kroatien manchmal fragen. Tatsächlich kennt die kroatische Schrift einige Zeichen, die es in anderen Sprachen nicht gibt – so wie unser »ä«, »ö« oder »ü« in anderen Sprachen nicht vorkommen. Aber so schwer ist es nicht, kroatische Wörter und Namen richtig auszusprechen, wenn ihr ein paar Regeln beachtet: Ein »h« wird immer als »ch« wie in »Dach« ausgesprochen, ein »v« immer wie ein »w« und nie wie ein »f«, und das »c« klingt immer wie unser »z« in »Ziegen« (von denen es übrigens in Kroatien sehr viele gibt). Wenn über dem c aber ein Strich oder ein verkehrtes Dach steht (ć oder č), dann wird es als »Tsch« gesprochen (den feinen Unterschied zwischen den beiden Buchstaben werdet ihr wahrscheinlich weder hören noch aussprechen können). Das »s« entspricht unserem »ss«, während das »z« wie ein sehr weiches, melodisches »s« klingt. Ähnlich verhält es sich mit »š« und »ž«: Das erste entspricht unserem »Sch« in »Schule«, während das »ž« eher wie im französischen Wort »Journal« klingt.
Wie soll man aber Worte wie den Namen der Insel »Krk« aussprechen, die überhaupt keinen einzigen Selbstlaut (a, e, i, o, u) enthalten? Das Geheimnis liegt in der Aussprache des Buchstabens »r«, den man so richtig lang rollen muss. Im Süden Deutschlands und in Österreich tut man sich damit leichter, denn auch dort wird das »r« oft gerollt. Aber so schwer ist es gar nicht: Wer »brrr« sagen kann, wenn ihm kalt ist, der kann auch »Krrrk« aussprechen. Aber nicht ein »e« oder »i« hineinschummeln; wer »Kerk« oder »Kirk« sagt, wird nämlich nicht verstanden.

teren Eisenbahntunnel, mal gibt es unterwegs Tiere zu sehen oder man hat die Möglichkeit, während der Wanderung in einem Bach oder bei einem Wasserfall zu baden. Auch bei den beschriebenen Städten und Sehenswürdigkeiten liegt das Hauptaugenmerk auf denen, die für die ganze Familie interessant sind.

Beste Reisezeit

Laut Statistik weist Kroatien eine ähnliche Anzahl an Sonnenstunden wie die Côte d'Azur oder die nordafrikanische Mittelmeerküste auf. Dennoch ist das Klima in der Regel nicht so heiß – die Durchschnittstemperatur beträgt im Juli und August, wenn die meisten Urlauber nach Kroatien fahren, um 24 °C. In dieser Zeit ist das Wetter am stabilsten, die Öffnungszeiten der verschiedenen Attraktionen sind am längsten und auch Wanderungen in den am höchsten gelegenen Teilen der Gebirge problemlos möglich. Dafür sind die Hauptattraktionen wie der Nationalpark Plitvice oder die Krka-Wasserfälle ebenso überlaufen wie etliche Badeorte an der Küste. Das Preisniveau ist überall höher – sowohl bei den Übernachtungsmöglichkeiten als auch bei den Eintrittsgebühren und in den Lokalen. In dieser Saison ist es empfehlenswert, Quartiere und Cam-

Den Sonderzeichen der kroatischen Schrift begegnet man auch auf Wegweisern.

pingplätze rechtzeitig vorzureservieren, da sie ausgebucht sein können. Wer noch nicht durch die Schulferien in der Wahl des Urlaubszeitraumes eingeschränkt ist, der sollte die Vorsaison (Mai oder Juni) oder die frühe Nachsaison (September) für einen Kroatien-Urlaub wählen. Zum Wandern ist es – vor allem in Küstennähe – in der Vor- oder Nachsaison angenehmer, allerdings sind alle hier beschriebenen Touren auch im Hochsommer möglich, insbesondere, wenn man die Mittagshitze meidet.
Wer besonders früh im Jahr, etwa zu Ostern oder Pfingsten, unterwegs ist, wird mit einem Blütenmeer und dem Anblick saftig grüner Hänge belohnt. Auch die Herbstferien sind eine Alternative: Die Wälder im Landesinneren zeigen sich in den schönsten Farben, in den Nationalparks trifft man nur noch wenige andere Besucher, und wenn man einen sonnigen Tag erwischt, kann selbst ein kurzes Bad im Meer noch drinn sein – denn die Wassertemperatur ist Ende Oktober oft noch höher als im April oder Mai.
Zu beachten ist aber, dass nicht alle Aktivitäten zu allen Jahreszeiten möglich sind. Im Winter ist es an der Küste und auf den Inseln mit durchschnittlich 6 °C im Februar relativ mild, Schnee liegt dort nur ausnahmsweise, aber im Hinterland kann es durchaus kräftig schneien, sodass man im Frühjahr auf den Gipfeln noch Schnee vorfinden kann. Manche Nationalparks sind zwar auch im Winter geöffnet (und zu einem stark ermäßigten Preis zugänglich), aber die Kioske sind geschlossen, der Fährbetrieb auf den Seen eingestellt, Pendelbusse verkehren nicht und Sehenswürdigkeiten sind entweder gar nicht oder nur am Wochenende für wenige Stunden geöffnet. Auch muss man damit rechnen, dass nicht alle Campingplätze geöffnet sind. Im Einleitungstext zu den einzelnen Aktivitäten wird ausdrücklich auf saisonale Öffnungszeiten oder Besonderheiten hingewiesen.

Sprache

In Kroatien spricht man – natürlich – kroatisch. Einen Sonderfall stellt die Halbinsel Istrien dar: Bis auf den kleinen Teil bei Rijeka, der bereits zum Verwaltungsbezirk Primorje-Gorski Kotar gehört, ist Istrien offiziell zweisprachig (Kroatisch und Italienisch). An die Stelle des »Serbokroatischen« im ehemaligen Jugoslawien ist eine neue sprachliche Identität getreten, die sich auch altertümlicher Ausdrücke bedient, z. B. bei den Monatsnamen (*siječanj*, *veljača*, *ožujak* … anstatt *Januar*, *Februar*, *Mart* …), und neu geschaffener Wörter wie *zračna luka* (früher: *aerodrom*) für Flughafen. Aber keine Sorge: In allen halbwegs touristisch erschlossenen Gebieten wird auch Englisch und fallweise Deutsch verstanden und gesprochen. Trotzdem freuen sich die Einheimischen, wenn man sich bemüht, zumindest auf Kroatisch zu grüßen.

Wenn einer eine Reise tut …

Anreise

Gleich vorweg: Da die meisten Ausflugsziele und Attraktionen in Kroatien mit öffentlichen Verkehrsmitteln nur schwer erreichbar sind, ist die Anreise mit dem eigenen Auto die empfehlenswerteste Variante. Und eine – dank durchgehend ausgebauter Autobahnverbindungen – recht schnelle, wenn man Staus wie zu Ferienbeginn oder -ende vermeidet. Der übliche Anreiseweg führt von Deutschland entweder über München und die Autobahn Salzburg – Villach – Ljubljana – Postojna und von hier je nach Reiseziel entweder weiter auf der Autobahn nach Koper (für Ziele im nördlichen Istrien und an der Westküste Istriens), auf der Staatsstraße 6 und der Autobahn A7 über Ilirska Bistrica nach Rijeka oder (für Ziele weiter südlich) von Ljubljana über Zagreb und Karlovac nach Zadar, Split oder Ploče.

Von Ostösterreich fährt man über Graz und Maribor entweder nach Ljubljana oder Zagreb. Von der Schweiz aus bietet sich auch alternativ die Autobahn durch Italien über Mailand, Padua und Triest an. Um von dort nach Istrien zu gelangen, fährt man auf der Autobahn bis Koper; wer weiter in den Süden möchte, nimmt die Abfahrt Padriciano und folgt den Wegweisern auf der E61 Richtung Fiume/Rijeka. Gleich nach der kroatischen Grenze trifft man wieder auf die Autobahn nach Rijeka.

Direkte Flugverbindungen nach Kroatien gibt es von vielen Städten in Deutschland, Österreich oder der Schweiz aus. Per Bahn lassen sich einige Orte an der kroatischen Küste, etwa Rijeka, Zadar und Split, erreichen, aber oft nur umständlich und mit mehrmaligem Umsteigen.

Unterwegs in Kroatien

Ein flächendeckendes Netz von öffentlichen Verkehrsmitteln gibt es in Kroatien leider nicht (mehr). Viele Orte sind zwar theoretisch mit Bussen erreichbar, diese verkehren aber oft nur wenige Male am Tag; man riskiert, kilometerweit von der Unterkunft entfernt zu »stranden«, wenn man für eine Aktivität länger gebraucht hat als geplant. Ein Auto – ob eigener Wagen oder Mietauto – ist somit unverzichtbar, wenn man weiter herumkommen möchte. Infos zu Busverbindungen findet man unter buscroatia.com/de (auf Deutsch), zu Bahnverbindungen unter hzpp.hr/en (nur auf Englisch).

Das Straßennetz ist mittlerweile verhältnismäßig gut ausgebaut: Autobahnen verlaufen quer durch Istrien und parallel zur Küste bis hinunter in den Süden bei Ploče. Die Stichstraßen, die von den Autobahnabfahrten zu den Orten an der Küste hinausführen, sind gut, meist sogar als kreuzungsfreie Schnellstraßen ausgebaut. Die Benutzung der Autobahnen ist kostenpflichtig. Wer es

Badeplatz unweit der Küstenstraße bei Pirovac.

Die neue Pelješac-Brücke verkürzt die Fahrzeit in den Süden Dalmatiens.

nicht eilig hat und Geld sparen möchte, kann auch auf die großteils ebenfalls gut ausgebauten Hauptstraßen ausweichen; die wichtigste Straßenverbindung ist dabei die »Adria-Magistrale« D8, die von Rijeka über Senj, Zadar, Split und Dubrovnik bis zur montenegrinischen Grenze verläuft. Wer mit einem großen Wohnmobil unterwegs ist, sollte beachten, dass es besonders in den gebirgigen Gegenden des Hinterlandes auch noch eine Reihe von schlecht ausgebauten, schmalen Straßen gibt, auf denen bereits zwei normale Pkw bei Gegenverkehr Probleme dabei haben, einander auszuweichen. Bei den Anfahrtsbeschreibungen wird darauf hingewiesen, wenn sich Straßen nicht für große Wohnmobile eignen.

Übernachten

Je flexibler man bei den Unterkünften ist, desto besser. Die von Reisebüros angebotenen Pauschalangebote sind zwar meist preislich attraktiv, man ist aber an einen Ort und fixe Essenszeiten gebunden. Wer individuell buchen möchte, findet Hotels, Apartments und Privatpensionen in praktisch allen Orten entlang der Küste; selbst in den entlegensten Orten im Landesinneren gibt es auf Nachfrage den einen oder anderen Vermieter, der Privatzimmer (»Sobe«) anbietet. In der Hauptsaison, insbesondere von Mitte Juli bis Ende August, kann es aber schwierig sein, spontan ohne Reservierung ein Zimmer zu finden.
Als flexibelste und vor allem für Kinder spannende Art der Übernachtung haben sich Campingplätze erwiesen. Kroatien verfügt – im Gegensatz zu anderen Ländern, wo Autocamps zu Gunsten der Errichtung von Hotelanlagen aufgelassen wurden – über eine große Zahl von Campingplätzen aller Kategorien, von einfachst ausgestatteten kleinen privaten Plätzen bis hin zum Vier-Sterne-Camp mit eigenem Swimmingpool. Wer mit kleineren

Kindern unterwegs ist, wird den Komfort größerer, besser ausgestatteter Plätze mit eigenem Spielplatz, Kinder-Animation und modernen Sanitäranlagen samt geräumigen Kleinkinderduschen zu schätzen wissen. Auf vielen der größeren Plätze stehen auch kleine Bungalows oder Mobilheime zum Mieten zur Verfügung.

Sicherheit

Kroatien gilt als sicheres Reiseland. Im Landesinneren Kroatiens lassen die Einheimischen noch ohne Bedenken die Haustüren offen stehen und die Autos unversperrt. So leichtfertig sollte man natürlich nicht sein, und die üblichen Vorsichtsmaßnahmen – keine Wertgegenstände sichtbar im Auto liegen lassen – immer berücksichtigen. Taschendiebstähle oder entrissene Handtaschen kommen anders als etwa in Italien in Kroatien kaum vor; im dichten Gedränge in den Altstädten von Split oder Dubrovnik sollte man dennoch vorsichtig sein.

Leider gibt es in Kroatien noch immer Gebiete, in denen sich Landminen aus dem Bürgerkrieg befinden. Die Tourenvorschläge in diesem Buch liegen aber ausnahmslos in minenfreien, sicheren Regionen.

Handy und Internet

Im Urlaub ist es praktisch, unterwegs z. B. die Website einer Attraktion zu besuchen, online Karten zu reservieren und vieles mehr. Glücklicherweise gibt es in Kroatien mittlerweile auf sehr vielen Campingplätzen, in den meisten Hotels und Privatquartieren kostenlosen WLAN-Zugang. Auch das Mobiltelefonnetz ist gut ausgebaut; meist hat man selbst in den Bergen tadellosen Handyempfang. Da Kroatien zur EU gehört, gelten hier die EU-weiten Roamingbestimmungen, d. h. für Kunden aus anderen EU- und EWR-Ländern fällt dieselbe Gebühr an wie zuhause. Wer ein Schweizer Handy besitzt, sollte sich bei seinem Telefonanbieter über die Kosten und Gebühren informieren.

Abendstimmung an der Kvarner-Bucht bei Senj.

Hallo Kinder,

habt ihr schon entdeckt, welches Tier auf der Rückseite der kroatischen 1-Euro-Münzen abgebildet ist? Richtig – ein Marder! Das kroatische Wort für Marder lautet »Kuna«, und so hieß auch von 1994 bis Ende 2022 die kroatische Währung, bevor der Euro eingeführt wurde. Jetzt fragt ihr euch vielleicht, warum man das Geld nach einem Tier benannt hat. Ganz einfach: Als die Stadt Osor auf der Insel Cres im Mittelalter von Venedig erobert wurde, boten die Bewohner dem Dogen – dem Herrscher von Venedig – einen Handel an: Gegen Bezahlung eines Tributes von 40 Marderfellen pro Jahr sollte Osor eine freie Stadt bleiben. Da die Tierfelle zu jener Zeit sehr begehrt waren, gingen die Venezianer auf die Abmachung ein. Eine Marder-Statue in der Stadt Osor erinnert heute an die Entstehung der Marder-Währung.

Auf der 2-Euro-Münze seht ihr den Umriss des Landes Kroatien. Auf den »kleinen« Cent-Münzen (1, 2 und 5) sind die Buchstaben HR in glagolitischer Schrift abgebildet (mehr über diese Schrift findet ihr bei Tour 19), während auf den »großen« Cent-Münzen (10, 20 und 50) ein Erfinder zu sehen ist, der uns in Kroatien auch an mehreren Stellen noch begegnen wird (Tour 24 und Tour 31): Nikola Tesla.

Geld

Geldautomaten und Banken findet man an der Küste Kroatiens praktisch in jedem Ort; im Hinterland sind sie naturgemäß weniger dicht gesät. Hier wird man oft im Foyer großer Supermärkte fündig. Für Bargeldabhebungen werden allerdings, je nach eigener Bank, Spesen fällig – oft ist es günstiger, seltener größere Beträge abzuheben als immer wieder kleine. Kreditkarten werden an praktisch allen Tankstellen, in den größeren Supermärkten, Hotels, Campingplätzen und fallweise auch für Eintrittsgebühren akzeptiert. Währung in Kroatien ist seit 1.1.2023 der Euro, wodurch das lästige Umrechnen und die teils erheblichen Spesen beim Geldwechseln der Vergangenheit angehören. Im Allgemeinen ist das Preisniveau mit dem in Mitteleuropa vergleichbar; ein »Billig-Reiseland« ist Kroatien schon lang nicht mehr. Lediglich Getränke und verschiedene Dienstleistungen sind günstiger als bei uns, während vor allem Eintrittsgelder in Museen und Nationalparks recht hoch sind. Wenn es Ermäßigungen für Kinder gibt, ist es völlig unterschiedlich, ob Kinder von 7 bis 18 Jahre den halben Preis bezahlen und darunter gratis sind, oder ob man bereits für Kinder ab 13 Jahren die Erwachsenen-Gebühr verrechnet bekommt.

Notrufe

In Kroatien gelten neben dem zentralen Euro-Notruf 112 folgende Notrufnummern (jeweils ohne Vorwahl): Polizei 192, Feuerwehr 193 und Unfallrettung 194. Bei Autopannen erreicht man landesweit unter der Nummer 1987 den Pannendienst des kroatischen Automobilclubs HAK.

»Pomorsko Dobro« und blaue Flaggen

Bei rund 6000 Kilometern Küste (alle Halbinseln und Inseln zusammengerechnet) und über 10.000 Badebuchten kann man ruhigen Gewissens behaupten, dass an der kroatischen Adriaküste wirklich für alle etwas dabei ist und hier jeder seinen ganz persönlichen Lieblingsstrand finden kann.

Dass man hier wirklich aus einer so großen Zahl von Badebuchten und Stränden wählen kann, ist einem Erbe aus der sozialistischen Zeit Jugoslawiens zu verdanken: dem »Pomorsko Dobro« (»Meeresgut«). Im Gegensatz zu vielen anderen Ländern gibt es in Kroatien (wie auch im südlich anschließenden Montenegro) nämlich keinen Privatbesitz direkt an der Küste oder im Meer selbst. Der Landstreifen, der sich bei mittlerem Wasserstand nicht weiter als sechs Meter vom Ufer entfernt, ist Meeresgut und gehört der Allgemeinheit. Hier können zwar Privatpersonen für die Bewirtschaftung (Errichtung von Strandbars, Vermietung von Liegestühlen usw.) eine (zeitlich befristete) Konzession erwerben, nicht aber etwa den Zutritt verwehren. Somit gibt es in Kroatien keine Strände, die ausschließlich Hotelgästen oder Campingplatzbesuchern zur Verfügung stehen. Selbst in den großen Ferienanlagen (wie etwa Amadria bei Šibenik, siehe Tour 29) haben auch Tagesgäste Zutritt und können die Strände uneingeschränkt benützen.

Seit 1997 beteiligt sich Kroatien auch jedes Jahr am Wettbewerb um die Verleihung der »Blauen Flaggen«. Mit dieser Auszeichnung dürfen sich nur die Strände schmücken, die eine Reihe von strengen Qualitätskriterien erfüllen, die von der Internationalen Stiftung für Umwelterziehung festgelegt wurden. Hierfür wird natürlich die Wasserqualität überprüft und muss während der Saison alle zwei Wochen kontrolliert werden. Eine organisierte Müll- und Abwasserentsorgung ist ebenso verpflichtend wie die Anwesenheit von ausgebildeten Rettungsschwimmern, Erste-Hilfe-Ausrüstung und Möglichkeiten für Körperbehinderte, ebenfalls die Badestrände zu benützen (Rampen, Behindertentoiletten usw.). Im Jahr 2022 konnten 97 Strände und Sportboothäfen die strengen Umweltbedingungen erfüllen. Was die Wasserqualität angeht, kann man aber auch abseits dieser ausgezeichneten Strände beruhigt sein: Bis auf die unmittelbare Nähe von größeren Hafenanlagen (insbesondere im Raum von Rijeka) oder rund um die Neretva-Mündung bei Ploče findet man praktisch überall glasklares Wasser vor.

Für Familien mit kleineren Kindern eignen sich natürlich ganz besonders flache Buchten, von denen der Großteil aus mehr oder weniger feinem Kies besteht, aber vereinzelt

Sandstrand von Prapratno in Süddalmatien.

Das klare Wasser an den Kiesstränden ist ideal zum Schnorcheln.

finden sich auch (natürliche oder künstlich aufgeschüttete) Sandstrände, die sich zum Burgenbauen herrlich eignen. Für die Größeren, die sich mit Taucherbrille, Schnorchel und Kescher bewaffnet auf Unterwasserexpedition begeben möchten, bieten die Küsten Kroatiens ein fantastisches Betätigungsfeld. Hierfür eignen sich besser die kleinen, felsigen Buchten oder die vielerorts vorhandenen betonierten Badeplattformen mit Stufen oder Leitern ins Wasser, weil man nicht erst weit ins Meer hinauswaten muss, bis man ins etwas tiefere, zum Schnorcheln geeignete Wasser gelangt. Selbst in Ufernähe und in geringer Tiefe kann man mit etwas Glück aufregende Entdeckungen machen – denn Oktopusse, Seesterne und Langusten entdeckt man durchaus auch in der Brandungszone. Ein Bestimmungsbuch über Fische und andere Meereslebewesen gehört unbedingt ins Gepäck, damit man nach dem Schnorchelabenteuer nachlesen kann, was einem da vors Auge (oder vor die Linse, denn inzwischen gibt es bis zu drei Meter Wassertiefe taugliche Digitalkameras schon zu erschwinglichen Preisen) gekommen ist.

Viele Strände Kroatiens bieten mittlerweile zusätzlich zu Sonnenschirm- und Liegestuhlverleih weitere Attraktionen speziell für Familien mit Kindern an: Wasserrutschen, die entweder in einen nahe am Ufer gelegenen Pool oder direkt ins Meer führen, oder in Ufernähe verankerte schwimmende, aus aufblasbaren Elementen bestehende Wasserspielplätze, die gegen eine Gebühr (Preise ab etwa 8 € für eine halbe Stunde bis zu etwa 20 € für den ganzen Tag) benützt werden können.

Rote Seesterne findet man schon im seichten Wasser.

Markuslöwe, Doppeladler und roter Stern

Egal, wohin man in Kroatien kommt, man wird überall auf die reichhaltigen Spuren einer sehr wechselvollen Geschichte treffen. Wie fast überall im Mittelmeerraum haben auch hier die Griechen und Römer ihre Kolonien und Städte gegründet. Die ältesten Siedlungen an der kroatischen Küste dürften schon vor über 3000 Jahren entstanden sein. Überreste gibt es aus dieser Zeit praktisch keine mehr; mehr als deutliche Spuren haben aber die Römer hinterlassen. Besonders eindrucksvoll sind das unter Kaiser Augustus errichtete sechstgrößte Amphitheater der Welt in Pula und der Palast des Kaisers Diokletian in Split. Auch zahlreiche andere Bauten stehen auf römischen Fundamenten, ebenso sind Brücken oder Straßenreste aus der Römerzeit erhalten.

Nach wechselvollen Jahrzehnten, in denen das Gebiet zeitweise zum weströmischen Reich und zeitweise zu Byzanz gehörte, ist im 9. Jahrhundert erstmals ein kroatisches Fürstentum und ab dem Jahr 925 ein Königreich Kroatien unter König Tomislav (ein Name, der uns in vielen Straßennamen begegnet) urkundlich überliefert. Doch die Epoche der Geschichte, in der Kroatien wirklich unabhängig war – und auf die sich der heutige kroatische Staat so gerne zurückbesinnt – dauerte weniger als zwei Jahrhunderte. Im Jahr 1102 wurde der ungarische König Koloman zugleich zum Herrscher über Kroatien. Diese Personaleinheit zwischen ungarischer und kroatischer Königswürde blieb im Prinzip bis 1918 bestehen, wobei das damalige Kroatien nicht mit dem in den heutigen Grenzen identisch war.

Eine völlig eigene Geschichte erlebte nämlich die kroatische Küste. Während die Republik Ragusa (Dubrovnik) von 1358 bis 1808 völlig unabhängig blieb, gehörte der übrige Küstenstreifen etwa ab dem Jahr 1000 zur Republik Venedig, die die Kultur und Architektur der Region nachhaltig prägte. Auf unzähligen Steintafeln, über Stadttoren oder in Form von Statuen begegnet man dabei noch heute dem Symbol Venedigs, dem geflügelten Markuslöwen. Sowohl das Landesinnere als auch die Küste erlebten dabei seit dem 15. Jahrhundert immer wieder Angriffe durch das Osmanische Reich und standen auch zeitweilig unter türkischer Herrschaft. Auch diese Zeit hat Spuren hinterlassen, etwa in Form türkischer Festungen oder einer Karawanserei am See Vransko Jezero bei Pakoštane (Tour 27). Als Schutz vor türkischen Angriffen wurde auch ringsum an den Grenzen zum heutigen Bosnien-Herzegowina (damals osmanisches Herrschaftsgebiet) die sogenannte Militärgrenze geschaffen, in der sich

Festung Mirabella bei Omiš (Tour 34).

wehrhafte Bauern aus Serbien ansiedelten, um das Land zu verteidigen. Dadurch gab es in vielen Gebieten Kroatiens eine zahlenmäßig bedeutende serbische Bevölkerung, die in manchen Teilen sogar die Mehrheit bildete. Ein Umstand, der sich ein halbes Jahrtausend später beim Zerfall Jugoslawiens fatal auswirken sollte.

Nach dem Ende der Napoleonischen Kriege kam die kroatische Küste einschließlich der früheren Republik Ragusa und dem Küstenstreifen im heutigen Montenegro im Jahr 1815 unter die Herrschaft der Habsburger, wurde aber nicht mit Ungarn vereinigt, sondern blieb ein eigenständiges Kronland. Ab 1867 war die Küste damit ein Teil der österreichischen Hälfte der Doppelmonarchie, während Kroatien und Slawonien zur ungarischen Reichshälfte gehörten. Die Häfen an der Adria wurden zu wichtigen Stützpunkten der österreichischen Marine, die Bucht von Cattaro (heute Kotor) zum wichtigsten Kriegshafen, und mit neuen Straßen- und Bahnverbindungen wurde der Grundstein der bis heute bestehenden Infrastruktur gelegt. Schulen, Krankenhäuser und öffentliche Gebäude, Wasserleitungen und Kanalisation sowie bedeutende Festungsanlagen stammen aus der Zeit der Habsburgerherrschaft, die mit dem Ersten Weltkrieg 1918 ein Ende nahm. Nun kamen Teile der Küste, insbesondere die gesamte Halbinsel Istrien, wieder unter italienische Herrschaft, während sich der Rest Kroatiens mit Slowenien und Serbien zum Königreich der Serben, Kroaten und Slowenen vereinigte, das später in Königreich Jugoslawien umbenannt wurde.

Nach der Besetzung im Zweiten Weltkrieg, der Herrschaft des faschistischen Ustascha-Staates und dessen Eroberung durch die Partisanenkämpfer unter dem späteren Staatspräsidenten Josip Broz Tito wurde Kroatien 1945 ein Teil der aus den sechs Teilrepubliken Slowenien, Kroatien, Serbien, Bosnien-Herzegowina, Montenegro und Mazedonien neu gegründeten Föderalistischen Volksrepublik Jugoslawien.

Markuslöwe an einer Hausruine.

Damals begann man bereits, das große wirtschaftliche Potenzial zu erkennen, das sich für die Adriaküste bot, und schuf die Grundlage für den heutigen Tourismus – mehr dazu auf Seite 22.

Nach Titos Tod dauerte es bekanntermaßen nur wenige Jahre, bis Nationalismus auf beiden Seiten das fragile Staatsgebilde von Jugoslawien in einem blutigen Bürgerkrieg zerbrechen ließ, als dessen Folge es in Kroatien noch immer Gebiete gibt, die im Krieg vermint wurden.

Eine Ironie der Geschichte ist es, dass der rote Stern – das Staatssymbol Jugoslawiens aus jüngster Zeit – heute nirgendwo in Kroatien mehr zu finden ist, während man fallweise auf alten österreichischen Bauwerken und Gedenktafeln den älteren Doppeladler finden kann und das uralte Symbol des venezianischen Löwen immer noch allgegenwärtig ist.

Tourismus zwischen Tito und Old Shatterhand

Viele Mütter und Väter, die heute gemeinsam mit ihren Kindern die kroatische Küste besuchen, haben diese schon in ihrer eigenen Kindheit gemeinsam mit ihren Eltern kennengelernt, als sich noch niemand Gedanken darüber gemacht hat, ob ein Küstenort denn nun in Slowenien, Kroatien, Bosnien-Herzegowina oder Montenegro liegt – denn das alles war damals noch Jugoslawien. Im Gegensatz zu den übrigen Staaten Osteuropas, die zum Warschauer Pakt gehörten und hinter dem »Eisernen Vorhang« für westliche Touristen unattraktiv bis unerreichbar waren, gehörte Jugoslawien keinem politischen Machtblock an und konnte dadurch von Urlaubern ohne Visum oder bürokratische Hürden bereist werden. Seit jenen Tagen ist viel Zeit vergangen – eines wusste aber schon der jugoslawische Staatspräsident Josip Broz Tito: »Die Landschaft ist unser Kapital«, sagte er angeblich. Und so kam es, dass der Tourismus in Kroatien schon damals einen »sanfteren« Weg beschritt als in vielen anderen Ländern an der Mittelmeerküste. Obwohl die Luftlinie von der slowenischen zur montenegrinischen Grenze nur knapp über 500 Kilometer beträgt, ist die Festlandküste Kroatiens mit all ihren Buchten und Halbinseln rund 1780 Kilometer lang – nimmt man die 1244 Inseln hinzu, kommt man auf eine Küstenlänge von rund 6180 Kilometern. Zum Vergleich: Spanien hat knapp 5000 Kilometer Küste! Deshalb halten sich in Kroatien auch die Auswüchse des Massentourismus sehr in Grenzen: Wirklich dicht mit größeren Hotelanlagen verbaut sind nur wenige Orte, dazwischen liegen endlose naturbelassene Küstenabschnitte und einsame Buchten. Die alten Hotelanlagen mit ihrer teilweise futuristischen Architektur, die ihrer Zeit weit voraus war, fügen sich meist in Form kleinerer Hotelpavillons in die Pinien- und Kiefernwälder ein, und die größeren Anlagen verstecken sich häufig im hinteren Teil der Buchten oder sind an Felshänge gebaut. Dabei wurde auf das Erbe aus vergangenen Tagen behutsam Rücksicht genommen – denn die Anfänge des Fremdenverkehrs reichen noch viel weiter zurück. Schon zur Zeit der Habsburgermonarchie, als die ersten Bahnverbindungen nach Triest oder Rijeka eine bequeme Anreise ermöglichten, entstanden Hotels, Kuranstalten und Privatpensionen an der »Österreichischen Riviera« zwischen Lovran und Crikvenica, von denen die

Erlebnisurlaub in Dubrovnik anno 1973.

meisten noch erhalten sind und in den letzten Jahren vorbildlich renoviert wurden.

Eine enorme Steigerung der Bekanntheit, vor allem bei Touristen aus dem deutschsprachigen Raum, erlebte das damalige Jugoslawien in den 1960er-Jahren, und kurioserweise ist dies niemand anderem als dem deutschen Filmproduzenten Horst Wendlandt zu verdanken. Nach dem Erfolg mehrerer Filmreihen wie den »Edgar Wallace«-Verfilmungen war er auf der Suche nach neuen Ideen und wurde – zumindest sagt das die »Legende« – von seinem Sohn auf die Bücher Karl Mays aufmerksam gemacht. Da aus Kostengründen eine Verfilmung an Originalschauplätzen in den USA nicht in Frage gekommen wäre, suchte man nach Alternativen in Europa und fand diese in Zusammenarbeit mit der kroatischen Filmfirma Jadran Film im damaligen Jugoslawien. So kam es, dass Winnetou und Old Shatterhand nicht durch den »echten« Wilden Westen ritten, sondern über die weiten Ebenen im Hinterland von Zadar, nicht durch den Grand Canyon, sondern durch die Paklenica-Schlucht (Tour 25), und dass ein Zugüberfall nicht in Santa Fé, sondern bei Benkovac gedreht wurde. Die kommerziell außerordentlich erfolgreichen insgesamt 14 Filme sowohl von Wendlandt also auch von seinem Konkurrenten Artur Brauner haben die herrlichen Landschaften der Plitvicer Seen (Tour 22) oder der Krka-Wasserfälle (Tour 31) erst so richtig bekannt gemacht, und bis heute gibt es Filmfans, die regelmäßig nach Kroatien fahren, um die Original-Schauplätze bekannter Filmszenen zu besuchen. In Starigrad-Paklenica gibt es sogar ein Winnetou-Museum in dem ehemaligen Hotel, in dem die Filmcrew und die Stars einquartiert waren, und eine Agentur bietet eigene Touren auf den Spuren der Karl-May-Filme an.

Das Winnetou-Museum in Starigrad-Paklenica (Tour 25).

Der große Einbruch bei den Urlauberzahlen kam mit dem Unabhängigkeitskrieg in den 1990er-Jahren. Über Jahre hinweg war Kroatien von der touristischen Landkarte Europas praktisch verschwunden; die Übernachtungen gingen gegen Null. Manche Tourismusbetriebe überlebten diese Zäsur nicht; einige Hotelanlagen wurden endgültig geschlossen und verfielen. Aber spätestens um die Jahrtausendwende begannen sich die Urlauberzahlen wieder zu erholen und bewegen sich heute in jenen Orten, wo man Infrastruktur und Angebot angepasst und modernisiert hat, über dem Niveau, das sie zur besten Zeit im alten Jugoslawien erreicht hatten.

Wo die Bora über den Karst weht

Manche Dinge, die Kroatien prägen und einzigartig machen, muss man erlebt haben – man kann sie schwer beschreiben. Eine dieser Eigenheiten ist die Bora (kroatisch: Bura), ein kalter Fallwind, der aus dem gebirgigen Landesinneren zur Küste weht und dabei Windgeschwindigkeiten von 250 Stundenkilometern erreichen kann. Bei derartigen Sturmstärken würde man in anderen Teilen der Welt von einer Katastrophe sprechen, Dächer würden abgedeckt und Häuser zerstört. An der kroatischen Küste – vor allem zwischen Rijeka und Zadar – hat man gelernt, mit diesen Naturgewalten zu leben. Die Bora entsteht, vereinfacht gesagt, durch große Luftdruckunterschiede zwischen der Küste und dem Hinterland. Dabei gibt es zwei Möglichkeiten: Bei der sogenannten schwarzen Bora tritt der Sturm dann auf, wenn man es erwarten würde: bei einem Tiefdruckgebiet über dem Meer mit tief hängenden, schwarzen Wolken. Aber auch das Gegenteil ist möglich: Bei einem Hochdruckgebiet über dem Landesinneren kann die »weiße Bora« auch bei strahlend blauem, wolkenlosem Himmel und Sonnenschein auftreten.

Die Fischer und Seeleute Kroatiens kennen die ersten Anzeichen einer aufkommenden Bora beider Arten und wissen, dass sie unter Umständen nur eine halbe Stunde Zeit haben, den nächsten sicheren Hafen anzulaufen: eine halbe Stunde, die über Leben oder Tod entscheiden kann. Manche behaupten, es sei der Bora zu verdanken, dass die Seeleute aus Dalmatien zu den besten der Welt zählen, denn wer mit diesem Wind von Kindheit an aufwächst, dem können die Stürme auf anderen Meeren der Welt nur ein müdes Lächeln entlocken.

An exponierten Straßen- oder Bahnabschnitten über Taleinschnitte hat man meterhohe Steinmauern errichtet, damit die Fahrzeuge nicht in den Abgrund oder ins Meer geweht werden, und wenn es besonders schlimm ist, wird auch schon einmal die Küstenstraße für die Dauer von einigen Stunden bis Tagen gesperrt. Glücklicherweise dauert die Bora im Sommer zur Urlaubszeit nie besonders lange; meist ist der Spuk in weniger als 24 Stunden vorüber – im Winter hingegen kann der Wind auch durchaus einmal zwei Wochen durchgehend wehen. Dass es unter diesen Umständen für Pflanzen schwierig ist, sich am kargen Boden zu entwickeln oder in größere Höhe zu wachsen, ist leicht verständlich. So sind die kahlen, völlig unbewaldeten Hänge auf den vorgelagerten Inseln Krk oder Pag in erster Linie eine Folge der Borastürme.

Eine andere Besonderheit, die ganz typisch für die kroatische Küste ist, ist der Karst (kroatisch: Krst). Das

Karren entstehen durch abfließendes Regenwasser.

Aufziehende »schwarze Bora« über dem Velebit.

Wort war ursprünglich der Name einer Landschaft im Hinterland von Triest und wird heute als Bezeichnung für deren typische Landschaftsform auch in anderen Teilen der Welt verwendet: Durch Verwitterung von Kalkgestein entstehen im Karst die unterschiedlichsten Landschaftsformen und Phänomene. Über der Erde sind die schroffen, teilweise bizarr anmutenden Felslandschaften am auffälligsten. Abfließendes Regenwasser löst den Kalk vor allem in bereits bestehenden Rinnen und Vertiefungen, sodass diese im Laufe von Jahrtausenden immer tiefer werden und dazwischen scharfe, erhabene Grate stehenbleiben. Auch trichterförmige Vertiefungen im Boden – sogenannte Dolinen – und große, ebene, ringsum von Felsen umgebene Becken – sogenannte Poljen – sind ganz typisch für den Karst. Manchmal sind die Landschaften völlig kahl – zum Beispiel auf den Inseln, wo die Bora jeden Krümel Erde sofort wegweht, im Landesinneren oder an geschützten Hängen manchmal aber auch von Erde bedeckt und dicht bewaldet; hier spricht man vom »grünen Karst«.

Obwohl teilweise hohe Regen- und Schneemengen niedergehen, gibt es im Karst kaum oberirdische Wasserläufe und Quellen. Ein Großteil des Niederschlags versickert sofort und rinnt durch vorhandene Risse und Spalten im Fels. Auch dabei wird Gestein gelöst, und es entstehen die vielfältigsten Formen von Höhlen. Ganze Flüsse verlaufen im Karstgebirge unterirdisch, treten in Form riesiger Karstquellen zutage, um oft nach wenigen Kilometern wieder in einem Schlund oder einer Höhle zu verschwinden. Das vielleicht berühmteste Beispiel für einen solchen verschwindenden Fluss ist die Pazinčica in Istrien, die unterhalb der Festung von Pazin (Tour 4) in einer Höhle verschwindet und Jules Verne zu seinem Buch »Mathias Sandorf« inspiriert hat.

Die Halbinsel Istrien

Im Dino-Park von Funtana (Tour 7).

Dass die Halbinsel Istrien, die den nördlichsten Teil der kroatischen Adriaküste bildet, zu den beliebtesten Urlaubsregionen für Familien an der gesamten Adria zählt, steht außer Frage. Dafür sind mehrere Gründe ausschlaggebend: zum ersten die leichte Erreichbarkeit, denn von München oder Wien fährt man bis zu den Badeorten Rovinj, Umag oder Rabac fast durchgehend auf Autobahnen und benötigt dafür weniger als sechs Stunden. Aber auch die Vielzahl an schönen, kinderfreundlichen Stränden ist ein Grund, sich für Istrien zu entscheiden: Im Gegensatz zu den meisten Teilen der kroatischen Küste fällt das Land an der Westseite der istrianischen Halbinsel sanft Richtung Meer ab, und es gibt eine Vielzahl flacher Buchten (siehe S. 30).
Schließlich sorgt ein breites Angebot an Aktivitäten dafür, dass auch abseits vom Badevergnügen am Meer keine Langeweile aufkommt.

Hallo Kinder,

auf den Ortsschildern in Istrien, auf Wegweisern und natürlich auch auf den Speisekarten der Gasthäuser findet ihr nicht nur kroatische Wörter, sondern auch italienische. Fast jeder Ort hier hatte im Lauf der Geschichte mindestens zwei Namen, manche davon sogar drei wie etwa Pazin (kro.) / Pisino (ital.) / Mitterburg (dt.) oder Labin (kro.) / Albona (ital.) / Tüberg (dt.). Zwar hat auch der Rest von Kroatien im Lauf der Geschichte immer wieder einmal den Besitzer gewechselt und zu verschiedenen Staaten gehört, aber nur hier in Istrien gibt es bis heute eine größere Zahl von Bewohnern, die nicht nur italienischer Herkunft sind, sondern auch im Alltag nach wie vor italienisch sprechen. In einzelnen Orten, etwa in Grisignana / Grožnjan, bilden die Italiener sogar die Mehrheit. Deshalb ist das Italienische in Istrien auch ganz offizielle Amtssprache, das heißt, es dürfen auch staatliche Dokumente, Urkunden und Schreiben an Behörden auf Italienisch verfasst sein. Den italienischen Gruß »Ciao!« (»Tschau« gesprochen) könnt ihr übrigens in ganz Kroatien verwenden, und zwar nicht nur wie bei uns zum Abschied, sondern auch zur Begrüßung. Er stammt aus dem venezianischen Dialekt und hat sich von dort ausgehend an der gesamten Adriaküste und bis ins Hinterland Kroatiens hinein verbreitet.

Die Klippen der Velika Kolumbarica auf Kap Kamenjak (Tour 10).

Gerade in diesem Bereich hat Istrien in den letzten Jahren massiv »aufgerüstet«: Zwei Wasserparks (Tour 6), ein Dinosaurierpark (Tour 7), mehrere Hochseilgärten (Tour 11) und Schauhöhlen (Tour 5) laden zum Besuch ein. Wer in Istrien nur in den Badeorten der Küste bleibt – obwohl auch diese schon viel zu bieten haben –, hat etwas versäumt, denn die liebenswerten kleinen Städte im Herzen der Halbinsel – wie Motovun (Tour 1), Grožnjan (Tour 3) oder Pazin (Tour 4) – und die an die italienische Toskana erinnernden Landschaften haben ihren ganz eigenen Zauber. Hier gibt es viele Möglichkeiten für spannende und abwechslungsreiche Wanderungen zu Wasserfällen, Höhlen, alten Bergwerksstollen und schroffen Felsnadeln. Auch wer ganz bequem und fast ohne Steigung mit dem Fahrrad die Gegend erforschen möchte, findet ideale Bedingungen, denn die Trasse der aufgelassenen Parenzana-Eisenbahn (Tour 3) schlängelt sich durch den ganzen Norden Istriens und verbindet einige der reizvollsten und schönsten alten Dörfer.

Wie ein Mikrokosmos bietet die Halbinsel von (fast) allem etwas: Ob man im Vogelparadies an der flachen Küste bei Rovinj (Tour 8) spazieren gehen oder an den steilen, felsigen Abhängen des Učka-Gebirges zwischen Felsen herumkraxeln möchte (Tour 13) – bei einem Aufenthalt in Istrien ist auf jeden Fall für Abwechslung gesorgt und es kommt keine Langeweile auf.

Gleich zwei Wasserparks sorgen in Istrien für Abwechslung (Tour 6).

Die Strände und Badeorte Istriens

An der Westküste Istriens reiht sich förmlich ein Strand an den anderen. In allen Orten gibt es Strände, die sich hervorragend für Familien mit Kindern eignen, weil sie entweder besonders flach sind, zusätzliche Attraktionen bieten oder sich gut zum Schnorcheln eignen. Liegestühle, Sonnenschirmverleih, Duschen, Umkleiden und Einkehrmöglichkeiten gibt es an allen unten angeführten Stränden, wenn nicht anders erwähnt.

Riviera von Umag

Der Küstenabschnitt von Savudrija an der Nordspitze Istriens bis zur Bucht Ladin Gaj südlich von Umag wird als Riviera von Umag bezeichnet. Nördlich des Städtchens liegen die Ferienanlagen **Katoro**, **Punta** und **Stella Maris**, die jeweils über öffentlich zugängliche Strände verfügen. Am schönsten ist der Kiesstrand **Sol Stella Maris** beim gleichnamigen Campingplatz, der kreisförmig um eine flache Lagune herum liegt (Blaue Flagge, schwimmender Wasserpark).

Novigrad und Mirna-Mündung

Die Strände in der Umgebung von Novigrad bestehen großteils aus Felsen, zwischen denen sich kleine Kiesbuchten befinden. Das macht sie ideal für Familien mit Kindern unterschiedlichen Alters – die größeren können um die Felsen herum schnorcheln und die Kleineren gefahrlos im Wasser planschen. Die schönsten Strände – beide mit Blauer Flagge – befinden sich bei den Campingplätzen **Mareda** (4 km nördlich) und **Sirena** (2 km südlich). Auf der gegenüberliegenden Seite der Mirna-Mündung ragt die Halbinsel **Lanterna** ins Meer hinaus. Hier liegt die gleichnamige Feriensiedlung (mit Campingplatz) mit mehreren mit der Blauen Flagge ausgezeichneten Stränden. Auf rund 3 Kilometer Länge finden sich Badestege mit Betonplattformen, Kiesstrände und auch ein sandiger Abschnitt.

Poreč, Funtana und Vrsar

Zwischen Poreč und Vrsar folgt eine Ferienanlage auf die andere, dazwischen gibt es aber auch ruhigere, unberührte Küstenabschnitte. Bei den benachbarten Anlagen **Zelena Laguna** (grüne Lagune) und **Bijela Uvala** (weiße Bucht) gibt es jeweils einen schwimmenden Wasserpark, zahlreiche Strandlokale, mehrere flache Kieselstrände und kristallklares Wasser zum Schnorcheln. Auch zwischen Funtana und Vrsar herrschen Felsstrände mit kleinen Kiesbuchten dazwischen vor. Beim **Camp Istra** (bei Funtana) und bei der Ferienanlage **Koversada** (südlich von Vrsar am Lim-Fjord) gibt es jeweils Strandabschnitte, die für textilfreies Baden reserviert sind.

Rovinj und Umgebung

Bei Rovinj befinden sich einige der schönsten Strände der Westküste. 4 Kilometer nördlich des Zentrums liegen das Camp und die Ferienanlage **Amarin** mit einem schönen Strand und einem großen Pool mit Wasserrutsche. Nur 15 Minuten zu Fuß vom Ortskern nach Norden findet man den feinen Kiesstrand **Porton Bondi** (mit Campingplatz), von dem aus man einen schönen Blick auf die Altstadt genießt. Südlich von

Rovinj entlang der Promenade vom Jachthafen zum »Goldenen Kap« (Zlatni Rt) oder bei der Hotelanlage **Vilas Rubin** finden sich Sandstrände; bei letzterem gibt es auch einen Spielplatz. Auch bei den Campingplätzen **Vestar** und **Mon Paradis** (siehe Tour 8) finden sich schöne, kindergerechte Strände.

Von Fažana bis Pula

Beim etwas nördlich von Pula gelegenen Ort Fažana liegt der schöne, fast 1 km lange, breite Kieselstrand beim Campingplatz **Bi Village** (Blaue Flagge, schwimmender Wasserspielplatz). Direkt bei Pula gibt es hingegen keine sonderlich attraktiven Strände; wer nach einem Stadtbummel ins Meer springen möchte, wird am ehesten auf der Halbinsel Verudela fündig, wo es die Strände Plaža Histria, Plaža Brioni und Plaža Ambrela gibt.

Halbinsel Kamenjak und Medulin

Die einzelnen Strände auf der wunderschönen Halbinsel Kamenjak sind bei Tour 10 näher beschrieben. Auf der gegenüberliegenden Seite der Bucht liegt Medulin mit dem Sandstrand **Bijeća** östlich des Autocamps. Der Strand ist ideal für die Kleinsten, zum Sandburgen bauen und im knietiefen Wasser planschen, aber nichts zum Schnorcheln und in der Saison meist hoffnungslos überlaufen.

Labiner Halbinsel

An der Ostküste Istriens gibt es nur wenige flache Badebuchten. Wer es gerne ruhiger hat – sowohl bezüglich Wind und Wellen als auch bezüglich Lärm von Bars und Strandlokalen – für den ist die Bucht **Tunarica** (mit Campingplatz) ein Tipp. Man erreicht sie auf der Straße von Labin Richtung Koromačno; hier gibt es viel Natur, schattigen Wald, einen 500 Meter langen, nie überlaufenen Kiesstrand und eine kleine Taverne. Sicherlich kein Geheimtipp mehr ist hingegen der Campingplatz in **Sveta Marina**, auf dem es kleine, kindergeeignete Kiesbuchten, einen Pool und einen schönen Felsstrand gibt. Wer schnorcheln möchte, findet hier eine der schönsten Unterwasserlandschaften Istriens (Tauchbasis am Platz).

Buchten in Rabac

Den einzigen bedeutenden Badeort an der Ostküste Istriens erreicht man von Labin aus über eine Stichstraße (siehe Tour 12). Der längste Strand liegt in der Bucht **Maslinica** westlich des Stadtzentrums (Blaue Flagge, flaches Wasser, kindergeeignet, Wasserrutsche, schwimmender Wasserpark, Wassersportangebote). Wer schnorcheln möchte, folgt dem Pfad entlang der felsigen Küste Richtung Südwesten und findet nahe der ehemaligen Bauxit-Verladestelle eine interessante Unterwasserlandschaft (allerdings keinerlei Infrastruktur). Alternativ bieten sich die Kiesbuchten bei den Hotelanlagen **Santa Andrea**, **Lanterna** und **Girandella** an, die man vom Ortszentrum entlang der Promenade Richtung Nordosten erreicht.

Auf der Halbinsel Kamenjak (Tour 10).

1 Auf den Spuren des Veli Jože

Wanderung rund um Motovun

ab 4 J.

Das kleine Städtchen Motovun (auf Italienisch Montona), hat sich sein mittelalterliches Erscheinungsbild fast zur Gänze erhalten und gehört mit seiner Lage auf einem steilen Bergkegel hoch über dem Tal des Flusses Mirna zu den reizvollsten Orten Istriens. Diese Tour verbindet einen Spaziergang auf der Trasse der früheren Parenzana-Eisenbahn (siehe Tour 3) und durch die Weingärten mit einem Streifzug durch die schmalen Gassen der Stadt, bei dem man von vergangenen Tagen träumen und tief ins mediterrane Lebensgefühl eintauchen kann.

KURZINFO

Ausgangspunkt: Parkplatz im Stadtteil Kanal am Fuß der Altstadt von Motovun. Navi: 52424 Motovun; N45.334143, E13.825269.
Anfahrt: Motovun erreicht man entweder über die Autobahn A8 bis Pazin und von dort auf gut ausgebauter Straße über Karojba, oder auf der Autobahn A9 bis Nova Vas und weiter auf der Straße, die durch das Tal der Mirna verläuft. Es gibt einen Bus, der ca. fünfmal täglich von Poreč nach Motovun fährt.
Anforderungen: Leichte Wanderung teils auf Schotter- und Waldwegen, teils auf Asphalt und historischem Steinpflas-

Am Aufstieg zur Altstadt.

Motovun thront weithin sichtbar auf seinem Hügel.

ter durch die Altstadt.
Ausrüstung: Trekkingsandalen oder Sportschuhe. Im Tunnel gibt es zwar eine Beleuchtung, falls diese jedoch nicht funktioniert, sollte man zur Sicherheit lichtstarke Taschenlampen mitnehmen. Wer als Campinggast (siehe Unterkunft) das Schwimmbad im Hotel besuchen möchte, kann auch Badesachen mitnehmen; Handtücher werden bereitgestellt.
Altersgruppe: Ab 4 Jahren.
Gehzeit: 2–2.30 Std.
Weglänge: 5,2 km.
Höhenunterschied: 180 m.
Kosten: Parkgebühr am offiziellen Parkplatz in Motovun für den ganzen Tag ca. 3 €. Man kann aber auch überall anders im Ort, z. B. beim alten Bahnhof, gratis parken und die Runde dort beginnen.
Variante: Man kann den Eisenbahntunnel auch auslassen, indem man zu Beginn nicht rechts, sondern 50 m weiter links bergab den Wegweisern zur Parenzana folgt. Man gelangt dann direkt zum ehemaligen Bahnhof von Motovun (15 Min. kürzer). Oder vom Parkplatz direkt auf der Straße hinauf zur Serpentine (1 Std. kürzer).
Bademöglichkeit: Für Campinggäste (siehe Unterkunft) gibt es einen offenen Swimmingpool direkt am Platz; gerade bei kühlerem Wetter lockt aber auch die Möglichkeit, gratis das Hallenbad im Hotel Kaštel in der Altstadt von Motovun benützen zu können.
Einkehr: Imbiss beim Parkplatz; zahlreiche Lokale in der Altstadt von Motovun.
Unterkunft: Preiswerter, zentral gelegener Camping- und Wohnmobilstellplatz direkt an der Zufahrtsstraße zur Altstadt. Da es sich um den einzigen Campingplatz im Landesinneren von Istrien handelt und dieser recht zentral liegt, eignet er sich auch als Stützpunkt für die Touren 2, 3, 4, 5a, 6a und 6b.
Informationen: (auch zu Unterkünften) Tourismusorganisation Motovun, Tel. +385 52 681726, tz-motovun.hr.

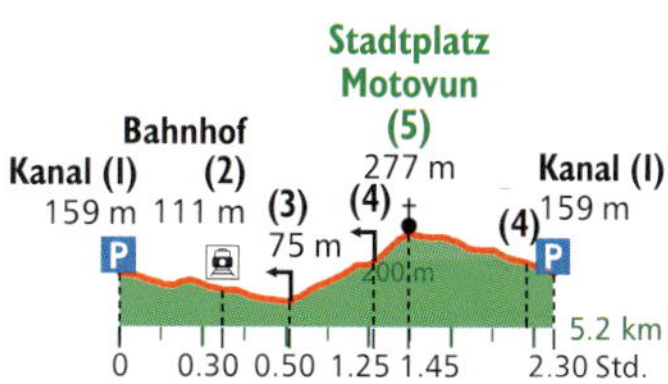

Hier geht's durch.

Vom **Parkplatz (1)** am Beginn der Straße zur Altstadt, direkt beim Campingplatz, gehen wir entlang der Straße Richtung Pazin südwärts, an einem kleinen Laden und einer Bankfiliale vorbei. Nach 200 m halten wir uns vor einem Haus mit Arkaden rechts auf Asphalt bergab und gelangen zu einer Wegkreuzung am Rand von Weingärten, an der wir uns scharf nach rechts wenden. Auf einem praktisch ebenen Fahrweg geht es nach rechts in einen Geländeeinschnitt hinein, an dessen Ende unser erstes Abenteuer auf uns wartet: das Portal eines alten, rund 250 m langen Eisenbahntunnels! Es wurde zwar im Zuge der Errichtung des Parenzana-Radweges eine Beleuchtung installiert, falls diese aber gerade nicht funktioniert,

sollte man zur Sicherheit Taschenlampen bereit haben. Wir gehen in das etwas unheimliche Loch hinein; da der Tunnel im Bogen verläuft, ist das Licht am anderen Ende zunächst noch nicht zu sehen. Bei diesem angelangt folgen wir weiter der ehemaligen Bahntrasse, vorbei an einer Infotafel beim einstigen **Bahnhof (2)**. Ein Stück weiter können wir entweder geradeaus auf der alten Trasse eine große Schleife von 1 km Länge gehen oder links am Rand der Weingärten entlang 700 m abkürzen, um unten wieder auf die Bahnstrecke zu stoßen. Auf dieser weiter bergab, bis etwa 300 m nach dem Zusammentreffen der Wege links ein Fahrweg in den Wald bergauf führt **(3)**. Immer diesem folgend kommen wir durch Weingärten zur Spitzkehre einer Straße, auf der wir nun bergauf gehen. Wir kommen zu einer **Abzweigung (4)** nach links und gehen eine steile Straße, teils über Stufen, bergauf. Immer bergauf haltend kommen wir zum unteren Stadtplatz (Trg Josefa Ressela), auf dem sich links die Loggia aus dem 17. Jahrhundert befindet. Der nach einem der bekanntesten Bürger der Stadt, dem Erfinder der Schiffsschraube Josef Ressel benannte Platz, dient heute als Gastgarten mehrerer Lokale. Nun gehen wir rechts bergauf durch das innere Stadttor aus dem 14. Jahrhundert und kommen auf den inneren **Stadtplatz (5)** (Trg Andrea Antico) mit der St.-Stephans-Kirche und dem Glockenturm. Wir halten uns geradeaus und gehen auf der Stadtmauer im Uhrzeigersinn um die Altstadt herum, wobei wir an der nordöstlichen Ecke an einem **Spielplatz** vorbeikommen.

Hallo Kinder,

die Geschichten über den Riesen Veli Jože (zu deutsch: Großer Sepp) kennt in Istrien jedes Kind. Vor langer Zeit soll nämlich in den dichten Wäldern im Mirna-Tal unterhalb von Motovun ein Volk von Riesen gelebt haben, zu dem auch Veli Jože gehörte. Er diente den Menschen in Motovun, half ihnen, die Stadt zu erbauen, und wurde zu ihrem Beschützer gegenüber Feinden. Obwohl der Riese eigentlich sehr gutmütig war, soll er eines Tages über eine Ungerechtigkeit seines Lehensherrn so zornig geworden sein, dass er den Glockenturm der Stadt mit beiden Armen packte und kräftig durchschüttelte. Seit jenem Tag ist der Turm voller Risse und etwas schief, wie ihr euch selbst überzeugen könnt. Die seit Jahrhunderten weitererzählten Geschichten rund um den Riesen inspirierten auch den bekannten kroatischen Dichter Vladimir Nazor zu einer im Jahr 1908 verfassten Geschichte, die heute in ganz Kroatien bekannt ist.

Der Rundweg führt uns beim Hotel Kaštel zurück zum Stadttor, durch das wir wieder hinaus auf den äußeren Stadtplatz kommen. Hier, mit fantastischem Blick über Istrien, ist der richtige Zeitpunkt gekommen, um ein Eis zu genießen oder sich – wenn es schon spät geworden ist – ein leckeres Abendessen zu gönnen. Motovun ist bekannt für die lokalen Spezialitäten mit Trüffeln aus den Wäldern der Umgebung! Und der Sonnenuntergang ist nur an wenigen Orten so schön und eindrucksvoll wie von dieser Terrasse aus mit Blick über halb Istrien.

Der Rückweg zum Parkplatz führt durch das äußere Stadttor am Nordende des Platzes und durch die von kleinen Spezialitätenläden und Souvenirgeschäften gesäumte Straße Gradiziol. Beim Friedhof der Stadt biegt sich die Straße nach rechts und verläuft am Berghang entlang weiter bergab zu den beiden vom Hinweg bekannten Serpentinen. Die Straßenbeleuchtung ist sehr spärlich – falls es nach dem Abendessen spät geworden ist, können hier eventuell die Taschenlampen zum Einsatz kommen. Bei der ersten Spitzkehre kann man geradeaus eine Abkürzung in Form eines Stufenweges nehmen oder aber einfach auf der Straße bleiben, die direkt hinunter zum **Parkplatz (1)** im Stadtteil Kanal führt.

Das untere Stadttor von Motovun.

2 Am Weg der Sieben Wasserfälle

Abenteuerliche Wanderung bei Buzet

ab 6 J.

Eine von vielen Furten am Weg.

Während der Fluss Mirna unterhalb von Buzet fast ohne Gefälle durch ein breites Tal plätschert, bilden er und sein Zufluss Draga im Oberlauf enge Schluchten und Klammen mit kleinen Kaskaden und Seen. Hier hat man vor einigen Jahren den »Weg der Sieben Wasserfälle« angelegt, dessen Begehung viel Abwechslung mit Kletter- und Badeeinlagen verspricht. Einen alten Bergwerksstollen zum Erforschen und eine Brücke aus der Zeit Napoleons gibt es noch als Draufgabe. Im Anschluss an die Tour bietet sich ein Abstecher ins sehenswerte drei Kilometer entfernte Hum, die kleinste Stadt der Welt, an.

KURZINFO

Ausgangspunkt: Parkplatz am Ortsbeginn des Dorfes Kotli (vor Ort teilweise auch als Kotle bezeichnet) in der Nähe von Buzet vor der Brücke. Navi: 52425 Kotli; N45.368309, E14.017465.
Anfahrt: Von der Straße D44 Buzet – Lupoglav biegt man zwischen den Straßenkilometern 7 und 8 dem Wegweiser Richtung Hum und Brnobići folgend ab und fährt auf dieser Straße etwa 3 km bis zu einer Abzweigung, bei der es nach rechts und dann sofort wieder nach links (beschildert) nach Kotli geht. Auf dieser Straße fährt man noch etwa 2 km bis zur Brücke über den Fluss Mirna am Ortsanfang von Kotli (Parkmöglichkeit).
Anforderungen: Im mittleren Teil abenteuerliche Wanderung mit Kletterpassagen, stellenweise sehr steil und mit Stahlseilen zum Festhalten. Trittsicherheit ist von Vorteil, Schwindelfreiheit nicht notwendig. Sonst angenehme Wald- und Feldwege, teilweise Schotterstraßen.
Ausrüstung: Feste Wanderschuhe, Badesachen, zum Herumplanschen in den Wasserfällen Aquaschuhe – keine Badesandalen. Zum Erforschen des alten Bergwerksstollens unbedingt Taschenlampen mitnehmen!
Altersgruppe: Ab 6 Jahren.
Gehzeit: 4 Std.
Weglänge: 11,2 km.
Höhenunterschied: 300 m.
Variante: Wer nur eine Kurzwanderung zu den Wasserfällen 1 bis 4 machen möchte, biegt im Dorf Selce von der Straße D44 bei der Bushaltestelle aus Richtung Buzet gesehen rechts in eine schmale Asphaltstraße ab und parkt am Asphaltende auf einem Platz bei einem großen Kastanienbaum. Dann weiter auf einem Feldweg links von einem Haus mit rotem Tor weiter bis zum Waldrand, wo man auf die rot-blaue Markierung trifft. Auf dieser rechts bergab – den mittleren Teil der Tour in der Gegenrichtung gehend – zu den Wasserfällen 4, 3, 2 und 1 bzw. nach Belieben weiter zum Eingangsportal oder zu den Outdoor-Fitnessgeräten. Dann am selben Weg zurück bis zur Bachquerung der Schotterstraße, dort nicht dem markierten Fußweg zurück Richtung Mala Peč folgen, sondern gleich auf der Schotterstraße hinauf in den Ort Selce, wo man wieder zum Platz beim Kastanienbaum gelangt. Weglänge, je nachdem, wie weit man geht, 3–4 km, Gehzeit 1.30–2 Std.
Hinweis: Der Wasserstand in den Bächen und Wasserfällen ist stark von Jahreszeit und Wetter abhängig – im Hochsommer nach längeren Hitzeperioden sind die Wasserbecken manchmal auch komplett ausgetrocknet.
Bademöglichkeit: An mehreren Stellen kann man sich in den Wasserbecken am Fuß der Wasserfälle abkühlen.
Einkehr: Konoba Kotli am Ausgangspunkt (Öffnungszeiten unregelmäßig, Tel. +385 99 3517077). Falls geschlossen, empfiehlt sich die Konoba in Hum (Mitte März bis Mitte Nov. Di. bis Do. 12–18 Uhr, Fr. bis So. 12–20 Uhr, im Winter nur Sa. und So. geöffnet). Unterwegs mehrere Rastplätze, aber keine Einkehr.
Unterkunft: In der Nähe gibt es nur Privatzimmer. Der nächstgelegene Campingplatz ist in Motovun (siehe Tour 1), wo sich auch ein Hotel befindet.

Steilaufstieg im Tal der Draga.

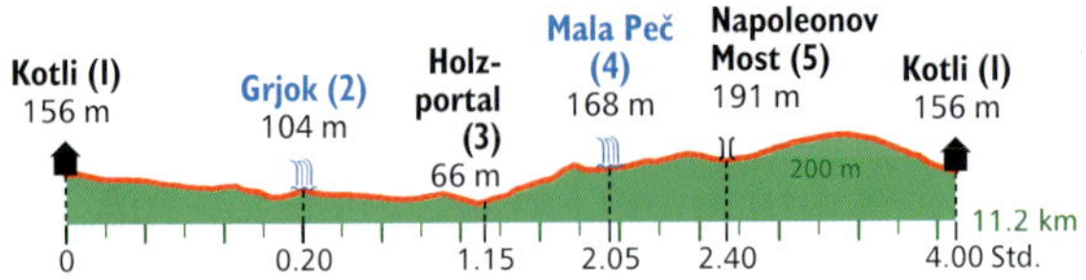

Von der Brücke über die Mirna am Ortsbeginn von **Kotli (1)** gehen wir auf einem Schotterweg am rechten Ufer entlang. Nach wenigen Metern führt ein Fußpfad links hinunter zum Wasserfall Nr. 5, »Slop« – die Zählung nimmt beim offiziellen Startpunkt des Rundweges am Rand von Buzet ihren Anfang. Der Schotterweg verläuft nach rechts, wir aber gehen geradeaus auf einem mit rot-blauen Markierungen versehenen Fahrweg im Wald weiter. Es geht kurz bergauf und danach durch einen Märchenwald mit Baumstämmen voller Moos und Flechten. Ein Holzwegweiser zeigt nach links zum oberen Ende des nächsten Wasserfalls Nr. 6 namens **Zelenšcak**. Unterhalb befindet sich ein tiefes Becken; am rechten Rand des Tales kann man mit etwas Vorsicht hinunterklettern, wenn man hier schwimmen gehen möchte.

Der Fahrweg führt abermals leicht bergauf und wieder bergab zu einer Weggabelung, bei der wir links einen lohnenden Abstecher zum 5 Min. entfernten dritten Wasserfall auf unserem Weg, dem mit Nr. 7 ausgeschilderten **Grjok (2)**, machen können. Bei diesem gibt es einen Rastplatz und abermals einen kleinen See. Da man sich diesem von der flachen, unteren Seite her nähert, ist er besser zum Herumplanschen für kleinere Kinder geeignet, allerdings ist das Ufer recht schlammig.

Wenn wir am Hauptweg im Tal abwärts weitergehen, kommen wir an einem Bildstock vorbei zu einer Furt,

Kletterfelsen neben dem Wasserfall Zelenšcak.

Der Wasserfall Grjok lädt zum Abkühlen.

bei der wir die Mirna überqueren; diese soll nicht die letzte bleiben. Nach der dritten Flussquerung führt die Schotterstraße gerade weiter bergauf, während wir rechts gehen und am Ufer des Flusses bleiben. Auf einem Pfad gehen wir durch ein enges Tal, bis sich dieses weitet und wir wieder auf einen Fahrweg stoßen. Die Mirna, die ab hier in einem breiten, regulierten Bachbett weiterfließt, queren wir über eine Mauer, die bei hohem Wasserstand den Fluss aufstaut. Wer jetzt überschüssige Energie loswerden möchte, kann auf dem Fahrweg am anderen Ufer ein Stück flussabwärts gehen und sich an den Outdoor-Fitnessgeräten versuchen, die dort neben dem Weg aufgestellt wurden.

Besser ist es aber, seine Kräfte zu sparen, denn nun geht es bald wieder bergauf: Ein Pfad führt flussaufwärts ins Seitental des Bächleins Draga hinein, in dem wir eine Staumauer und dann das **Holzportal (3)** des Weges der Sieben Wasserfälle (Staza 7slapova) passieren. Auf einem hölzernen Steg geht es ans andere Ufer und an diesem entlang in das immer enger und schluchtartiger werdende Tal. Wir passieren den **Wasserfall Nr. 1** und setzen den Weg auf einem schmalen Pfad fort, dessen Schlüsselstellen immer wieder mit Drahtseilen zum Festhalten gesichert sind.

Unsere nächste abenteuerliche Station ist ein rechts von uns schräg in den Berg hineinführender alter Berg-

Der alte Stollen macht neugierig.

Rot-blaue Schilder weisen den Weg.

werksstollen, den wir erforschen können. Und ebenso spannend geht es auch weiter: Bei der folgenden Weggabelung kommen wir geradeaus weiter entlang des Baches zum Wasserfall Nr. 2, **Bacva**. Nun steigt der Weg steil an, führt unterhalb einer Kletterwand vorbei und erreicht schließlich eine weitere Abzweigung, bei der wir geradeaus zum höchsten der Wasserfälle, dem **Velja Peč**, gelangen können. Ab dieser Weggabelung wird der Weg nun richtig steil – so steil, dass man die zwischen den Bäumen gespannten Seile zum Festhalten und die in den Boden geschlagenen Eisenstifte als zusätzliche Steighilfen wirklich benötigt! Etwa 50 Höhenmeter müssen so bewältigt werden, bis wir wieder auf eine gute Schotterstraße treffen, auf der wir links bergab gehen. Wir haben nochmals schöne Blicke in die Draga-Schlucht, bevor wir den Bach ein weiteres Mal queren und, die Schotterstraße verlassend, auf einem Fußpfad am Bächlein entlang aufwärtswandern. So gelangen wir, vorbei an einer Abzweigung, die wir später nehmen werden, zu unserem letzten, vielleicht schönsten und idyllischsten Wasserfall, dem **Mala Peč (4)**: Auch wenn der Fall selbst eher niedrig ist, ist das darunter befindliche, halb von einer mächtigen überhängenden Felswand überragte Wasserbecken umso schöner. Auch hier kann man bequem ins Wasser gehen und je nach Wasserstand planschen oder auch schwimmen.

Hallo Kinder,

»Buzet – Grad Tartufa« steht auf den Schildern am Straßenrand, wenn man Richtung Buzet fährt. Als »Stadt der Trüffel« ist der Ort bekannt, denn in seiner Umgebung – vor allem im Mirna-Tal zwischen Buzet und Motovun – wachsen unter der Erde in den dichten Wäldern die von Feinschmeckern so geschätzten kostbaren Pilze. Für ein Kilogramm weißer Trüffeln bezahlen Kenner bis zu 9000 Euro! In Istrien, in der Nähe von Livade, wurde im Jahr 1999 eine Rekord-Trüffel mit einem Gewicht von 1,3 Kilogramm gefunden! Da Trüffeln ausschließlich unterirdisch wachsen, wurden früher Schweine zur Trüffelsuche eingesetzt, denn die Pilze verbreiten einen ähnlichen »Duft« wie Eber. Heute nimmt man meist speziell trainierte Hunde, weil die Schweine die Trüffeln gern selbst fressen und beim Ausgraben oft Schäden an ihnen anrichten. Die meisten Trüffelsucher haben ihre eigenen Fundorte, die sie streng geheim halten – viele gehen mit ihren Trüffelhunden nur in der Nacht auf Umwegen dorthin, um zu verhindern, dass jemand anderer diese geheimen Orte aufspürt.

Minjera

Wer noch nicht genug vom Erforschen geheimnisvoller unterirdischer Gänge hat, der kann auch den alten Bergwerksstollen von Minjera erforschen. Schon im 16. Jahrhundert wurden hier Bauxit und Pyrit abgebaut – es handelte sich damit um die älteste Bauxitmine Europas. Einer der historischen Stollen, der zwar nur etwa 30 m lang ist, sich aber durch viele schön funkelnde Mineralienadern an seinen Wänden und kleine Tropfsteine auszeichnet, ist frei zugänglich und nur weniger als 15 Min. Gehzeit von der Straße entfernt: Man fährt auf der D44 von Buzet Richtung Motovun und biegt bei der Abzweigung nach Sovinjak nach links ab. Auf einer Brücke quert man die Mirna und kann dahinter am Straßenrand parken (Navi: N45.386807, E13.925562). Wenige Meter entfernt gibt es an einem Weg, der entlang des Flusses aufwärtsführt, eine Infotafel über den historischen Bergbaubetrieb. Hier geht man einen Fußpfad halb rechts am Hang ansteigend bergauf, der sich bald in ein kleines Seitental hinein biegt. Direkt neben einem kleinen Wasserfall befindet sich rechts der nicht zu übersehende Eingang in den Stollen. Für dessen Erforschung sind gute Taschenlampen erforderlich. Da der Weg bei Nässe rutschig sein kann, sollte man besser feste Wanderschuhe wählen.

Wir kehren zur Abzweigung zurück, folgen der rot-blauen Markierung rechts durch den Wald bergauf und treffen auf einen als Mountainbike-Route markierten Fahrweg. Wo dieser links abbiegt, gehen wir geradeaus weiter auf einem markierten Fußweg, der uns zur nächsten Sehenswürdigkeit, der alten Steinbrücke **Napoleonov Most (5)**, bringt.
Unser weiterer Weg trifft auf eine Schotterstraße, die wir bergauf wandern, um sie schon in der nächsten Rechtskurve wieder geradeaus zu verlassen. Immer der rot-blauen Markierung und den Wegweisern folgend, kommen wir an einer Hausruine vorbei und treffen dann auf eine Asphaltstraße, auf der wir rechts in den Weiler **Kuhari** gehen. Am Ende des Asphalts wenden wir uns nach links, folgen einer Schotterstraße bergab und kommen so wieder zurück nach **Kotli (1)**.
Hier kann man in der Konoba einkehren oder mit dem Auto in das 3 km entfernte Hum fahren, wo es ebenfalls eine Einkehrmöglichkeit gibt. Sehenswert ist der von einer Stadtmauer umgebene Ort allemal – denn mit seinem mittelalterlichen Stadtbild und weniger als 30 (!) Einwohnern gilt Hum als die kleinste Stadt der Welt!

3 Fahrradtour auf Dampfross-Spur

Auf der »Parenzana« ins Künstlerdorf Grožnjan ab 8 J.

Verträumte Gasse in Grožnjan.

Eine der schönsten und spannendsten Möglichkeiten, das Landesinnere von Istrien zu erobern, ist mit dem Fahrrad. Die Trasse einer alten Schmalspurbahn, die zur Zeit der Habsburgermonarchie Triest mit Poreč verbunden hat, ist fast zur Gänze erhalten und stellt heute einen wunderbaren Radweg dar, der abseits der Hauptstraßen durch Wälder hoch über dem Tal der Mirna verläuft. Es gibt alle paar Kilometer schöne Rastplätze und Aussichtspunkte, mehrere Eisenbahntunnels und hohe Viadukte. Im herrlich gelegenen romantischen Künstlerdorf Grožnjan, das überwiegend von Italienern bewohnt ist, gibt es zur Belohnung auch einen Spielplatz und köstliches Eis, bevor man unten im Tal der Mirna die Rückfahrt antritt. Als Abschluss kann man im Dorf Livade dann auch noch ein kleines Eisenbahnmuseum besichtigen.

KURZINFO

Ausgangspunkt: Livade; Parkmöglichkeit im Ort beim Kreisverkehr. Navi: Livade 1, 52427 Livade; N45.354916, E13.828184.
Anfahrt: Auf der Hauptstraße D44 von Novigrad bzw. von der Autobahn A9, Abfahrt Nova Vas, fährt man Richtung Buzet bis zu einer Kreuzung, bei der es südwärts nach Motovun und Pazin geht; nordwärts kommt man nach knapp 1 km in das kleine Dorf Livade, wo man im Ort parken kann (kein ausgeschilderter Parkplatz, kostenfrei).
Anforderungen: Aufgrund der Länge mittelschwere Fahrradtour, durchwegs auf geschotterten Wegen, großteils ohne Autoverkehr.
Ausrüstung: Aufgrund der teils etwas gröberen Schotterabschnitte sind Mountainbikes für diese Radtour ideal; für gute Radfahrer ist die Tour bei entsprechender Vorsicht aber auch mit normalen Trekking- oder Citybikes machbar. Für die Tunnels eventuell zusätzlich Stirnlampen mitnehmen!
Altersgruppe: Ab 8 Jahren.
Fahrzeit: Je nach Kondition und Übung 4–6 Std.
Fahrstrecke: 32,4 km.
Höhenunterschied: 380 m
Variante: Wenn man während der Tour feststellt, dass die Gesamtstrecke für die Kinder zu lang wird, kann man auf halbem Weg eine Abkürzung nehmen, kommt dann aber nicht durch Grožnjan:

Hallo Kinder,

»Blumen pflücken während der Fahrt verboten« – das hätte man in den Waggons der alten Schmalspurbahn von Triest nach Poreč anschreiben können. Denn die Bahn führte mit vielen Kurven und starken Steigungen durch die Berge, sodass die Lokomotiven selten schneller als Schrittgeschwindigkeit fahren konnten. Immer wieder stiegen Fahrgäste während der Fahrt aus, gingen ein Stück mit, um sich die Beine zu vertreten, und konnten ohne Mühe wieder den Zug erreichen. Die Schaffner hatten große Schwierigkeiten, die Fahrkarten zu kontrollieren, da ständig Passagiere auf- und absprangen. Von Triest nach Poreč brauchten die Züge sieben Stunden – für rund 120 Kilometer! Gut trainierte Radfahrer können die Strecke heute schneller zurücklegen, denn die gesamte »Parenzana« ist mittlerweile als Radweg ausgeschildert. Der schönste Teil der Strecke ist der zwischen Livade und Grožnjan, wo es nicht weniger als vier Eisenbahntunnels und drei hohe Viadukte gibt.

Auf der schräg kreuzenden Straße hinter dem verfallenen Gebäude bei Završje kann man die Schotterstraße bergab fahren und trifft am Talgrund auf den Rückweg nach Livade.

Hinweis: Es gibt in Istrien eine große Anzahl von Unternehmen, die Fahrräder verleihen. Alle Verleihstellen findet man unter istria-bike.com/de/dienstleistungen/fahrradverleih. Die nächsten Verleihe befinden sich in Motovun (5 km zusätzlich auf dem Parenzana-Radweg nach Livade), Istarske Toplice (5 km zusätzlich auf einer ruhigen Nebenstraße nach Livade) oder Buje (7 km zusätzlich auf der Parenzana nach Grožnjan). Es werden aber auch Fahrradtransporte und Abholungen angeboten, d. h., man kann die Räder nach Livade oder Grožnjan bringen lassen.

Einkehr: Konoba Dorjana und Gostionica Tartuf direkt in Livade, zahlreiche Lokale in Grožnjan. (Das Restaurant Zigante in Livade ist ein Gourmetrestaurant mit gehobenen Preisen.)

Unterkunft: In Grožnjan gibt es mehrere Vermieter von Privatquartieren. Das nächstgelegene Hotel befindet sich in Motovun, 10 Min. mit dem Auto von Livade entfernt. Dort gibt es auch einen empfehlenswerten Campingplatz für Zelte und Wohnmobile (siehe Tour 1).

Die Viadukte gehören zu den Höhepunkten der Tour.

Beim Kreisverkehr im kleinen Ort **Livade (1)** halten wir uns links und kommen am Parenzana-Museum vorbei zum Beginn des Radwegs, den wir rechts leicht bergauf fahren. Über eine kleine Brücke geht es aus dem Ort hinaus und dann immer am Südhang entlang in leichten Kurven durch lichten Wald. Eine Straße wird auf einer Brücke überquert, zweimal zweigen Feldwege links bergab ab, dann geht es in einer langen Rechtskurve in ein tiefes Tal hinein. Der Wald ist nun dschungelartig, und das Tal wird auf einem hohen steinernen Viadukt – dem höchsten der Strecke – überquert. Kurz darauf kommen wir am ehemaligen Bahnhof **Oprtalj (2)** vorbei, von dem aber nur mehr die Grundmauern übrig sind. Den Wegweisern der Parenzana folgend, fahren wir wieder in ein Tal hinein, an dessen Ende der 146 m lange Tunnel »Freski« auf uns wartet. Hier sollte man besser absteigen und schieben, denn die Beleuchtung im Tunnel funktioniert nur mehr teilweise. Gleich dahinter liegt wieder ein eindrucksvolles, 30 m hohes Viadukt. Wir kommen am ehemaligen Bahnhof von **Antonci (3)** vorbei, dann über das gleichnamige 80 m lange Viadukt. In der nächsten Rechtskurve gibt es links einen Rastplatz mit Fahrradständer und einem Aussichtstürmchen, von dem aus man einen wunderbaren Blick hinunter aufs Tal des Flusses Mirna und auf die Stadt Motovun hat.

Wir radeln nun weiter, auf die auf einem Hügel gelegene Stadt **Završje** zu. Unterhalb dieser queren wir ein weiteres Viadukt und dann die beiden kurzen Tunnels Završje II und I. Hinter einem verfallenen Gebäude kreuzen wir eine Schotterstraße. Noch einmal kommen wir über ein Viadukt und dahinter durch den 70 m langen Tunnel Kostanjica. Unter einer Brücke hindurch geht es nach rechts, und schon sehen wir unser Ziel Grožnjan vor uns. Wir passieren noch einen **Rastplatz (4)** mit Aussichtstürmchen, dann trifft von rechts ein markierter Wanderweg (der Istrianische Weitwanderweg IPP, roter Wegweiser) auf die

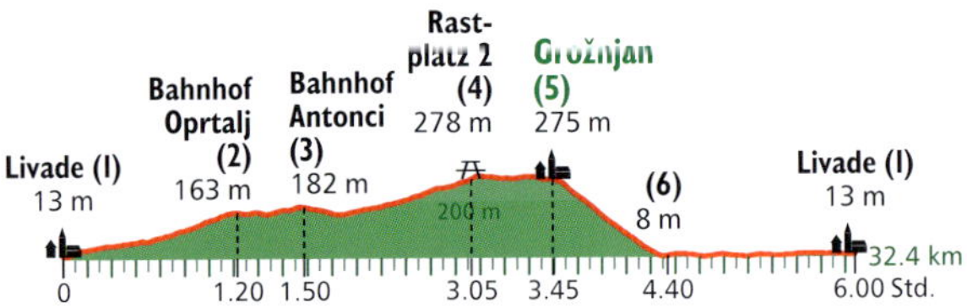

Parenzana. Etwa 1 km weiter kommen wir zum schnurgeraden, rund 180 m langen Tunnel »Kalcini«, durch den wir aber nicht mehr fahren – 70 m davor geht es rechts bergab, dann links unter einer Brücke der Bahnstrecke hindurch und auf einem steiler bergab führenden Weg direkt auf die Altstadt von **Grožnjan (5)** zu. Wir treffen auf eine Straße, die uns leicht ansteigend zum Stadttor bringt.

Die Räder sollte man an der Stadtmauer stehen lassen und den Ort zu Fuß erkunden. Die vielen verwinkelten und verträumten Gassen bilden ein regelrechtes Labyrinth, und immer wieder kann man etwas Neues entdecken. Mehrere Gasthäuser laden zu Rast und Einkehr ein. Wenn man von der nördlichen Stadtmauer den Asphaltweg in Richtung des Friedhofs hinaufgeht, kommt man auch zu einem kleinen Kinderspielplatz.

Die Rückfahrt nach Livade führt uns auf der Straße, die wir gekommen sind, wieder bergab. Wir bleiben auf dieser und folgen ihr nun in mehreren Serpentinen hinunter ins Tal, wo wir auf eine Asphaltstraße treffen. Auf dieser fahren wir nach rechts, biegen aber schon nach 300 m wieder in der nächsten **Rechtskurve (6)** links ab. Auf diesem Straßenstück muss man auf Autos achten; wer unsicher ist, kann das Rad auf diesem kurzen Abschnitt schieben.

Die abzweigende Straße teilt sich nach 40 m wieder. Wir nehmen nicht die bergauf führende Straße, sondern die, die rechts immer am Rand des flachen Tales bleibt. Es geht kurz durch den Wald, dann immer zwischen dem Berghang links von uns und einem Kanal rechts von uns entlang. Hier sind praktisch keine Steigungen mehr zu bewältigen; es geht gemütlich am Talgrund entlang und immer geradeaus der Schotterstraße folgend zurück nach **Livade (1)**. Als Abschluss der Tour bietet sich noch ein Besuch des kleinen **Eisenbahnmuseums** (geöffnet nach Vereinbarung, Tel. +385 52 644 150) über die Parenzana an.

Tunnels machen die Fahrt auf der Parenzana spannend.

4 Abenteuer in Pazin

Eine Burg, ein Wasserfall und eine tiefe Schlucht — ab 4 J.

Pazin, auf Deutsch Mitterburg, ist die historische Hauptstadt von Istrien. Seine Lage ist einzigartig: Direkt unterhalb der romantischen Altstadt fließt der kleine Fluss Pazinčica in eine 130 Meter tiefe Schlucht, an deren Ende er in einer riesigen Höhle verschwindet. Die wildromantische Schlucht lässt sich auf einem interessanten Lehrpfad durchqueren. Die ganz Mutigen können aber auch an einer über den Abgrund gespannten, über 200 Meter langen Seilrutsche hinübergleiten. Nach diesem Abenteuer lädt derselbe Fluss etwas weiter oberhalb zum Baden und Planschen in zahlreichen Gumpen oder zur Dusche unter einem fast 10 Meter hohen, hufeisenförmigen Wasserfall ein.

Wie ein Schwalbennest klebt die Burg an dem überhängenden Felsen.

KURZINFO

Ausgangspunkt: Parkplatz beim Sportstadion von Pazin. Navi: Ulica Joakima Rakovca, 52000 Pazin; N45.241004, E13.939029.
Anfahrt: Von der Autobahn A8 aus Richtung Pula oder Rovinj kommend bei Abfahrt 3 (Rogovići) bzw. von Rijeka oder Lupoglav kommend bei Abfahrt 4 (Ivoli) abfahren. Beim Kreisverkehr beim Stadtpark den Wegweisern Richtung Zentrum durch die Straße Jurja Dobrile folgen. Halb rechts durch die Straße Joakima Rakovca und an deren Ende rechts am Parkplatz des Sportstadions parken. Bahnhof und Busbahnhof befinden sich 300 m östlich; nur wenige Bus- und Bahnverbindungen täglich.
Anforderungen: Der Weg führt teils auf Asphalt durch die Altstadt von Pazin, teils auf einem schmalen, aber nicht ausgesetzten Fußweg durch die Schlucht. Nur nach längeren Regenfällen ist Vorsicht geboten, weil der Pfad und v. a. mehrere Holzstege dann sehr rutschig sind.
Ausrüstung: Für die Wanderung sind gute Trekkingsandalen ausreichend. Badesachen mitnehmen!
Altersgruppe: Ab 4 Jahren.
Gehzeit: 2 Std.
Weglänge: 3,8 km.
Höhenunterschied: 130 m.
Öffnungszeiten: Der Weg durch die Fojba-Schlucht ist tägl. 10–18 Uhr geöffnet, die »Zipline« (Seilrutsche) von 1.5. bis 30.9. tägl. 12–20 Uhr in Betrieb. Eine Besichtigung der Höhle selbst ist nur gegen Voranmeldung (Tel. +385 91 5121 528, info@sdi.hr) in Kleingruppen, geführt durch Höhlenforscher, möglich.

Kosten: Für den Weg durch die Schlucht wird von Juni bis September eine Benutzungsgebühr von ca. 4 € (2 € für Kinder von 5–18 Jahren) erhoben. Die Fahrt mit der Zipline kostet ca. 20 € pro Person.
Varianten: Wer mit kleineren Kindern eine kürzere Runde gehen will, kann die Tour am Platz mit dem Jules-Verne-Denkmal teilen und entweder nur die Runde durch die Schlucht oder zum Wasserfall gehen. Da Parkplätze im Zentrum rar sind, parkt man im ersten Fall am besten beim Hotel Lovac und geht die Tour von dort aus.
Bademöglichkeit: Unterhalb des Wasserfalls der Pazinčica. Der Wasserstand ist aber stark von Jahreszeit und Wetter abhängig – im Hochsommer nach längeren Hitzeperioden können die Wasserbecken und der Wasserfall auch komplett ausgetrocknet sein.
Einkehr: Hotel Lovac, Café »Jules Verne« direkt in der Festung sowie weitere Lokale in der Altstadt von Pazin. Trinkwasser gibt es bei einem Wasserhahn

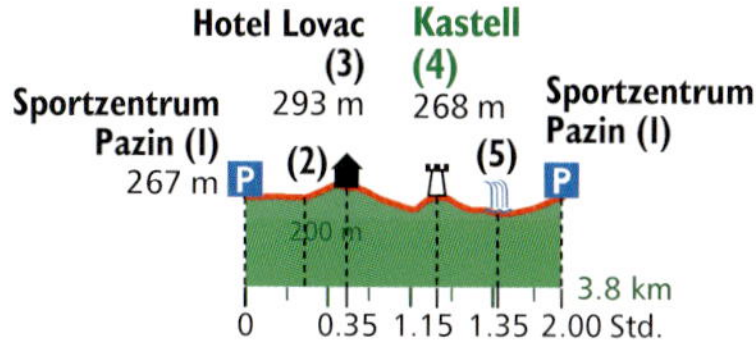

zwischen der Festung und der Brücke über die Fojba-Schlucht.
Unterkunft: In Pazin gibt es nur ein Hotel, das sehr schön gelegene »Lovac« direkt oberhalb der Höhle, gegenüber der Altstadt. Als Alternative bieten sich zahllose private Vermieter an, deren Namen und Adressen man auf der Website des Tourismusbüros finden kann. Einen Campingplatz gibt es in Pazin selbst nicht, der Stellplatz in Motovun (siehe Tour 1) ist allerdings nur eine halbe Stunde Fahrt (ca. 20 km) entfernt.
Informationen: Tourismusbüro Zentralistrien, Tel. +385 52 622460, centralistria.com/de.
Zipline Pazin, Tel. +385 91 5437718.

Hallo Kinder,

vom berühmten französischen Schriftsteller Jules Verne kennt ihr vielleicht schon die Geschichten »20.000 Meilen unter dem Meer« oder »Die Reise um die Welt in 80 Tagen«. In seinem Buch »Mathias Sandorf« erzählt er von der abenteuerlichen Flucht – und späteren Rache – des ungarischen Grafen Sandorf aus der Gefangenschaft in der Festung von Pazin: Nachdem sie das Gitter ihres Kerkers herausgebrochen haben, klettern Mathias Sandorf und seine Gefährten an einem Blitzableiter hinab und stürzen schließlich in einen Fluss, der gleich darauf in einer Höhle verschwindet. In der Nähe von Rovinj, im Lim-Fjord, gelangen sie wieder ans Tageslicht. Bevor er dieses Buch geschrieben hatte, besuchte Jules Verne Pazin und war von der Höhle unterhalb der Stadt so fasziniert, dass er sie in seine Geschichte einbaute. Zu seinen Ehren errichtete man am Platz »Prilaz Kaštelu« ein Denkmal, und auch das Café in der Festung ist nach ihm benannt. Dieses Lokal hat man sehr liebevoll mit alten Möbeln und Kleiderpuppen gestaltet, die Kostüme aus der Zeit tragen, in der die Geschichte spielt. Heute weiß man übrigens, dass ein Großteil des Wassers der Pazinčica nicht im Lim-Fjord, sondern an der Südküste von Istrien bei Raša ans Tageslicht kommt, aber zur Gänze erforscht ist der viele Kilometer lange unterirdische Fluss noch immer nicht.

weg rechts bergab in die Schlucht (am Beginn des Weges ist Eintritt zu bezahlen).

Entlang des Weges gibt es mehrere Informationstafeln, auch auf Deutsch, über die Höhle, deren Erforschung und die Besonderheiten des Karstes. In mehreren Serpentinen wandern wir hinunter bis zu einem Aussichtspunkt mit Blick auf den Höhleneingang, dann weiter im Tal zu einem Holzsteg, auf dem man den Fluss überquert. Auf der Infotafel am anderen Ufer wird die Geschichte des Riesen erzählt, der der Sage nach für die Entstehung der Schlucht verantwortlich ist. Hier zweigt ein Weg am Fluss entlang ab, auf dem man ein Stück Richtung des Höhleneingangs gehen kann. Der Pfad ist aber eine Sackgasse – um die Schlucht wieder zu verlassen, wandert man, z. T. über Stufen, auf einem steilen Weg geradeaus bergauf. Dieser endet di-

Vom Parkplatz des **Sportzentrums (1)** gehen wir die Gasse »15. Siječnja« (15. Januar) Richtung Stadtzentrum; der weithin sichtbare Glockenturm der St.-Nikolaus-Kirche weist uns den Weg. Am Turm vorbei kommen wir zur Straße »Velog Jože« und weiter über den alten Platz (»Stari Trg«) zu einer Kreuzung direkt an der Mauer des Kastells von Pazin. Hier befindet sich links ein **Gedenkstein (2)** für den Schriftsteller Jules Verne; die Straße, die links steil bergauf führt und die wir nehmen, trägt ebenfalls seinen Namen. Wir kommen hinauf zur Hauptstraße; wo wir auf diese treffen, ist rechts gleich ein Kreisverkehr. Diesen verlassen wir bei der nächsten Möglichkeit nach rechts und sehen vor uns schon das **Hotel Lovac (3)**. Das dortige Restaurant hat eine sehr schöne Aussichtsterrasse mit Blick auf die Schlucht und die gegenüberliegende Altstadt.

Über Stufen gehen wir hinunter auf ein Plateau direkt unterhalb des Hotels. Hier kann man bei einer Holzhütte einen »Flug« mit der Seilrutsche über die Schlucht buchen und die dafür nötige Ausrüstung ausleihen (Gurt und Helm; Kinder bis 12 Jahre müssen gemeinsam mit einem Erwachsenen rutschen) oder von einer Plattform aus bei diesem Abenteuer zusehen. Unser weiterer Weg führt uns auf einem Wander-

Museum

Das Kastell von Pazin aus dem 16. Jahrhundert beherbergt seit dem Jahr 1962 eine ethnografische Sammlung, die sich hauptsächlich mit dem Alltagsleben im Istrien früherer Zeiten beschäftigt.

Öffnungszeiten: Mitte April bis Mitte Oktober Di.–So. 10–18 Uhr, im Winter Di.–Do. 10–15 Uhr, Fr. 11–16 Uhr, Sa. und So. 10–16 Uhr, Mo. geschlossen.

Kosten: Erwachsene ca. 3,50 €, Schüler, Studenten und Senioren ca. 2,50 €. Kinder unter 6 Jahre frei.

Informationen: Tel. +385 52 622 220, emi.hr

Traumhafter Badeplatz unter dem Wasserfall.

rekt an einer großen Fußgängerbrücke, die die Schlucht nach links überquert. Wir gehen nicht über diese, sondern auf einer Asphaltstraße nach rechts bergauf in Richtung der Altstadt. Am Platz vor dem **Kastell (4)** kann man in dem originellen, in einem alten Kellergewölbe der Burg untergebrachten Café »Jules Verne« einkehren und das ethnografische Museum besichtigen, bevor man links am Kastell vorbei zurück zum Platz mit dem **Jules-Verne-Denkmal (2)** gelangt.

Nun gehen wir aber nicht am selben Weg zum Parkplatz zurück, sondern nach 30 m links einen Weg zwischen Feldern hinunter. Wir kommen in einen lichten Wald, dann an einer Hausruine vorbei und biegen 100 m weiter auf einen Fußpfad ein, der uns links bergab zum Ufer der Pazinčica führt. Bei einem originellen Rastplatz aus einem alten Mühlstein kann man geradeaus weiter ans obere Ende eines rund 10 m hohen **Wasserfalls (5)** gehen oder links über eine Holztreppe hinunter zu einem kleinen See, in den das Wasser stürzt. Das ist ein auch bei den Einheimischen beliebter Badeplatz; der See ist tief genug zum Schwimmen, aber im Uferbereich seicht genug für kleine Kinder zum Planschen. Eindrucksvoll sind auch die überhängenden Felswände ringsum, die in der Mittagshitze Schatten spenden.

Hier kann man den Tag erholsam ausklingen lassen. Zum Parkplatz zurück geht man am besten beim Mühlstein flussaufwärts (aus der Richtung gesehen, aus der wir gekommen sind, rechts), bis sich der Pfad wieder vom Wasser entfernt. Man trifft auf den Feldweg von vorhin und folgt ihm nach links bis zu einer schmalen, kaum befahrenen Asphaltstraße, auf der man rechts bergauf direkt zurück zum Parkplatz beim **Sportzentrum (1)** gelangt.

Am Weg durch die Schlucht.

5 Besuch im unterirdischen Königreich

Die Tropfsteinhöhlen von Baredine und Feštini ab 3 J.

Die Halbinsel Istrien ist, so wie auch der Rest Kroatiens, reich an Höhlen, von denen einige wenige auch zur Besichtigung offenstehen. Gemeinsam ist ihnen ein unglaublicher Reichtum an wunderschönen Tropfsteingebilden, die schon immer die Fantasie der Menschen angeregt haben. Beide hier vorgestellten Höhlen sind leicht mit dem Auto erreichbar, beleuchtet, durch Treppen und Betonwege leicht zu begehen und bieten darüber hinaus in unmittelbarer Nähe Tiergehege, Spielplatz und Imbisskiosk. Sie stellen damit ideale Ziele für einen Halbtagsausflug dar, wenn das Wetter einmal nicht so zum Baden einlädt oder man auf der Suche nach Abwechslung ist.

Der See am Ende der Baredine-Höhle.

Hallo Kinder,

die Grottenolme, die in den Höhlen Sloweniens und Kroatiens leben, gehören zu den fazinierendsten Tieren überhaupt. Einerseits, weil sie sich völlig an das Leben in der Dunkelheit angepasst haben – ihre Haut ist durchscheinend und blass und kann auch Lichtreize wahrnehmen, dafür haben ihre Augen keine Funktion. Aber auch, weil sie ein für Tiere dieser Größe (sie wiegen nur etwa 20 Gramm) unglaubliches Alter erreichen können: Grottenolme haben eine Lebenserwartung von 70 bis 100 Jahren! Dabei entwickeln sie sich im Gegensatz zu anderen Amphibien aus dem Larvenstadium nicht weiter, sondern bleiben sozusagen immer »Babys«. Sie können sowohl an der Luft als auch im Wasser atmen und sich mittels eines magnetischen Sinnes wie mit einem inneren Kompass orientieren. Aufgrund ihres Lebensraumes in den Spalten von Karsthöhlen sind viele Dinge noch immer unerforscht und geheimnisvoll. In vergangenen Zeiten hielten die Menschen sie für Babys von Lindwürmern oder Wasserdrachen! Grottenolme kommen natürlich nur in den Karsthöhlen des Dinarischen Gebirges vor. Versuche, sie anderswo in Höhlen anzusiedeln, waren nur in den wenigsten Fällen erfolgreich. Meist überlebten die Olme zwar in ihrer neuen Heimat, vermehrten sich dort aber nicht.

a) Jama Baredine und Speleolit Cave Climbing Center

KURZINFO

Anfahrt: Auf der Autobahn A9 bis zur Ausfahrt Višnjan/Poreč Nord und von dort etwa 5 km Richtung Poreč weiterfahren. Danach beschildert nach rechts abzweigen. Navi: Jama Baredine, 52446 Gedići; N45.270049, E13.661638.
Es gibt werktags einen Bus von Poreč nach Nova Vas, von wo aus man die Höhle auf einem 1 km langen Spaziergang über Feldwege erreicht. Eine Alternative ist auch die Anfahrt per Rad auf dem Parenzana-Radweg von Poreč (ca. 9 km ab dem Zentrum).
Ausrüstung: Festes Schuhwerk und Pullover oder Jacke zum Drüberziehen. Die Temperatur in der Höhle beträgt ganzjährig 14 °C.
Altersgruppe: Höhlenbesichtigung ab 3 Jahren, Speleolit-Tour ab 9 Jahren.
Öffnungszeiten: Nov. bis März nur gegen Voranmeldung 11–15 Uhr, April und Okt. 10–16 Uhr, Mai, Juni und Sept. 10–17 Uhr, Juli und Aug. 10–18 Uhr.
Kosten: Eintritt für die Höhle Baredine: Erwachsene 10 €, Kinder 5–15 Jahre 6 €; Speleolit-Tour: Erwachsene 59 €, Kinder 9–11 Jahre 46 €; Speleolit-Klettern: Erwachsene 7 €, Kinder 9–11 Jahre 5,50 €.
Besuchsdauer: 1–4 Std., mit Speleolit-Tour 1 Tag.
Einkehr: Direkt bei der Höhle gibt es ein kleines Gasthaus mit Grillspeisen und istrianischen Spezialitäten.

An der Speleolit-Kletterwand kann man das Abseilen üben.

Unterkunft: In Poreč und Novigrad sowie in deren Nachbarorten entlang der istrianischen Westküste gibt es eine Fülle an Hotels, Privatquartieren und Campingplätzen.
Informationen: Höhle Baredine: Tel. +385 95 421 4210, baredine.com. Speleolit: Tel. +385 92 1100070, speleolit.com. Für das Angebot von Speleolit ist eine Anmeldung (telefonisch) nötig!

Die **Höhle Baredine** gehört zu den bekanntesten Sehenswürdigkeiten Istriens, was sie nicht nur ihrer Nähe zu den Touristenorten Poreč und Novigrad verdankt, sondern natürlich vor allem ihrem wirklich eindrucksvollen Inneren. Während der 40 Minuten dauernden Besichtigung – es finden laufend Führungen in mehreren Sprachen, auch auf Deutsch, statt – steigt man auf einem insgesamt 300 m langen Weg 60 Höhenmeter durch fünf natürliche Säle voller traumhaft schöner, funkelnder Tropfsteingebilde hinunter. Höhepunkt der Besichtigung ist ein **unterirdischer See** im letzten der Säle, in dem Grottenolme leben! Hat man wieder das Tageslicht erreicht, kann man noch weiteren Tie-

Museum

Wer sich für alte Technik interessiert, der sollte sich einen Besuch der gleich neben der Höhle gelegenen »Traktor Story« nicht entgehen lassen. Auf dem kleinen Freigelände sind rund 50 historische Traktoren, Dreschmaschinen und landwirtschaftliche Geräte ausgestellt, wobei der älteste Traktor aus dem Jahr 1923 stammt! In der ebenfalls am Gelände befindlichen Galerie Konobon gibt es Ausstellungen zu den Themen Brot, Olivenöl und Wein.

Öffnungszeiten: Nov. und Dez. nur gegen Voranmeldung, Jan. bis März geschlossen, April und Okt. 10–15 Uhr, Mai, Juni und Sept. 10–16 Uhr, Juli und Aug. 10–17 Uhr.

Kosten: Erwachsene ca. 5 €, Kinder 5–15 Jahre und Senioren 4 €.

Informationen: Tel. +385 98 224350, traktorstory.com

ren einen Besuch abstatten. Gleich neben der Höhle gibt es **Gehege** mit Eseln, Enten und Gänsen. Auch eine kleine **Ausstellung** über Höhlenforschung und prähistorische Fundstücke lädt zum Besuch ein.

Wer sich nun selbst wie ein Höhlenforscher fühlen möchte, ist beim benachbarten **Speleolit Cave Climbing** Center richtig. Hier kann man lernen, wie man sich mit richtiger Ausrüstung abseilt und an einem Seil wieder hochklettern kann. Man kann nach kurzer Einführung an der Felswand einer Doline das Klettern üben (bei Tageslicht mit Helm, Klettergurt und normaler Kleidung). Wagemutigere (ab 9 Jahren) können aber auch an einer echten Höhlenexpedition teilnehmen, bei der man sich 14 m tief in eine Höhle abseilt und diese dann teils gehend, teils kletternd erforscht! Die gesamte Ausrüstung – Handschuhe, Overall, Klettergurt, Helm und Stirnlampe – wird zur Verfügung gestellt.

Die Esel sind die Lieblinge der Kinder.

b) Feštinsko Kraljevstvo – das Königreich von Feštini

Der »Turm von Babylon«.

KURZINFO

Anfahrt: Auf der Autobahn A8 bis Žminj, weiter in den Ort und dort auf die Straße Richtung Barban abbiegen. Der Weg zur Höhle ist beschildert. Der Parkplatz befindet sich noch außerhalb des winzigen, nur aus wenigen Häusern bestehenden Dorfes Feštini; die letzten 100 m zur Höhle geht man (beschildert) zu Fuß. Navi: Festini, 52341 Zminj; N45.104724, E13.938669.
Ausrüstung: Festes Schuhwerk und Pullover oder Jacke zum Drüberziehen. Die Temperatur in der Höhle beträgt um die 13–15 °C.
Altersgruppe: Ab 3 Jahren.
Öffnungszeiten: April, Mai und Okt. an Samstagen, Sonn- und Feiertagen; Juni bis Sept. täglich 10–18 Uhr.
Kosten: Eintrittspreis Erwachsene ca. 5 €, Kinder 7–12 Jahre ca. 3,50 €.
Besuchsdauer: 1–2 Std.
Einkehr: Bei der Höhle gibt es nur einen Kiosk mit Eis und Getränken. Einkehrmöglichkeiten (Restaurant, Pizzeria und zwei Cafés) gibt es im nahe gelegenen Ort Žminj (7 km entfernt).
Unterkunft: In unmittelbarer Nähe gibt es nur einzelne Privatzimmer; kein Ort an der istrianischen Küste ist aber mehr als eine Autostunde entfernt.
Informationen: Tel. +385 91 56163 27, sige.hr.

Im Gegensatz zur seit 1996 als Schauhöhle ausgebauten Baredine-Höhle ist das **»Königreich von Feštini«** noch relativ unbekannt, erst seit 2008 öffentlich zugänglich und hat noch einen sehr familiären Charakter. »Klein aber fein« ist das Motto, das für die Höhle und das ganze Drumherum gilt. Am Kiosk steht oft noch die Frau des Höhlenbesitzers selbst an der Kasse. Der Zugang zur nur knapp unter der Erdoberfläche gelegenen Höhle führt über einige Stufen, dann geht es schon durch eine Tür in den ersten unterirdischen Saal des »Königreiches«. Den Namen sollen übrigens spielende Kinder aus der Umgebung der Höhle gegeben haben. Obwohl der Rundweg nur etwa 100 m lang ist und die Führung 20 Minuten dauert – und damit auch für ganz kleine Kinder geeignet ist –, bietet er eine unglaubliche Fülle fantastischer Tropfsteinformationen, die alle fantasievolle Namen wie »Zauberhut«, »Turm von Babylon« oder »Fledermausflügel« haben. Natürlich darf in der eher dezent und stimmungsvoll beleuchteten Höhle auch eine Steinformation nicht fehlen, in der man mit etwas Fantasie den König selbst mit seinem Gefolge erkennen kann.

Nach dem Besuch der Schauhöhle kann man auf dem freundlich gestalteten Areal noch der **»Minifarm«** – einigen Kleintiergehegen mit Hasen und Hühnern – einen Besuch abstatten. Es gibt auch eine große Wiese mit Spielgeräten zum Herumtollen, Rast- und Picknicktische.

6 Die lustigsten Wasser von Istrien

Die Wasserparks bei Nova Vas und Poreč **ab 2 J.**

»Free Fall« aus 27 Meter Höhe.

Sicherlich: Die zahllosen Strände Kroatiens eignen sich hervorragend zum Planschen, Schwimmen, Schnorcheln und in der Sonne liegen – aber ein wenig mehr »Action« kann hin und wieder nicht schaden, oder? Ein Besuch in einem der beiden Aquaparks mit ihrem breiten Angebot an Rutschen, Wasserspielgeräten und Animation bietet Abwechslung, Adrenalin und natürlich eine Riesenportion Spaß für die ganze Familie.

a) Aquapark Istralandia bei Nova Vas

KURZINFO

Anfahrt: Auf der Autobahn A9 bis zur Abfahrt Nova Vas; direkt von der Ausfahrt folgt man den Beschilderungen noch ca. 500 m zum Aquapark. Alternativ dazu gibt es von 1.7. bis 31.8. Shuttlebusse, die täglich von Funtana, Medulin, Novigrad, Pula, Poreč, Premantura, Rabac, Rovinj, Umag und Vrsar direkt zum Aquapark fahren. Buchung und Infos unter Tel. +385 98 249119. Navi: N45.347770, E13.618617.
Altersgruppe: Ab 2 Jahren. Vier von den Rutschen dürfen erst ab einer Körpergröße von 1 m, vier ab 1,20 m und die »wildesten« vier erst ab 1,40 m Größe benützt werden.
Öffnungszeiten: Anfang Juni bis Mitte September täglich 10–18 Uhr.
Kosten: Tageskarte/Halbtageskarte ab 14 Uhr: Erwachsene 34/27 €, Kinder unter 1,40 m Größe und Senioren ab 70 Jahre 27/23 €, Kinder unter 1 m Größe frei, Familienpaket für 2 Erwachsene+1 Kind 79/67 €. Keine Parkgebühr. Liegestühle ca. 5 € pro Tag. Wer zufällig im Urlaub Geburtstag hat, genießt an diesem Tag freien Eintritt.
Besuchsdauer: 1 Tag.
Einkehr: Im Park gibt es mehrere Restaurants und Bars mit Getränken, Kaffee, Fast Food, Pizza, Grillspeisen, Salaten, Kuchen und Eis.
Unterkunft: Mehrere Campingplätze, Hotels und Privatquartiere in Novigrad und in den Nachbarorten an der istrianischen Westküste. Istralandia ist aber auch von allen anderen Unterkünften in Istrien aus in weniger als einer Stunde erreichbar.
Informationen: Tel. +385 52 866 900, istralandia.com.

2014 wurde in der Nähe von Novigrad der erste Aquapark Istriens mit einer Fläche von 80.000 m² eröffnet. Ausstattung und Angebot entsprechen vergleichbaren Anlagen in anderen Ländern: Es gibt inzwischen zehn verschiedene große Rutschen – darunter den **»Free Fall«**, die mit 27 m Höhe höchste Wasserrutsche Kroatiens. Neben weiteren »wilden« Rutschen – u. a. die **»Top Gun«**, bei der man am Ende in ho-

Die Spiellandschaft im Kinderbecken.

hem Bogen in ein Becken geschleudert wird – gibt es auch einige für kleinere Kinder geeignete Rutschen, Rutschen mit Licht- und Soundeffekten, ein riesiges **Kinderbecken** mit Piratenschiff und Spiellandschaft und die extrabreite, familienfreundliche Rutsche **»Family Rafting«**, bei der bis zu vier Personen in einem schlauchbootähnlichen Riesenreifen sitzen. Darüber hinaus gibt es noch einen großen **Entspannungspool** mit Hydromassage-Düsen und ein riesiges **Wellenbecken**.
Natürlich wird auch ein Animationsprogramm angeboten, und das gastronomische Angebot lässt kaum Wünsche offen. Dadurch, dass der Park an einem Hang auf mehreren Terrassen angelegt ist, ist er recht übersichtlich und die einzelnen Bereiche – Kinder-, Relax- und Rutschenbereich – sind auch gut räumlich gegliedert. In der Hauptsaison muss allerdings ganztägig mit langen Warteschlangen bei den Rutschen gerechnet werden. Nur gleich nach dem Öffnen und kurz vor Schluss ist etwas weniger los; um sowohl einen Schattenparkplatz als auch einen Schattenplatz auf der Liegewiese zu ergattern, sollte man auf jeden Fall sehr früh kommen. Insgesamt macht der Park einen gepflegten, sauberen Eindruck, das Personal ist ausgesprochen freundlich und der Gesamteindruck sehr positiv.

Chillen im Entspannungspool.

b) Wasserpark Aquacolors bei Poreč

KURZINFO

Anfahrt: Von Süden kommend die Autobahn A9 bei Medaki verlassen und Richtung Vrsar und Funtana fahren. Die Straße D75 führt 2 km hinter Funtana direkt am Wasserpark vorbei. Von Norden bei der Ausfahrt Baderna abfahren und Richtung Poreč halten, dann am Stadtrand Richtung Vrsar und Funtana abbiegen. Der Wasserpark ist an der Straße zwischen Poreč und Funtana nicht zu übersehen. Navi: Molindrio 18, 52440 Poreč; N45.199562, E13.605678.
Altersgruppe: Ab 2 Jahren. Die Mindestgröße für die »Body Slide« beträgt 1m, für »Family Rafting« und »Black Hole« 1,10 m und für alle anderen großen Rutschen 1,20 m.
Öffnungszeiten: Juni und Sept. 10–18 Uhr; Juli und Aug. 10–19 Uhr.
Kosten: Eintrittspreis Erwachsene/Kinder bis 15 und Studenten bis 26 Jahre: ganztags ca. 32 €/25 €, nachmittags (Juli/Aug. ab 15 Uhr, Mai, Juni, Sept. ab 14 Uhr) 25 €/20 €, Familienticket (2 Erwachsene+ 2 Kinder) ganztags 85 €, nachmittags 60 €. Kinder bis 6 Jahre frei. Parken, Liegestühle und Sonnenschirme gratis.
Besuchsdauer: 1 Tag.
Einkehr: Im Wasserpark gibt es Verpflegungsstände mit Fast Food, Pizza, Getränken, Kuchen, Kaffee und Eis.
Hinweise: Für das Bezahlen innerhalb des Geländes (Gastronomie) erhalten die Besucher gegen Kaution am Eingang ein Chip-Armband; beim Verlassen wird der konsumierte Betrag an der Kasse bezahlt. Gratis-WLAN wird im gesamten Gelände angeboten, funktioniert aber nicht überall gleich gut.
Unterkunft: Mehrere Campingplatze und zahllose weitere Unterkunftsmöglichkeiten in Novigrad und seinen Nachbarorten. Der Park ist aber auch von allen anderen Unterkünften in Istrien aus in weniger als einer Stunde erreichbar.
Tipp: Unbedingt Badeschuhe tragen, die man auch beim Rutschen nicht verliert (keine Flipflops o. Ä.), da der Boden im gesamten Park zum Barfußgehen leicht zu heiß wird.
Informationen: Tel. +385 52 219 671, aquacolors.eu/de.

Der 2015, nur ein Jahr nach Istralandia eröffnete Wasserpark Aquacolors wirbt damit, dass es sich nicht nur um den größten Wasserpark Kroatiens, sondern der gesamten Adria handelt. Auf dem 100.000 m² großen Gelände gibt es insgesamt 13 große Wasserrutschen und zwei weitere für jüngere Kinder, die alle ein völlig unterschiedliches Rutsch-Erlebnis garantieren. Am auffälligsten ist sicher der riesige, knallgelbe Trichter des **»Magic Cone«**, in dem man alleine oder zu zweit in einem aufblasbaren, kleeblattförmigen Reifen rutscht. Beim **»Multisurf«** kann man mit dem Kopf voraus auf einer Schaumstoffmatte liegend mit drei anderen Leuten um die Wette rutschen, beim **»Uphill Navigator«** geht es sogar bergauf, und beim **»Space Boat«** wird man wie in einem Strudel herumgewirbelt. Aber auch für die, die es nicht so wild ha-

Auch für die Kleinsten gibt es im Aquacolors-Park einen tollen Spielbereich.

Im Aquacolors-Park hat jede Rutsche eine andere Farbe.

ben wollen, ist gesorgt: Es gibt ein großes Wellenbecken, ein Kinderbecken mit mehreren kleinen Rutschen, Wasserfontänen und Wasserspielgeräten, und zum Entspannen kann man sich in einem Reifen auf dem 500 m langen **»Lazy River«** treiben lassen. Eine der Hauptattraktionen ist aber die »Crocodile Bay«, mit Sprudelbecken, Wasserfällen, einem weiteren Kinderbecken und einer künstlichen Grotte, in deren Inneren es eine Bar in Form eines riesigen Krokodilmauls gibt.

Wichtig ist, vor der ersten Benutzung einer Rutsche am Auslauf zu beobachten, mit welcher Art von Reifen – es gibt solche für eine, zwei, drei oder vier Personen – hier gerutscht wird, da für die Benutzung der Rutschen jeweils nur bestimmte Reifenarten erlaubt sind.

Natürlich wird auch in diesem Park ein Animationsprogramm angeboten. Positiv ist, dass Sonnenschirme und Liegestühle gratis zur Verfügung stehen, wovon aber nur diejenigen profitieren, die bereits früh in den Park kommen. Generell ist der Park vom Preis-Leistungs-Verhältnis etwa gleich wie Istralandia. Da hier allerdings ab einer Körpergröße von 1,20 m bereits sämtliche 15 Rutschen benützt werden können, in Istralandia hingegen nur acht, ist Aquacolors für Familien mit Kindern zwischen 1,20 m und 1,40 m Größe eindeutig die bessere Wahl.

Der »Tornado«, eine der Rutschen für die Kleineren in der Crocodile Bay.

7 Expedition in die Urzeit

Zu Besuch im Dinosaurierpark von Funtana ab 2 J.

Dino-Reiten macht Spaß!

Der 2009 eröffnete Dinopark in Funtana war seinerzeit der erste »Themenpark« Kroatiens und lässt sich natürlich nicht mit großen Vergnügungs- und Freizeitparks anderswo in Europa vergleichen. Vieles wirkt hier selbst gemacht oder improvisiert, und dennoch hat der Park seinen eigenen besonderen Reiz. Denn die Dinosauriermodelle, von denen viele sich auf Knopfdruck bewegen, stehen nicht in einer künstlichen Plastiklandschaft, sondern in einem urwaldartig verwachsenen Gelände mit echten Felsen, einer Schlucht und einem kleinen Wasserfall. Ein Streichelzoo, mehrere Fahrgeschäfte und ein Showprogramm sorgen für weitere Abwechslung.

KURZINFO

Anfahrt: Von Süden kommend verlassen wir die Autobahn bei Medaki und fahren Richtung Vrsar und Funtana. Von Norden fährt man bei der Ausfahrt Baderna ab und hält sich Richtung Poreč, dann am Stadtrand Richtung Vrsar und Funtana abbiegen. Die Straße D75 führt im Ort Funtana direkt beim Dinopark vorbei. Navi: Istarska ulica 51, 52452 Funtana; N45.169623, E13.608506.
Anforderungen: Keine. Bei Nässe Achtung, die Holzwege durch den Park sind dann sehr rutschig!
Ausrüstung: Leichte Sportschuhe oder Sandalen.
Altersgruppe: Ab 2 Jahren.
Öffnungszeiten: Mai bis Sept. tägl. außer Mi. 10–18 Uhr.
Kosten: Eintritt für Erwachsene ca. 30 €, Kinder 4 bis 14 Jahre und Senioren ab 63 Jahre ca. 25 €. Kinder bis 3 Jahre gratis. Ab 15 Uhr vergünstigter Eintritt ca. 25 € für Erwachsene und 20 € für Kinder/Senioren. Kinder bis 14 Jahre, die im Monat ihres Besuchs Geburtstag haben, genießen freien Eintritt. Parkplatz kostenlos. Nur Barzahlung möglich.
Besuchsdauer: ½ Tag.
Weglänge: Ca. 1 km.
Höhenunterschied: 50 m.
Hinweis: Rauchverbot im gesamten Gelände; Hunde nur an der Leine.
Einkehr: Für den größeren Hunger gibt es das »Jurassic BBQ« mit Holzkohlengrill und Salatbar, im Showbereich das »McDino«-Fastfood-Restaurant und Pizzaschnitten. Darüber hinaus finden sich noch drei Imbissstände mit Getränken und Eis. Man kann auch eigene Speisen mitbringen und an den Picknicktischen konsumieren.
Unterkunft: Zahlreiche Campingplätze, Hotels und Privatquartiere an der Küste bei Funtana. Auch die Plätze bei Poreč sind nur wenige Autominuten entfernt.
Informationen: Tel. +385 91 7668888, dinopark.hr.

Hallo Kinder,

natürlich gibt es im Dinopark keine echten Dinosaurier zu sehen. Gelebt haben sie hier aber offenbar wirklich – und zwar vor rund hundert Millionen Jahren! Schon im Jahr 1932 hat man auf den Brijuni-Inseln (Tour 9) zum ersten Mal Fußabdrücke der prähistorischen Riesenechsen entdeckt. Man erklärt sich das damit, dass die Dinosaurier im weichen, sumpfigen Boden ihre Abdrücke hinterlassen haben und die in diesen Vertiefungen wachsenden Algen durch Kalkschlamm bedeckt und konserviert wurden. Auch in anderen Teilen Istriens – das damals noch ein Teil des Urkontinentes Gondwana war und vor der Küste des heutigen Afrikas lag – fand man ähnliche Spuren, so etwa auf der Insel Fenoliga, beim Ort Medulin und auf Kap Kamenjak (siehe Tour 10). Auch unter Wasser machte man erstaunliche Funde: Im Jahr 1992 entdeckte ein italienischer Taucher eine große Zahl von Dinosaurierknochen, die man später zehn verschiedenen Arten zuordnen konnte.

Auch wenn der Dinopark Funtana in erster Linie ein jüngeres Publikum (bis 10 Jahre) anspricht, bietet er doch eine relativ große Bandbreite an Aktivitäten, sodass auch größeren Kindern nicht langweilig wird. Wenn wir das Areal betreten, sehen wir links den Eingang zum **Showgebäude** und geradeaus vor uns die ersten Dinosaurier-Modelle (zwar nur halb bis zwei Drittel so groß wie im Original, für Kinder aber immer noch imposant genug, vor allem, wenn sie sich auf Knopfdruck bewegen und Laute von sich geben). Wir wenden uns nach rechts und nehmen einen Weg, der uns durch den Wald zu den **»Seeungeheuern«**, zu einem kleinen **Spielplatz** und zwei Trampolinen führt. Rechts gibt es auch ein Fahrgeschäft, den »Safari Bus«. Hinter den **Meerestieren der Urzeit** kommt man an einem **Bogenschießstand** vorbei. Bei der nächsten Gabelung käme man links zum Ausgang zurück; wir wenden uns rechts und kommen unterwegs immer wieder an Dino-Modellen vorbei. Ein Stück weiter teilt sich der Weg, um sich kurz darauf wieder zu vereinigen. Gleich danach geht es rechts nach »Gondwana«, während wir jetzt links und auf einem Asphaltweg an der Südseite der Showarena bergab gehen. Rechts zweigt ein Weg zu einer Aussichtsplattform ab, dann kommen wir am **Ponyreiten** und gleich dahinter am **Streichelzoo** mit jungen Ziegen vorbei.

Den Showbereich mit den beiden Schnellrestaurants, einem kleinen Indoor-Spielplatz, dem »Dino-Kino« und mehreren Terrarien kann man auch von dieser Seite betreten.

Die kleine Drachen-Achterbahn.

»Aber von ›Füttern verboten‹ stand da nichts …«

Hinter dem Streichelzoo gibt es mehrere **Kinder-Fahrgeschäfte**, die man selbst mittels Knopfdruck ein- und ausschalten kann, sowie – wenn man den Wegweisern Richtung Tortuga-Piraten folgt – eine große Schiffschaukel samt Piraten-Figuren. Weiter am Rundweg passiert man einen **Kinder-Sessellift** durch den Wald (ebenfalls zum selbst Ein- und Ausschalten), einen Dino, auf dem man reiten kann, und die **»Fossilien-Safari«**: Hier kann man selbst Dinosaurierknochen ausgraben. Es gibt hier einen Rastplatz sowie einen Kiosk mit Eis und Getränken, und weiter nach links gelangt man zu einer kleinen Achterbahn. Der Hauptweg führt an einer in einem Holzpavillon untergebrachten kleinen Ausstellung von (nachgemachten) Dinosaurierfundstücken vorbei, bevor man auf einer Brücke in den **»Jurassic Canyon«** geht, einen Kalksteinbruch aus venezianischer Zeit mit Modellen von Flugsauriern und einem kleinen Wasserfall. Bergauf gelangt man nach »Gondwana«, wo ein weiterer Rundweg mit Dino-Figuren – eine davon zum Reiten – abzweigt, während der Hauptweg zurück zum Ponyreiten führt.

Die **Shows**, deren Anfangszeiten auf Tafeln beim Eingang angeführt sind, dauern jeweils etwa 45 Minuten; Fixpunkt sind die Motorradstunts der »Flying Devils« auf dem Hochseil. Dies ist die einzige Show, die im Freien stattfindet und mehrmals pro Tag zu sehen ist. Durchaus professionell ist auch die Magiershow mit »Magic Albin«, während die übrigen Shows eher jüngere Kinder ansprechen.

Trotz Klimaanlage im Show-Pavillon eignet sich der Dinopark Funtana am besten für kühlere Tage, nicht aber bei Regen, da die Holzstege im Freien dann rutschig und einige Attraktionen nicht in Betrieb sind. Die Betreiber des Parks haben in den letzten Jahren immer wieder das Angebot geändert, Bereiche neu gestaltet und einzelne Attraktionen durch andere ersetzt, was auch für die Zukunft so geplant ist.

Im Vogelparadies von Palud

8

Spaziergang mit Fernglas und Badesachen

ab 4 J.

Naturforscher aufgepasst: Nicht weit von dem beliebten Badeort Rovinj kann man ein urwüchsiges Sumpfgebiet erforschen, mit dem Fernglas auf Vogelsafari gehen, Überreste aus römischer Zeit sehen und am Schluss des Tages zur Erholung an einem flachen Strand im Meer planschen. Das »besondere ornithologische Reservat Palud« bietet über 200 verschiedenen Vogelarten Unterschlupf. Wer leise ist, bekommt sicher Wildenten, Wasserhühner, Fasane oder Rebhühner zu sehen.

Die Mittelmeermöwen fühlen sich hier ganz zu Hause.

Hallo Kinder,

auch wenn man es nicht glauben würde: Das Vogelschutzgebiet »Palud« bei Rovinj verdankt sein heutiges Aussehen den Menschen! In einem flachen Becken ohne Abfluss sammelten sich früher das Regenwasser und das Wasser einer Quelle; eine Verbindung zum Meer gab es nicht. Dadurch bildete sich ein Sumpf, in dem sich unzählige Stechmücken vermehren konnten. Weil diese Insekten die bis vor rund 100 Jahren auch in Europa noch verbreitete gefürchtete Krankheit Malaria übertrugen, bauten österreichische Soldaten im Jahr 1906 einen schnurgeraden, ungefähr 200 m langen Kanal zum Meer. So konnte Salzwasser in den Sumpf strömen und sich mit dem Süßwasser vermischen. Den höheren Salzgehalt vertrugen die Mückenlarven nicht, und die Malariagefahr war gebannt. Gleichzeitig änderte sich auch die Tier- und Pflanzenwelt. Schilfarten, die mehr Salz im Wasser vertragen, konnten sich ausbreiten, während die anderen weniger wurden. Fische siedelten sich an, die vom Meer in den flachen See hineinschwimmen konnten. Der Fischreichtum wiederum bietet seither einer großen Zahl von Vögeln Nahrung, die sich hier richtig satt fressen können, und weil in das Schutzgebiet keine Jäger kommen, können die Vögel auch ungestört nisten und brüten. Damit das so bleibt, eine Bitte: Macht keinen Lärm, nicht nur, um die Tiere nicht zu erschrecken, sondern auch, weil ihr dann mehr von eurem Besuch habt. Je leiser man ist, desto mehr Vögel wird man zu sehen bekommen. Vor lauten Geräuschen flüchten sie ins Dickicht.

KURZINFO

Ausgangspunkt: Strand »Cisterna« südlich von Rovinj. Navi: N45.038957, E13.691472.
Anfahrt: Von Rovinj fährt man 5 km Richtung Pula bis zur Abzweigung zum Campingplatz Veštar. Direkt davor biegt man links ab, den Wegweisern zur Konoba Mofardin und zum Autocamp Mon Paradis folgend. Auf einer auch mit Pkw problemlos zu befahrenden Staubstraße kommt man zu einer Weggabelung, bei der man weiter Richtung Konoba Mofardin fährt. An einer T-Kreuzung neben einem eingezäunten Grundstück rechts zum Strand »Cisterna«, wo man »wild« parken kann (es gibt keine ausgewiesenen Parkplätze, aber genug Platz entlang der Staubstraße).
Anforderungen: Leichte Wanderung auf praktisch ebenen Spazierwegen. Nach längeren Regenfällen ist der Boden allerdings stellenweise sehr matschig.
Ausrüstung: Trekkingsandalen oder leichte Sportschuhe. Fernglas, Kamera und Badesachen (können im Auto bleiben) mitnehmen!
Altersgruppe: Ab 4 Jahren.
Gehzeit: 1.45 Std.
Weglänge: 4,9 km.
Höhenunterschied: Keiner.
Kosten: Von normalen Besuchern ohne Führung wird kein Eintritt verlangt.
Variante: Wenn man auf die Einkehrmöglichkeit in der Konoba Mofardin verzichtet und vom Holzhäuschen direkt zum Strand »Cisterna« zurückgeht, wird die Tour um 650 m bzw. ca. 30 Min. kürzer.
Bademöglichkeit: Am Strand »Cisterna« (keine Infrastruktur wie Duschen oder Umkleiden vorhanden).
Einkehr: Konoba Mofardin (gute istrianische Küche) oder Imbiss »Fast Food Luan« direkt am Strand »Cisterna« (einfache Grillspeisen, Eis und Getränke).
Unterkunft: In Rovinj gibt es Quartiere aller Preisklassen, auch Privatzimmer und familienfreundliche Apartments. Empfehlenswert ist der Campingplatz Veštar, der als einer der besten Campingplätze Kroatiens ausgezeichnet wurde und alle Annehmlichkeiten wie Schwimmbecken, Minigolf, Tennisplatz, Kinderspielplatz und -animation, Fahrrad- und Bootsverleih, ein Restaurant und eine Pizzeria bietet. Es werden auch Mobilheime angeboten. Wer es lieber familiärer möchte, der ist auf dem benachbarten kleineren Campingplatz »Mon Paradis« gut aufgehoben.
Informationen: Auch zu Führungen unter natura-histrica.hr.

Der **Strand »Cisterna« (1)** bei Rovinj hat seinen Namen von den Überresten einer römischen Zisterne, die man im südlichen Teil des Strandes noch finden kann. Am nördlichen Ende der Bucht steht die kleine Imbissbude »Fast Food Luan« mit Sitzplätzen im Schatten. Auch am Strand findet man leicht ein schattiges Plätzchen, da die Bäume bis fast ans Wasser heranreichen.

Bevor wir hier baden gehen, wollen wir das Vogelschutzgebiet erforschen. Die Holzwegweiser mit einem stilisierten Vogel darauf sind nicht zu übersehen; wir folgen ihnen am südlichen Ende des Strandes ein kurzes Stück auf einer Schotterstraße, dann in einer Rechtskurve leicht links auf einem unbefestigten Pfad über eine Wiese. Der Weg trifft wieder auf die Schotterstraße, die

An der Bucht Cisterna kann man nach der Tour baden.

nur einen Umweg um die Wiese herum gemacht hat, und auf ihr kommen wir gleich zu einem Rastplatz mit mehreren Tischen und Bänken sowie einer (normalerweise geschlossenen) **Holzhütte (2)**, in der sich ein Stützpunkt der Naturschutzorganisation befindet. Hier gibt es auch schon die ersten Informationstafeln des Schutzgebietes, und Schilder weisen darauf hin, dass man nicht Rad fahren, Lärm machen oder Hunde frei laufen lassen darf.

Wir gehen auf einem Kiesweg nach rechts durch dichten Wald. Wer still ist, hört hier schon den einen oder anderen Vogel; sehen kann man sie vorerst noch nicht. Dann aber kommen wir zu einem **Beobachtungsplatz (3)** mit weiteren Infotafeln. Hier steht auch eine Holzwand mit Gucklöchern, durch die man auf den See in der Mitte des Sumpfgebietes hinausschauen kann: Man sieht die Vögel, ohne dass sie einen bemerken, solange man – man kann es nicht oft genug sagen – leise ist. Ein Fernglas und eine Fotokamera mit gutem Zoomobjektiv machen sich hier unbedingt bezahlt!

Direkt hinter dem Beobachtungsposten überquert man auf einer kleinen Holzbrücke den Kanal, der das Sumpfgebiet mit dem Meer verbindet. Wieder geht es durch dichten Wald auf einem Fußpfad bis zu einer T-Kreuzung, bei der man auf einen etwas breiteren Weg trifft. Nach rechts würde man das Naturschutzgebiet wieder verlassen; wir bleiben noch darin und gehen links. In einiger Entfernung vom See umrunden wir diesen nun im Nordosten und kommen dabei wieder durch dichten Wald mit zum Teil riesigen Weiden. Bei einer weiteren T-Kreuzung ist links die **Holzhütte (2)** am Beginn des Rundwegs um den

See schon in Sichtweite. Wir könnten zu ihr zurück und am selben Weg zur Cisterna-Bucht zurückgehen.

Wer noch eine Einkehrmöglichkeit möchte, wendet sich stattdessen rechts und 100 m weiter gleich wieder halb links. Man trifft auf eine Schotterstraße, der man nun immer geradeaus folgt. Zwischen Feldern kommen wir zu einer Straßenkreuzung, an der die gemütliche **Konoba »Mofardin« (4)** liegt, in der man gut essen und trinken kann. Dann nimmt man – gesehen aus der Richtung, aus der wir gekommen sind – den linken Weg und folgt immer der Schotterstraße, die direkt zum **Strand (1)** zurückführt. Hier können wir den Tag am Meer ausklingen lassen.

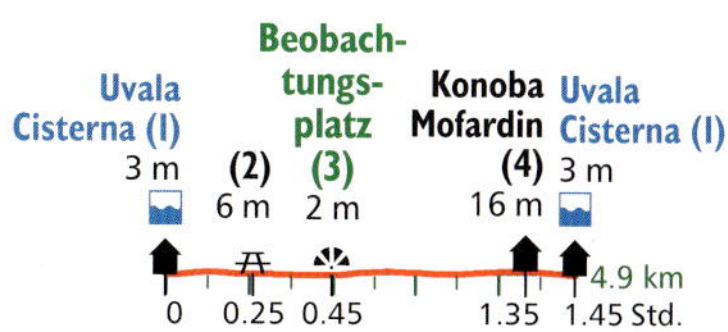

9 Insel der Vielfalt

Tagesausflug in den Nationalpark Brijuni

ab 4 J.

Zebra mit Fohlen im Safaripark.

Bei einem Nationalpark denkt man normalerweise nicht an eine Parklandschaft mit breiten, asphaltierten Promenadenwegen. Man sollte sich aber beim Besuch der Brijuni-Inseln nicht vom ersten Eindruck täuschen lassen. Trotz des eher »zivilisierten« Erscheinungsbildes sind die Inseln ein wahres Naturparadies mit reichhaltiger Flora und Fauna. Neben einem Tierpark und einer Pfauenfarm gibt es Ausgrabungsstätten aus römisch-byzantinischer Zeit, einen botanischen Garten und einen uralten Olivenbaum zu entdecken, entweder zu Fuß, mit dem Fahrrad oder mit elektrischen Golfwägelchen, die man mieten kann.

KURZINFO

Ausgangspunkt: Abfahrtsstelle der Fährboote in den Nationalpark Brijuni in Fažana; Parkmöglichkeit auf mehreren gebührenpflichtigen Parkplätzen im Ort. Navi: N44.92910, E13.80208.

Anfahrt: Aus Richtung Norden kommend verlässt man die Autobahn A9 bei Ausfahrt 8 »Vodnjan Sjever«. Nach etwa 3 km rechts den Wegweisern Richtung Fažana und NP Brijuni folgen. Aus Richtung Pula nimmt man die D-21 und 600 m nach der Brücke über die Eisenbahn im Kreisverkehr die Ausfahrt Richtung Fažana und Brijuni. Fažana ist von Pula aus auch per Bus Nr. 21 erreichbar. Fahrplan unter pulapromet.com/en.

Anforderungen: Leichte Wanderung oder Fahrradtour größtenteils auf asphaltierten, nur teilweise auf geschotterten Wegen.

Ausrüstung: Leichte Wanderausrüstung, guter Sonnenschutz und ausreichend Trinkwasser. Fahrräder können auf der Insel gemietet werden. Will man eigene Räder mitnehmen, muss dies mindestens 24 Stunden vorher bei der Fähre angemeldet werden.

Altersgruppe: Ab 4 Jahren. Mit kleinen Kindern empfiehlt es sich, ein Fahrrad mit Kindersitz oder Kinderanhänger oder ein Elektrofahrzeug (Golfcart) zu mieten und damit die Stationen der Tour abzufahren.

Besuchsdauer: 1 Tag.

Geh-/Fahrzeit: Wanderung 3 Std., Fahrradtour je nach Kondition und Übung 2.30–3 Std.

Weglänge: Radtour 14,7 km, Wanderung 7,4 km; Abstecher zum Aussichtsturm oder zur Pfauenfarm je 1 km zusätzlich.

Höhenunterschied: Radtour rund 125 m, Wanderung unter 100 m.

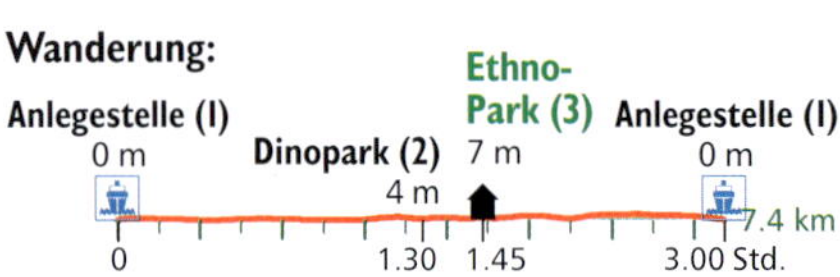

Variante: Je nach gewünschter Länge und Dauer der Tour lässt sich diese aufgrund des dichten Wegenetzes beliebig abkürzen oder erweitern.

Kosten: Bootsfahrt zur Insel inklusive Audioguide 35 €/ 18 € für Kinder 7–18 Jahre. Leihgebühr pro Stunde/Tag: Fahrräder 7 €/30 €, Kinderräder 6 €/23 €, Elektrocart 40 €/200 €. Nur Kartenzahlung für Leihgebühren!

Hinweise: Die Bootsfahrt dauert ca. 15 Min.; Boote verkehren je nach Saison zwischen dreimal täglich von November bis März und zwölfmal täglich von Juni bis September. Tickets können im Büro direkt am Hafen oder besser schon im Voraus online über die unten angegebene Webseite gekauft werden. Online-Tickets müssen nicht ausgedruckt werden, es reicht der QR-Code am Handy.
Hunde sind nur in einem kleinen Bereich der Insel rund um den Hafen erlaubt. Abgesehen von den üblichen Richtlinien für Nationalparks (Wege nicht verlassen, keine Blumen pflücken usw.) ist es auch verboten, Dinge, die man auf der Insel gefunden hat, z. B. Pfauenfedern, mitzunehmen.

Bademöglichkeit: An mehreren Stellen entlang des Ufers ist das Baden erlaubt, am schönsten ist der Strand Saluga. Duschen und Umkleiden gibt es keine.

Unterkunft: In Fažana gibt es zwei Campingplätze, aber auch von allen anderen Orten an der Westküste ist der Ort über die Autobahn leicht erreichbar.

Einkehr: Restaurant Neptun und Carmen sowie Café Brioni, alle in der Nähe des Fähranlegers; Café-Bar Školjka und Imbiss im Safari-Park; Bistro Plaža am Strand Saluga nur auf der Radtour.

Informationen: Tel. +385 52 525881 oder +385 52 525882; np-brijuni.hr/de

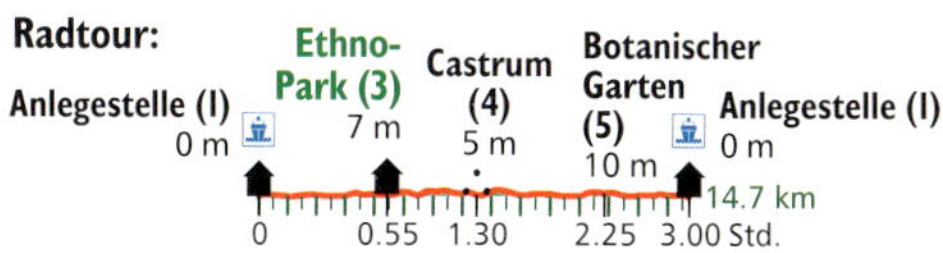

Auf Brijuni entdecken wir auch Ruinen und Ausgrabungsstätten. Hier die Überreste der Basilika der Heiligen Maria.

An der Bucht Uvala Saline.

Von der **Anlegestelle (1)** der Fährboote gehen wir nach rechts zunächst am Wasser entlang und dann geradeaus weiter zu einem Platz bei der kleinen Kirche Sveti Germana. Links schräg gegenüber gibt es einen Imbiss, die Café-Bar Školja, und Toiletten. Wer Fahrräder oder ein Golfcart ausleihen will, wendet sich hier links bergauf.

Der weitere Weg führt rechts an der Kirche vorbei und verläuft zunächst ein Stück vom Ufer entfernt, dann an diesem entlang zur nächsten Bucht, die man aber nicht umrunden muss, sondern auf einem schnurgeraden Damm überqueren kann. Am anderen Ende des Dammes folgen wir an einer T-Kreuzung den Wegweisern des ausgeschilderten Radweges nach rechts. Die Straße durchquert einen Golfplatz und führt dann wieder am Ufer entlang. Nach insgesamt 3 km ist der Weg am Ufer durch ein Tor versperrt; wir gehen oder fahren halb links leicht bergauf zum Eingang in den **Safaripark** (Tor mit elektrischem Türöffner). Zwischen den Tiergehegen hindurch kommen wir zu einer Kreuzung mit einem Baum in der Mitte, bei der wir uns zunächst rechts halten. Am Rand eines Wäldchens muss man Fahrräder oder Golfcarts stehen lassen und kann zu Fuß durch ein Tor noch 100 m weiter zum **Dinopark (2)** gehen. (Info-

Saurierfigur im Dinopark.

tafel über die hier am Ufer entdeckten Dinosaurierspuren und eine Dinosaurierfigur).
Anschließend geht es am selben Weg zur Kreuzung zurück und dort geradeaus weiter; wer auf den nicht sonderlich spannenden Abstecher verzichten will, wendet sich an dieser gleich links und spart sich insgesamt 500 m.
Wir gehen oder fahren an der nächsten Weggabelung zunächst geradeaus weiter und kommen zu weiteren Tiergehegen, u. a. mit der Elefantenkuh Lanka, zu einer Café-Bar mit Blick aufs Meer und zum **Ethno-Park (3)** mit einheimischen

Istrianisches Rind im Ethno-Park.

Tieren wie istrischen Ochsen, Schafen, Eseln und Ziegen.
Abermals geht es ein Stück am selben Weg zurück, dann halten wir

Auch Strauße leben hier.

uns rechts, entlang von einem Gehege mit Zebras, leicht bergauf. Wir verlassen den Safaripark wieder bei einem Tor mit Türöffner und folgen der Asphaltstraße immer geradeaus. Wir kommen an einer kleinen Bucht vorbei, dahinter zu einer Kreuzung, und nehmen den Weg geradeaus bergauf. 600 m weiter gabelt sich der Weg: Wanderer gehen hier geradeaus weiter und erreichen nach 1 km wieder die Kirche Sveti Germana und die Café-Bar Školja vom Anfang der Tour.

Radfahrer biegen, dem Wegweiser des Radrundweges folgend, rechts ab und kommen an den Ruinen der Basilika der Heiligen Maria vorbei zu der weitläufigen Ausgrabungsstätte des byzantinischen **Castrum (4)**. Der Radweg führt gerade weiter, zunächst bergauf und dann kurz recht steil bergab wieder auf Meereshöhe. Wir überqueren eine Halbinsel und radeln an deren Ostseite nordwärts, immer am Wasser entlang. Nachdem wir zwei Buchten passiert haben, führt die Asphaltstraße deutlich bergauf. 100 m weiter zeigt der Radweg-Wegweiser nach rechts,

Hallo Kinder,

viele berühmte Persönlichkeiten waren schon auf der Brijuni-Insel zu Gast. Zur Zeit der österreichischen Monarchie war sie ein beliebter Urlaubsort für Reiche und Prominente aus ganz Europa, wie den österreichischen Thronfolger Franz Ferdinand oder die Schriftsteller James Joyce und Thomas Mann. Nach dem Zweiten Weltkrieg war die Insel für gewöhnliche Touristen Sperrgebiet, denn hier befand sich eine der Residenzen des Staatspräsidenten Josip Broz Tito, in der er Staatsgäste, aber auch Filmstars wie Sophia Loren oder Richard Burton empfing. Erst nach Titos Tod 1980 wurde Brijuni wieder für Besucher zugänglich gemacht und zum Nationalpark erklärt. Heute sind die prominentesten Bewohner aber keine Menschen, sondern Lanka und Koki: Bei der Ersteren handelt es sich um eine Elefantendame, die Tito in den 1970er-Jahren von der indischen Staatspräsidentin Indira Gandhi zum Geschenk gemacht wurde und im Safaripark im Norden Brijunis besucht werden kann. Koki dagegen ist ein Goldhaubenkakadu, der einst Titos Enkelin gehörte, schon lange auf Brijuni lebt und auch sprechen kann. Mit seinem Alter von etwas über 50 Jahren hat der Vogel, den man im Bereich der Pfauenfarm besuchen kann, möglicherweise gerade erst die Mitte seines Lebens überschritten, denn Goldhaubenkakadus können in Gefangenschaft bis zu hundert Jahre alt werden.

Der uralte Olivenbaum im Zentrum der Insel.

wir folgen ihm hier ausnahmsweise nicht, sondern setzen unsere Fahrt geradeaus fort. Wenige Meter weiter führt ein Fußweg nach rechts; auf ihm könnte man einen Abstecher (Hin- und Rückweg zusammen knapp 1 km) zum Aussichtspunkt Javornik machen, wo es ein Aussichtstürmchen gibt, das noch aus der Zeit des österreichischen Kaiserreichs stammt.

Die Asphaltstraße führt zu einer Kreuzung, an der wir links abbiegen und nach 150 m zum Eingang des **botanischen Gartens (5)** gelangen. Wenn man diesen besichtigen möchte, muss man die Räder davor stehen lassen. Danach fährt man zur vorigen Kreuzung zurück und überquert diese geradeaus (wer nicht am botanischen Garten interessiert ist, kann gleich rechts abbiegen). Wir kommen wieder hinunter ans Meer, in die Bucht Verige, in der es mehrere Ruinen aus römischer Zeit zu sehen gibt. Immer am Ufer entlang erreicht man den **Strand Saluga** (mit Bistro). Hier biegen wir wieder links ins Innere der Insel ab. Der leicht ansteigende Weg führt am Rand einer Lichtung entlang zum eindrucksvollen, uralten **Olivenbaum (6)**, der trotz seines Alters von etwa 1600 Jahren immer noch Früchte trägt!

Von hier sind es, der Straße folgend, nur mehr wenige Meter zurück zum Fahrradverleih bzw. zur Kirche Sveti Germana. Von dort geht es rechts zurück zum **Fähranleger (1)**; wer noch nicht zu müde ist, kann bei der Kirche nach links noch einen Abstecher zur Pfauenfarm machen, wo es mehrere Vogelvolieren gibt und in der man auch den Kakadu Koki (siehe »Hallo Kinder«) besuchen kann.

10 Dino-Spuren und Dschungelfeeling

Auf der Halbinsel bei Premantura

ab 4 J.

Ein Hai auf dem Trockenen …

Das Naturschutzgebiet Kap Kamenjak bei Premantura ist die Heimat zahlreicher seltener Pflanzen- und Tierarten. Andererseits dient es auch der Bevölkerung der Stadt Pula und zahlreichen Touristen als Erholungsgebiet und ist gesäumt von kleinen Badebuchten. Markierte Wander- und Radwege führen um die Halbinsel herum und zu den einzelnen Stränden. Weitere Attraktionen sind die Felsen der Velika Kolumbarica, wo man Wagemutige beim Sprung von den Klippen beobachten kann, und der Dinosaurier-Lehrpfad, der zu den Dino-Spuren auf einem Felsplateau führt. Beim Entspannen in einer der zahlreichen Strandbars kann hier so richtiges Südsee-Feeling aufkommen. Die hier beschriebene Umrundung der Halbinsel kann sowohl zu Fuß als auch mit dem Mountainbike unternommen werden.

Hallo Kinder,

inmitten der Dinosaurier aus der Urzeit mag ein Hai vielleicht etwas seltsam wirken, aber in Wahrheit gab es auf der Welt haiähnliche Knorpelfische schon vor rund 400 Millionen Jahren – also lange, bevor vor 250 Millionen Jahren die ersten Saurier die Welt bevölkerten. Offenbar hat die Natur die Haie so perfekt geschaffen, dass sich ihr »Erfolgskonzept« über Jahrmillionen bewährt hat … bis heute! Während Haie früher auf der ganzen Welt vorgekommen sind und auch im Mittelmeer weit verbreitet waren, sind sie heute in vielen Weltgegenden stark bedroht und im Mittelmeer bereits fast ausgerottet. Haie unterscheiden sich nämlich von den meisten anderen Fischen dadurch, dass sie langsam wachsen, sich erst relativ spät fortpflanzen und, statt unzählige Eier ins Wasser abzulassen, ihre Jungen entweder selbst zur Welt bringen oder nur wenige Eier ablegen. Auf jeden Menschen, der irgendwo auf der Welt von einem Hai getötet wird – durchschnittlich nur 5 bis 7 pro Jahr! –, kommen Millionen von Haien, die von Menschen absichtlich oder »versehentlich« beim Fischfang getötet werden. Eines der wenigen Gebiete der Adria, an denen Haie noch vorkommen – im Übrigen keine einzige Art, die dem Menschen gefährlich werden könnte – ist die kroatische Küste.

… und eine unheimliche Begegnung.

KURZINFO

Ausgangspunkt: Einer der Parkplätze auf der Halbinsel von Kap Kamenjak. Man kann die Runde an einem beliebigen Punkt beginnen. Wer die Tour mit dem Fahrrad befahren möchte, kann auch außerhalb des Naturschutzgebietes in Premantura parken und spart sich dadurch die Einfahrtsgebühr. Navi: 52100 Premantura; Parkplatz bei der Bucht Polje: N44.786797, E13.905019.
Anfahrt: Vom Autobahnende der A9 in Pula fährt man auf der Umfahrungsstraße (gerade Verlängerung der Autobahn) bis nach Pomer und dort den Wegweisern folgend nach Premantura. Gleich nach dem Ortsschild fahren wir einem braunen Wegweiser zum Naturschutzgebiet folgend nach rechts, umfahren damit den Ort und gelangen nach etwa 1 km direkt zur Einfahrtsschranke. Premantura ist von Pula aus auch per Bus Nr. 28 erreichbar, jedoch nur werktags (Fahrplan unter pulapromet.com/en).
Anforderungen: Leichte und großteils breite, aber stellenweise recht steinige Wege. Der Großteil ist als Rad- und Fußweg ausgeschildert; kurze Abstecher zu einzelnen Buchten bzw. zu den Dinosaurierspuren sind nur zu Fuß machbar.
Ausrüstung: Wanderschuhe oder gute Trekkingsandalen für die Tour; Badesachen inkl. Badeschuhe zum ins Wasser gehen unbedingt nötig (spitze Steine, teilweise Seeigel). Wer die Runde als Radtour unternehmen möchte, braucht auf jeden Fall ein geländegängiges Fahrrad mit breiten Reifen (Mountain- oder Trekkingbike). Kaum Schatten, deshalb für ausreichend Sonnenschutz sorgen!
Altersgruppe: Zu Fuß ab 4 Jahren, mit dem Rad ab 6 Jahren.
Geh-/Fahrzeit: Je nach Kondition/Übung zu Fuß ca. 3 Std., mit dem Rad 1.30 Std.
Weglänge: 9,1 km.
Höhenunterschied: 110 m.
Öffnungszeiten: Ganzjährig zugänglich, allerdings ist das Übernachten im Naturpark streng verboten. Alle Besucher müssen die Halbinsel bis 22 Uhr verlassen.
Kosten: Fußgänger und Radfahrer gratis, Autos 5,50 €, Wohnmobile 10 €.
Besuchsdauer: 1 Tag.
Varianten: Es gibt auf Kap Kamenjak ein dichtes Netz unzähliger Pfade und Wege, über die sich die Tour beliebig abkürzen, verlängern oder variieren lässt.
Hinweis: Es gibt in Premantura zwei Anbieter, die Fahrräder verleihen: »Rent a Bike Premantura« (Tel. +385 91 512 3636, rentabikepremantura.com) an der Hauptstraße im Ort und »Jistra« (Tel. +385 99 4189245, jistra.com) am Areal des Autocamps Stupice (hier auch Verleih von Kajaks und Stand-Up-Paddle-Boards sowie geführte Touren).
Bademöglichkeit: Zahlreiche Strände und Badebuchten, keine Duschen.
Einkehr: In praktisch jeder der Buchten gibt es kleine Kioske, Bars oder Imbissstände, bei denen Eis, Getränke oder Snacks erhältlich sind.
Unterkunft: Zwei Campingplätze in Premantura: das Autocamp Runke oder das Autocamp Stupice. Ersteres ist kleiner und familiärer, aber 1,5 km vom Naturpark-Eingang entfernt. Letzteres grenzt direkt an den Naturpark, sodass man die Tour auch direkt dort beginnen kann. Zahlreiche Hotels und Privatquartiere im Ort.

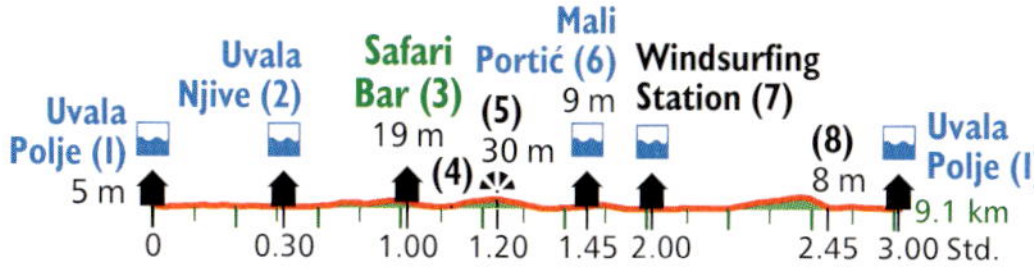

Auf die Halbinsel Kamenjak führen zwei Schotterstraßen, an denen sich jeweils eine Schranke mit Kassenhäuschen befindet. Sie vereinigen sich nach etwa 200 m und ein breiter Schotterweg führt dann weiter über den Rücken der Halbinsel. Von ihm aus führen jeweils Stichstraßen beschildert zu Parkplätzen oberhalb der einzelnen Badebuchten. Je nachdem, bei welcher Bucht man parkt, beginnt man dort den Rundweg. Es gibt einen entgegen dem Uhrzeigersinn beschilderten Rad- und Fußweg, der mehr oder weniger nahe am Ufer die gesamte Halbinsel umrundet und von Bucht zu Bucht führt. Diesem folgen wir auf dieser Wanderung. Wir beginnen die Beschreibung beim Parkplatz oberhalb der Bucht Polje (an der ersten großen Kreuzung rechts abzweigen; Zufahrt beschildert). Dort gibt es eine Strandbar bei einer alten Mole, an der nicht nur Fischerboote liegen, sondern auch Ausflugsschiffe anlegen. Die Bucht ist tief eingeschnitten und verfügt über einen kindergerechten Kiesstrand.

Von der Bucht **Polje (1)** folgen wir den Radweg-Schildern und einer grün-gelben Markierung entlang des Ufers nach links. Etwas oberhalb der Küste gehen wir weiter und kommen erst an der kleinen, schmalen Bucht Plovanije und etwas später an der größeren Bucht **Njive (2)** vorbei, in der sich wieder eine Strandbar befindet und wo es wieder einen Kiesstrand für Kinder gibt. Der weitere Weg verläuft erst direkt an der Küste, dann etwas weiter davon entfernt durch dichte Vegetation leicht ansteigend. Kurz hinter einer Infotafel über Vögel zweigt ein Fußpfad direkt zur Felsküste ab. Wir bleiben auf dem breiteren Hauptweg, der uns zu einer Infotafel über Dinosaurier bringt, von wo wir einen schönen Blick hinaus aufs Meer zum Leuchtturm auf der winzigen vorgelagerten Insel Porer haben. Hier gehen wir links bergauf zu einem weiteren Parkplatz und halten uns auf diesem rechts, auf ein kleines Aussichtstürmchen zu. Unterhalb von diesem liegt in der Bucht Mala Kolumbarica die legendäre **Safari Bar (3)**, die wahrscheinlich originellste Einkehrmöglichkeit Kroatiens: In einem aus einem Bambuswäldchen herausgeschnittenen Labyrinth von Gängen verteilen sich im Schatten von Strohdächern einfache, großteils aus Baumstämmen und Treibholz gezimmerte Sitzgelegenheiten. Nicht nur die Bar ist vom Ambiente her ein Erlebnis für die ganze Familie, zusätzlich versteckt sich im Labyrinth auch der Zugang zu einem Kinderspielplatz.

Von der Bar kann man hinunter zum Strand gehen oder einem Fußpfad entlang der Küste nach links zur

An der Velika Kolumbarica kann man den Klippenspringern zusehen.

nächsten Bucht, der **Velika Kolumbarica (4)**, folgen. Radfahrer benützen weiterhin den beschilderten Weg, der etwas oberhalb verläuft. Einen kindergerechten Strand gibt es hier nicht – nur steile Felsen, von denen sich wagemutige Klippenspringer bis zu 13 m tief ins Meer stürzen.

Wer genug vom Zusehen hat, kann nun den Radwegweisern folgen – diese führen hinaus auf das Kap Franina und vorbei am Parkplatz oberhalb der Bucht Debeljak wieder zurück (eine mögliche Variante). Oder wir kürzen den Weg etwas ab und gehen auf der breiten Zufahrtsstraße der Velika Kolumbarica bergauf zum höchsten Punkt der Halbinsel, auf dem sich eine kreisförmige **Aussichtsplattform (5)** befindet. Von dieser wandern wir nun in nördlicher Richtung auf einem breiten, etwas steileren Weg bergab und gelangen zu einer großen Kreuzung, an der wir wieder auf den Radweg treffen. Wir folgen ihm bergab in die Bucht Portić und am Ufer entlang. Radfahrer müssen etwas später ins Landesinnere ausweichen; zu Fuß kann man auf einem am Ufer entlangführenden Fußweg bleiben und kommt zur Bucht **Mali Portić (6)**, in der es eine weitere Strandbar und einen kleinen Sandstrand gibt. Der Weg führt oben um die Bucht herum; der Zugang hinunter erfolgt von beiden Seiten über Stufen. Wir gehen von der Spitze der Bucht ins Landesinnere und treffen wieder auf den Radweg, auf dem wir uns nach rechts wenden. Er führt uns wieder an die felsige Küste, an der wir entlangwandern und zur **»Windsurfing Station« (7)** kommen. Auch hier gibt es eine Strandbar, und nördlich einer Halbinsel einen weiteren kindertauglichen, flachen Strand. Weiter am Rad- und Wanderweg kommen wir noch an den Buchten Dražice und Podlokva vorbei, bevor sich der Weg vom Strand entfernt und ins Landesinnere bergauf führt (weiter

Pula

Wenn man auf Kap Kamenjak ist, sollte man sich auch einen Besuch der nahe gelegenen Stadt Pula nicht entgehen lassen. Die wichtigste Sehenswürdigkeit ist das ausgezeichnet erhaltene Amphitheater mitten im Zentrum der Stadt, das im ersten Jahrhundert nach Christus unter den römischen Kaisern Augustus und Vespasian erbaut bzw. zur heutigen Größe erweitert wurde. Es wirkt wie ein kleiner Bruder des berühmten Kolosseums in Rom und bot seinerzeit Platz für 23.000 Besucher, die hier den Gladiatorenkämpfen und sogar der Darstellung von nachgespielten Seeschlachten zusehen konnten (geöffnet Nov. bis März 9–17 Uhr, April und Okt. 8–20 Uhr, Mai und Sept.8–21 Uhr, Juni bis Aug. 8–22 Uhr, Eintritt Erwachsene ca. 10 €, Kinder ca. 5 €.) Ebenfalls lohnenswert ist das in der alt-österreichischen Festung Verudela untergebrachte Aquarium mit über 60 Becken, in denen Fische der Adria, aber auch aus den Tropen bewundert werden können. Zum Aquarium gehört auch ein Zentrum zur Rettung von Meeresschildkröten (aquarium.hr, geöffnet Juli und Aug. 9–22 Uhr, Juni und Sept. 9–21 Uhr, Mai 9–20 Uhr, April und Okt. 9–18 Uhr, Nov. bis März werktags 9–16 Uhr, an Samstagen und Sonntagen 9–17 Uhr; Eintritt Erwachsene 17,50 €, Kinder 7–18 Jahre, Studenten und Senioren 13,50 €, Kinder 3–6 Jahre 9,50 €, unter 3 Jahre gratis).

dem Ufer folgend käme man zum Campingplatz Stupice). Wir treffen auf die breite Schotterstraße, die zur östlichen Ausfahrt aus dem Naturpark führt. Auf ihr gehen wir kurz rechts und dann gleich wieder links bergauf. Auf der Hauptzufahrtsstraße der Halbinsel halten wir uns halb rechts, bei der großen Straßenkreuzung, an der wir mit dem Auto zur Bucht Polje abgezweigt sind, gerade, weiter in Richtung der westlichen Ausfahrt. Nach 100 m gehen wir links und kommen zum Beginn des **»Dinosaurierpfades«**, an dem nicht nur Infotafeln, sondern auch mehrere Urzeitechsen und ein Hai aus Kunststoff ausgestellt sind. Schließlich erreichen wir eine Infotafel an der Küste, von der ein Weg hinunter auf eine Felsterrasse führt. Auf dieser sind **Dinosaurierspuren (8)**, zur besseren Erkennbarkeit mit Farbe umrandet, zu sehen. Der Küste folgend gehen wir nun zu einer weiteren kleinen Bucht, in der sich eine Strandbar und ein Fitness-Pfad befinden, und erreichen schließlich nach wenigen Minuten wieder die Bucht **Polje (1)**, wo sich unsere Runde schließt.

Im Amphitheater von Pula.

Riesenschaukel und Dschungelbrücke

Adrenalinkick im Hochseilgarten von Glavani

ab 6 J.

Der Hochseilgarten von Glavani hat sich seit seiner Eröffnung im Jahr 2011 zu einer der Top-Freizeitattraktionen in Istrien entwickelt. Dies verdankt er nicht nur den höchsten Sicherheits- und Qualitätsstandards, sondern vor allem einem freundlichen, engagierten Team von Mitarbeitern, die das Angebot laufend ausbauen und sich immer wieder neue, originelle Attraktionen einfallen lassen. Für alle Altersgruppen ist etwas geboten: von Klettergeräten am Boden für die Allerkleinsten über zwei Parcours in zwei bzw. sechs Meter Höhe bis zur »Schwarzen Route« zehn Meter über dem Boden. Zusätzlich gibt es mehrere Seilrutschen, eine Kletterwand, einen Freifallturm, eine Riesenschaukel und ein Katapult.

Üben in zwei Meter Höhe.

KURZINFO

Anfahrt: Der Park liegt direkt an der Straße von Vodnjan (A9) nach Barban. Aus Richtung Labin oder Pula kommend, nimmt man die D66 bis Manjadvorci und fährt dort Richtung Glavani. Im Ort fährt man der Beschilderung folgend nach links zum Park. Navi: 52207 Glavani; N45.020023, E13.952403.

Anforderungen: Wie bei allen derartigen Klettereinrichtungen muss man am Parcours in der Lage sein, sich selbst zu sichern, was nach kurzer Einweisung im Prinzip für alle ab ca. 6 Jahren möglich ist. Schwindelfreiheit ist von Vorteil!

Ausrüstung: Sportschuhe mit gutem Halt und griffiger Sohle, keine Sandalen; Sportbekleidung, Sonnenschutz. Klettergurt und Helm werden bereitgestellt.

Altersgruppe: Ab 6 Jahren. Es gibt für den Park kein fixes Mindestalter, für manche Stationen des Parcours ist aber eine Körpergröße von mindestens 1,40 m nötig.

Öffnungszeiten: Ganzjährig täglich 9–17 Uhr geöffnet.

Kosten: Tageskarte für alle Attraktionen (Katapult einmalig) 60 €, einzelne Attraktionen für Kinder unter 10 Jahre 6 €, ab 10 Jahre 8 €.

Besuchsdauer: ½ – 1 Tag.

Einkehr: Getränke und Eis sind beim Kiosk im Park erhältlich.

Unterkunft: In der Nähe nur Privatunterkünfte; die nächsten Campingplätze sind in Rabac und Sveta Marina (siehe Tour 12), aber auch von Pula, Fažana und Rovinj ist der Park schnell erreichbar.

Informationen: Tel. +385 91 8964525, glavanipark.com/de.

Der zentral gelegene und von den Badeorten an der Küste Istriens aus leicht erreichbare Kletterpark in Glavani braucht keinen Vergleich mit ähnlichen Anlagen in anderen Ländern Europas zu scheuen. Sämtliche Geräte im Park entsprechen den hohen internationalen Richtlinien der European Ropes Course Association und werden auch regelmäßig überprüft. Die Betreiber – der Brite Nigel und sein kroatischer Partner Nevenko – leiten das sehr freundliche und kompetente Team von Mitarbeitern und haben sich auch eine Menge einfallen lassen, um den Aufenthalt im Park zu einem spannenden und abwechslungsreichen Erlebnis zu machen. Praktisch ist dabei auch, dass man sich nicht vorher entscheiden muss, worauf man Lust hat: Abgerechnet wird am Ende des Tages, und man bezahlt nur für die Attraktionen, die man auch tatsächlich ausprobiert hat.

Gleich zu Beginn gibt es eine Einweisung in die Handhabung der Sicherungen. Wie bei Kletterparks üblich, gibt es einen Gurt mit zwei Karabinern, von denen nie beide gleichzeitig von den Sicherungsseilen oder -schlaufen gelöst werden dürfen – das ist es im Prinzip auch schon, was man beachten muss, dann kann nichts mehr schiefgehen. Auf einem **Übungsparcours** mit sieben Stationen in 2 m Höhe kann man das einmal ausprobieren, bevor man sich auf den **blauen Parcours** in 6 m Höhe wagt, der schon anspruchsvoller ist. Am Ende der Route geht es in zwei Etappen mit einem »Flying Fox«, an einem Seil abwärts gleitend, wieder auf den sicheren Boden. Wer mutig genug ist, kann den in 10 m Höhe angelegten **schwarzen Parcours** ausprobieren, der es bereits ordentlich in sich hat. Am Ende gelangt man wieder zum selben Flying Fox, mit dem man zurück auf den Boden gleitet.

Wer dann noch immer nicht genug hat, für den heißt es: Nochmals hinauf auf das schwarze Level – denn von diesem zweigt nach der dritten Station eine weitere Seilrutsche ab, die ans andere Ende des Geländes zur **»Dschungelbrücke«** führt. Auf dieser gilt es, eine echte Schlucht zu überqueren. Auch diese Attraktion endet mit einer Talfahrt auf einer Seilrutsche. Nicht entgehen lassen sollte man sich – wenn man sich traut – die **»Monsterschaukel«**: Diese besteht aus einem an Stahlseilen hängenden Baumstamm, der 11 m hoch hinaufgezogen und dann schwingen gelassen wird – mit bis zu drei Unerschrockenen, die mit ihren Sicherungsgurten daran festgeschnallt sind.

Wer eine Pause braucht, kann sich etwas zu trinken oder ein Eis gönnen, bevor es weiter zur 12 m hohen und 5 m breiten Kletterwand

Im Kletterpark Sky Fox bei Poreč.

Die Monsterschaukel ist nur für Nervenstarke.

geht. Unerschrockene, die vom Adrenalinrausch nicht genug bekommen können, wollen sicher auch noch den Freifallturm ausprobieren: Man springt, an einem Seil hängend, aus 20 m Höhe von einer Plattform, die nebenbei auch noch einen fantastischen Ausblick ermöglicht. Die ersten 3 m fällt man frei, dann wird man durch eine Mechanik sanft abgebremst. Nur für ganz Wagemutige ist schließlich das menschliche Katapult, bei dem man an Seilen hängend auf rund 100 km/h beschleunigt wird.

Während die Kletterrouten schon seit der Eröffnung des Parks bestehen, sind einige der Attraktionen erst nach und nach dazugekommen, und man kann gespannt sein, was sich Nigel und Nevenko in Zukunft noch alles einfallen lassen.

Weitere Kletterparks

Abenteuerpark Sky Fox: In einem schönen Eichenwäldchen bei Poreč direkt an der Straße nach Tar (Navi: N45.279189, E13.623503) liegt dieser Kletterpark mit fünf Routen, davon drei speziell für Kinder. Auch hier gibt es eine Riesenschaukel und einen Freifallturm, allerdings beide nicht ganz so hoch wie im Glavani-Park, und Seilrutschen, von denen die längste 800 m misst. Geöffnet täglich 9–18 Uhr. Unterschiedliche Preispakete und Kombinationen, auch Familientarife; im Park gibt es auch einen Imbiss. Tel. +385 99 7688058, skyfox-porec.com.

Kletterpark Jangalooz: Diesen Kletterpark gibt es an zwei verschiedenen Standorten in Istrien, nämlich in Umag und in Pomer nahe Pula, ein dritter Standort in Fažana ist nur für die Gäste des dortigen Feriendorfs zugänglich. Alle Parks bieten fünf unterschiedliche Routen auf bis zu 10 m Höhe, einen Trampolinpark und einen Kunstfelsen zum Klettern. Geöffnet Mai und Oktober 10–18 Uhr, Juni und September 9–21 Uhr (Umag 10–20 Uhr), Juli und August 9–21 Uhr (Umag 9–23 Uhr). Preise ab 15 €, Infos unter Tel. +385 98 9011194, jangalooz.com.

12 Schluchtwandern von Rabac nach Labin

Auf abenteuerlichen Pfaden zur Bergwerksstadt ab 6 J.

Als Geheimtipp kann man den Wanderweg, der vom Badeort Rabac entlang eines Bächleins mit Wasserfällen nach Labin führt, zwar nicht mehr bezeichnen – mittlerweile hat er sich zumindest unter den Gästen des nahe gelegenen Campingplatzes schon herumgesprochen – aber als willkommene Alternative zu einem Badetag am Strand bietet sich der Aufstieg in das sehenswerte historische Städtchen mit seinem fast zur Gänze erhaltenen mittelalterlichen Ambiente immer noch an.

Hallo Kinder,

die Stadt Labin war vom 19. bis zum Ende des 20. Jahrhunderts vom Bergbau geprägt. In den Minen unterhalb der Stadt gab es bedeutende Kohlevorkommen, die durch mehrere Bergwerksschächte gefördert wurden. Wenn man von oben auf den nördlich des Zentrums gelegenen Stadtteil Podlabin blickt, kann man noch alte Fördertürme sehen, denn erst um 1980 wurde der Bergbau hier endgültig stillgelegt. Die Stollen und Schächte unter der Erde gibt es natürlich bis heute, und sie sind großteils miteinander verbunden! Sogar ins 6,5 km entfernte Raša und zum Meer bei Rabac gab es Tunnels. Das Ende des Stollens, der nach Rabac führt, könnt ihr sehen, wenn ihr vom Campingplatz entlang des Baches Richtung Strand geht. Würde man alle diese unterirdischen Gänge und Tunnels zu Fuß abgehen, wäre man mehrere Tage unterwegs!

Auch eine historische Begebenheit steht in Zusammenhang mit dem Bergbau: Als Istrien nach dem Ersten Weltkrieg zu Italien gehörte, litten die Bergarbeiter in Labin besonders unter der Unterdrückung. Nachdem es schon im Februar einen Bauernaufstand gegeben hatte, wehrten sich auch die Bergleute wochenlang gegen die Ausbeutung durch italienische Minenbesitzer. Nach einem Streik riefen sie am 2. März 1921 die »unabhängige Republik Labin« aus, die allerdings nur etwas mehr als einen Monat bestand, bis sie am 8. April in blutigen Kämpfen niedergeschlagen wurde. An der Straße vom Zentrum Richtung Plomin steht ein großes, aus vier stilisierten Hämmern bestehendes Denkmal, das an die damals gefallenen Bergleute erinnert.

Blick vom Weg zurück auf die Bucht von Rabac.

KURZINFO

Ausgangspunkt: Rezeption des Campingplatzes Oliva in der Maslinica-Bucht von Rabac. Navi: 52221 Rabac; Parkplatz Campingplatz: N45.080960, E14.145919.
Anfahrt: Von der Hauptstraße D66 in Labin Richtung Rabac fahren. Am Ortsanfang von Rabac an der ersten Abzweigung rechts Richtung Autocamp Oliva abzweigen.
Endpunkt: Bushaltestelle beim Tourismusbüro in Labin. Von hier aus Rückfahrt nach Rabac mit dem lokalen Bus (je nach Saison 5–13 mal täglich) antreten. Fahrplan unter rabac-labin.com/en/8-local-bus-time-table.
Anforderungen: Großteils breiter, aber stellenweise steiler Fußweg, teilweise mit Steinstufen und an schwierigen Stellen mit Geländer gesichert.
Ausrüstung: Wanderschuhe oder gute Sportschuhe mit griffiger Sohle. Wer im Wasserfall herumplanschen möchte, sollte Aquaschuhe mitnehmen.
Altersgruppe: Ab 6 Jahren.
Gehzeit: Ca. 1.45 Std. ohne Stadtrundgang.
Weglänge: 3,5 km.
Höhenunterschied: 290 m bergauf, 50 m bergab.
Variante: Wer nicht auf den Bus warten möchte, kann denselben Weg auch wieder zurückgehen. Gehzeit für den Abstieg ca. 45 Min., zusätzlich 2,3 km.
Hinweis: Die Tour eignet sich in der beschriebenen Form besonders für Familien, die den Campingplatz in Rabac als Stützpunkt gewählt haben. Wer eigens nach Labin anreist, kann auch dort parken und zu Beginn der Tour den Weg in der umgekehrten Richtung als Abstiegswanderung gehen, den Tag am Strand von Rabac verbringen und am Abend, wenn es schon kühler ist, wieder nach Labin aufsteigen oder mit dem Bus fahren.
Bademöglichkeit: Der kleine See am Fuß der Wasserfälle eignet sich höchstens zum Planschen und Abkühlen, nicht zum Schwimmen. Einen großen Strand mit Duschen und Umkleiden gibt es in der Maslinica-Bucht von Rabac.
Einkehr: Mehrere Lokale an der Strandpromenade in Rabac und in der Altstadt von Labin.
Unterkunft: Direkt in Rabac gibt es das Autocamp Oliva. Der Pool des benachbarten Hotels und die Wasserrutsche am Strand können gegen eine geringe Gebühr auch von Campinggästen benutzt werden. Ein weiterer Campingplatz befindet sich in Sveta Marina, 10 km von Labin.

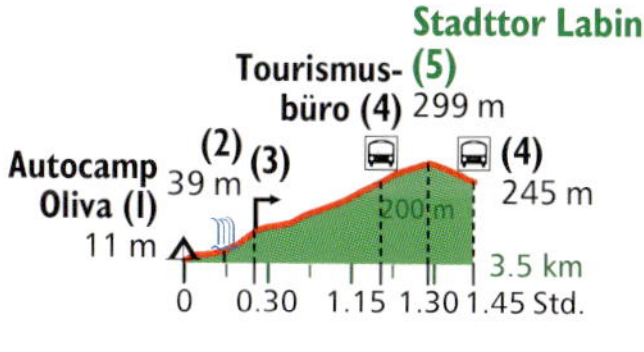

Der obere der beiden Wasserfälle.

Museum

Etwas unscheinbar liegt mitten in der Altstadt von Labin im barocken Palais Battiala-Lazzarini aus dem 18. Jahrhundert ein kleines Stadtmuseum, in dem es nicht nur verschiedene archäologische Fundstücke und eine heimatkundliche Abteilung zu sehen gibt: Hauptattraktion ist ein im Erdgeschoss und im Keller eingerichteter, sehr realistisch gestalteter Nachbau eines Bergwerksstollens in einem Kohlebergwerk einschließlich Werkzeuge und Gerätschaften und mit akustischer Untermalung.
Öffnungszeiten: Jeweils Mo. bis Sa., im April und Mai 11–17 Uhr, Juni bis Sept. 10–13 Uhr und 17–20 Uhr, Okt. 10–13 Uhr, Im Juni, Juli und August auch So. 11–15 Uhr.
Kosten: Erwachsene ca. 3 €, Kinder ca. 2,50 €.
Infos: Tel. +385 52 852 477.

Wir beginnen unsere Wanderung bei der Rezeption des **Campingplatzes (1)**, wo auch eine Infotafel über den Wanderweg Rabac – Labin steht. Wir gehen an der rechten Seite des Fußballplatzes entlang und an dessen Ende nach links zu einer Brücke über ein Bachbett. Wir treffen auf einen breiteren, blau-grün markierten Fußweg (zugleich ein Fitnesspfad), dem wir weiter ins Tal hinein folgen. Der Weg teilt sich bei zwei Reckstangen; hier nehmen wir den rechten Weg, der leicht bergab auf den Talgrund und weiter entlang des Baches führt. Wir kommen zu einem **Wasserfall (2)**, der sich in einen kleinen See ergießt. Wer es gerne abenteuerlich mag und ein wenig herumklettern möchte, kann direkt rechts neben dem Wasserfall – nicht auf dem rot-weiß-rot markierten Weitwanderweg LPP, der an der Seite des Tales bergauf führt! – hochklettern. Die Route – ein Weg ist es nicht wirklich – ist ebenfalls mit rot-weiß-roten Markierungen gekennzeichnet. Man kommt zu einem kleinen Wasserbecken mit einem weiteren Wasserfall direkt oberhalb des ersten. Hier quert man das kleine Bächlein, klettert auf der aus unserer Sicht linken Talseite weiter hinauf, kommt an Mauerresten einer Ruine vorbei und trifft wieder auf einen guten Wanderweg. Wer sich die Kletterei ersparen möchte, kann zurück zu den Reckstangen gehen und von dort aus dem anderen Weg bergauf folgen.

Wir gehen, teilweise über Stufen und mit Geländern gesichert, steil bergauf und kommen zu einer Abzweigung, bei der man einen Abstecher zu einem Rastplatz mit Aussicht machen kann. Dazu geht man geradeaus weiter an einer Quelle vorbei; es handelt sich aber um eine

Sackgasse, sodass man danach den anderen Weg, weiter über Stufen bergauf, nehmen muss. Bei einer weiteren **Gabelung (3)** führt der Weitwanderweg LPP links bergauf, während wir rechts auf dem blaugrün markierten Pfad bleiben. Dieser führt über eine Holzbrücke, verläuft im Tal weiter am Bach entlang und an einem Rastplatz vorbei. Immer der Markierung folgend queren wir noch mehrmals das Wasser, verlassen dann das Tal und gehen über eine Wiese hinauf zu einer Asphaltstraße, die bereits von den ersten Häusern von Labin gesäumt wird.
Neben einem **Touristeninformationsbüro (4)** treffen wir auf die Straße Rabac–Labin und folgen ihr nach links zu einer Bushaltestelle (Rückfahrt nach Rabac möglich; siehe Variante) und zu einem Kreisverkehr. Hier nehmen wir die gepflasterte Straße hinauf in die Altstadt und gelangen auf einen großen Platz mit mehreren Cafés, auf dem wir uns links halten. Vorbei an der Loggia und am Postamt kommen wir zum **Stadttor (5)**, durch das wir das mittelalterliche Gewirr kleiner Gässchen betreten. Für die Besichtigung der Altstadt sollte man sich unbedingt Zeit nehmen!

Bachquerung beim Wasserfall.

Für den Rückweg kann man wieder durch das Stadttor hinuntergehen, oder vom höchsten Punkt der Altstadt auf der Ostseite über eine Rampe hinunter zu einem Parkplatz und auf der im Süden um den Berggipfel mit der Stadtmauer herumführenden Straße bergab wandern. Sie bietet schöne Ausblicke über die Küste und das Tal, durch das wir heraufgestiegen sind. In beiden Fällen gelangt man wieder zum Postamt. Von hier geht es zur **Bushaltestelle (4)** oder am bekannten Weg zurück zum Ausgangspunkt, wobei man nun statt der Kletterpartie neben dem Wasserfall besser am grün-gelb markierten Hauptweg bleiben sollte.

Die Altstadt von Labin auf dem Hügel.

13 Kletter-Abenteuer zwischen Felsnadeln

Die Schlucht Vela Draga am Fuß des Učka-Gebirges ab 6 J.

Wer mit dem Auto auf der Schnellstraße durch das Učka-Gebirge fährt und nicht unmittelbar hinter dem Tunnel einen Zwischenstopp einlegt, der hat etwas versäumt! Denn direkt neben der Straße, von dieser aus aber nicht sichtbar, liegt die eindrucksvolle Schlucht Vela Draga, an deren Rand durch Verwitterung entstandene Felstürme in die Höhe ragen. Selbst, wenn man den Spazierweg zum Schluchtrand und zu einem Aussichtspunkt gefunden hat, kann man den abenteuerlichen Pfad, der hinunter in das Felsenlabyrinth führt, leicht übersehen. Auf dieser kurzen, aber dennoch spektakulären Wanderung wollen wir ihn erforschen.

Bizarr wirken die schroffen Felstürme der Vela Draga.

In dieser Rinne geht es am Rückweg steil nach oben.

KURZINFO

Ausgangspunkt: Parkplatz Vela Draga an der Straße Labin – Učka. Navi: N45.320111, E14.169957.
Anfahrt: Von der Schnellstraße B8 fährt man bei der Abfahrt direkt am Westportal des Učka-Tunnels ab und nimmt dann die alte Straße Richtung Labin und Insel Cres. Schon nach wenigen Metern liegt links der Straße der Parkplatz am Zugang zur Vela-Draga-Schlucht.
Anforderungen: Bis zum Aussichtspunkt am Schluchtrand leichte Wanderung auf einem bequemen Spazierweg. Danach sehr steiler Ab- und Wiederaufstieg mit einzelnen Klettereinlagen.
Ausrüstung: Feste Wanderschuhe, Sonnenschutz und ausreichend Wasser. An den Steilwänden der Schlucht kann es durch die Sonneneinstrahlung v. a. am Nachmittag sehr heiß werden. Wanderstöcke sind bei den Kletterstellen eher hinderlich. Evtl. Taschenlampe für die Höhle mitnehmen.
Altersgruppe: Ab 6 Jahren bis zum Aussichtspunkt, ab 8 Jahren weiter in die Schlucht.
Gehzeit: 1.30–2 Std.
Weglänge: 2,1 km.
Höhenunterschied: 140 m.
Hinweis: Auch wenn die Bahnstrecke am tiefsten Punkt der Schlucht offiziell eingestellt ist, keinesfalls in die Bahntunnels hineingehen. Es könnten dennoch Schienenfahrzeuge auf der Strecke unterwegs sein.
Einkehr: Keine Einkehrmöglichkeit in der Nähe. Die nächsten Lokale befinden sich in Lupoglav (eine Schnellstraßenabfahrt weiter Richtung Pazin), an der Učka-Passstraße und in Boljun (auf der Straße Richtung Labin bis Boljunsko Polje, dort rechts ab in den zauberhaften alten Ort Boljun).
Unterkunft: Keine in der Nähe. Über die Schnellstraße sind aber die meisten Touristenorte in weniger als einer Stunde erreichbar.

Vom **Parkplatz (1)** wandern wir auf einem Lehrpfad zwischen einer Rastbank und einer Infotafel leicht bergauf. Durch fast ebenes, spärlich mit niedrigen Bäumen bewachsenes Gelände geht es bequem dahin, bis wir nach wenigen Minuten unvermittelt am Rand der imposanten Vela-Draga-Schlucht stehen. Der Weg biegt sich nach rechts und führt an Lehrtafeln über die Geologie und die Entstehung der Schlucht vorbei. An der Schulter der Schlucht entlang kommt man zu einem mit Geländer gesicherten **Aussichtspunkt (2)**, von dem aus man die eindrucksvollen Felstürme besonders gut sehen kann. Auch die Bahnstrecke, die durch die Schlucht führt und den tiefsten Punkt unserer Wanderung bildet, kann man bereits gut erkennen. Hier gibt es Info-

Am Fuß der Felstürme führt der Weg durch dieses natürliche Tor.

tafeln über Sportklettern und über den deutlich markierten Pfad, der nach links weiter hinab in die Schlucht führt. Wir folgen diesem Pfad zunächst über einen mit Buschwerk bewachsenen Hang in Serpentinen bergab. Dann führt er durch eine Scharte, in der man beim Abstieg besser die Hände zu Hilfe nimmt, und im Zickzack über ein Geröllfeld zu einem durch einen Spalt von der Felswand abgetrennten **Felsturm (3)** mit einer weiteren Infotafel.

Hier halten wir uns rechts und gehen durch eine Öffnung zwischen den Felsen zu einer steilen Felsstufe, an der ein Stahlhenkel zum Festhalten angebracht wurde. Unterhalb dieser Stelle geht es über Stufen weiter bergab durch lichten Wald, wobei die Bahnstrecke bereits ganz nahe ist. Am tiefsten Punkt der Wanderung biegt sich der Weg nach links; eine kurze Verbindung führt nach rechts auf den bogenförmigen **Bahndamm (4)**, auf dem die Stre-

Hallo Kinder,

die unzugänglichen Felstürme der Vela-Draga-Schlucht sind ein idealer Lebensraum für zahlreiche selten gewordene und streng geschützte Tier- und Pflanzenarten. Unter anderem kann man über der Schlucht immer wieder die mächtigen Steinadler mit bis zu 2 m Flügelspannweite, kreisende Wanderfalken und die an ihrem weißen Bauch und ihren spitz zulaufenden Flügeln erkennbaren Alpensegler entdecken. Das Tal mit den angrenzenden Felswänden ist seit 1963 Naturschutzgebiet und wurde 1998 wegen der besonderen Felsformationen auch zum geomorphologischen Naturdenkmal erklärt. Obwohl das Tal uns heute schwer erreichbar erscheint, war es schon in der Steinzeit bewohnt. Möglicherweise bot gerade die Unzugänglichkeit den Menschen der damaligen Zeit Schutz vor Feinden und wilden Tieren – jedenfalls lassen Funde aus einer Höhle in der Vela Draga auf menschliche Besiedelung bereits 12.000 Jahre vor Christus schließen. Es wäre auch denkbar, dass die markanten Felstürme von den Bewohnern der Frühzeit als Kultstätten betrachtet wurden.

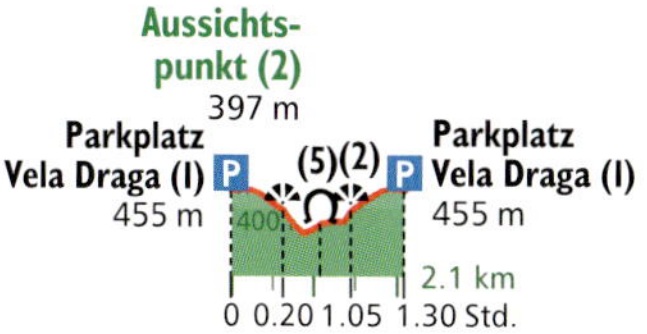

cke von einem Tunnel zum nächsten verläuft.

Wir folgen der Markierung nun an der Seite des Tales leicht bergauf und kommen unter einer überhängenden Felswand vorbei auf ein felsiges Plateau, auf dem wir über dem Talgrund weitergehen und zu einem Rastplatz bei einer **Höhle (5)** gelangen. (Wer eine Taschenlampe dabei hat, kann sie auch etwas erforschen, wobei sie nicht sonderlich weit in den Berg hineinreicht.)

Von hier geht es kurz steil bergab – hier ist ein weiterer Henkel zum Festhalten – und gleich wieder links durch den Wald bergauf. Der Weg führt ans untere Ende eines Einschnittes, in dem wir nach oben klettern und wieder auf ein Geröllfeld treffen, auf dem wir erst bergauf, dann leicht bergab auf den bekannten **Felsturm (3)** zugehen. Von diesem führt uns der bereits bekannte Steig wieder hinauf zum **Aussichtspunkt (2)**, auf dem Lehrpfad kehren wir zum **Parkplatz (1)** zurück.

Die Bahnstrecke bildet den tiefsten Punkt der Tour.

Die Kvarner-Bucht und ihr Hinterland

Zwischen Istrien und den Abhängen des Gorski Kotar im Hinterland der drittgrößten Stadt Kroatiens, Rijeka, erstreckt sich eine der größten Buchten der Adria: die Kvarner-Bucht oder auf Italienisch Quarnero. Hier an den Hängen des Učka-Gebirges, in Opatija, liegt die Wiege des Tourismus an der Adriaküste. Bereits 1873 war der Ort nach Eröffnung der Bahnlinie nach Rijeka leicht erreichbar; 1889 wurde Opatija zum Kurort erhoben und entwickelte sich in Folge zu einem beliebten Treffpunkt von Adel und reichen Bürgern aus ganz Europa. Palmenbestandene Strandpromenaden, Hotels und Villen aus der Zeit vor dem Ersten Weltkrieg prägen bis heute das Bild der »Österreichischen Riviera«, die von Lovran über Opatija bis nach Crikvenica reichte. Auch die ersten Wanderwege wurden bereits zur Zeit der Habsburgerherrschaft angelegt – so etwa zum Aussichtsturm am höchsten Gipfel der Učka, dem Vojak. Aber auch wer nicht so hoch hinaus will, findet im Naturpark Učka, z. B. an den Hängen oberhalb von Lovran, schöne Wanderwege durch uralte Edelkastanienwälder.

Auch auf den Inseln der Bucht, wie Krk, Cres und Lošinj, hat der Fremdenverkehr eine lange Geschichte. Während Erstere heute durch eine Brücke mit dem Festland verbunden ist, sind die anderen beiden mit einer Autofähre zu erreichen. Eine Möglichkeit, alle drei Inseln zu besuchen, ist es, von Brestova am Festland nach Cres zu fahren, den Norden der Insel bei Beli (Tour 16) zu erforschen, weiter nach Lošinj (Tour 17) zu fahren, anschließend die Fähre von Cres nach Krk zu nehmen, dort die beiden Touren 18 und 19 zu unternehmen und über die Brücke wieder aufs Festland zurückzukehren. Dabei lernt man die Verschiedenartigkeit der Inseln, ja sogar der Landschaften auf ein und der selben Insel kennen – denn die Tramuntana im Norden von Cres und die subtropisch anmutende Landschaft an der Südspitze von Lošinj sind ebenso gegensätzlich wie die kahlen, an eine Mondlandschaft erinnernden Hänge im Süden von Krk und der dicht bewaldete Norden derselben Insel bei Dobrinj.

An der Ostseite der Kvarner-Bucht, hinter den Städten Rijeka, Crikvenica und Senj, erheben sich die Berge des Gorski Kotar wie eine unüberwindliche Mauer. Auch hier gibt es zahlreiche lohnende Wanderziele. Kleine Wasserfälle, die Erscheinungen des Karstes in allen ihren typischen Formen sowie Klammen und

Blick auf die Paklenica-Schlucht.

Am Hafen der Stadt Baška auf der Insel Krk (Tour 18).

Schluchten findet man hier ebenso wie dichte Buchenwälder, in denen noch Adler, Falken, Luchse, Wölfe und Bären ihr Zuhause haben. Hier erreichen die höchsten Gipfel schon über 1500 Meter, das Klima ist deutlich kontinentaler geprägt, und im Winter bildet sich rasch eine hohe Schneedecke, die durchschnittlich um die hundert Tage liegenbleibt. Dadurch sind Wanderungen in den höheren Lagen hier erst ab Mai, teilweise erst ab Anfang Juni empfehlenswert. Dafür ist es auch im Hochsommer nicht zu heiß, und durch die unmittelbare Nähe zur Küste ist es problemlos möglich, eine Wanderung auf einem der gut markierten Wanderwege zu unternehmen und am selben Tag noch ins Meer zu springen.

Administrativ gesehen liegt der Großteil der Wanderungen in diesem Abschnitt des Buches in der Verwaltungseinheit (Gespanschaft; kroatisch »Županja«) Primorje-Gorski Kotar. Bei Senj beginnt die Gespanschaft Lika-Senj, in der sich gleich zweieinhalb Nationalparks befinden: der etwas weiter im Hinterland gelegene, älteste und berühmteste Park Kroatiens rund um die Plitvicer Seen (Tour 22), der unmittelbar im Küstengebirge gelegene Nationalpark Nördlicher Velebit (Tour 23) und der höher gelegene Teil des Nationalparks Paklenica (Tour 25). Hinzu kommt noch der Höhlenpark von Grabovača, der eine selbst für kroatische Verhältnisse ungewöhnliche Dichte an Höhlen und Karsterscheinungen auf kleinstem Raum aufweist. Jeder dieser Parks weist einen völlig anderen Charakter auf – besuchenswert sind sie alle, wobei man Paklenica, den nördlichen Velebit und Grabovača problemlos als Tagesausflug von der Küste aus besuchen kann, während man sich für Plitvice besser zwei Tage Zeit nehmen und eine Übernachtung vor Ort einplanen sollte.

Die Strände der Kvarner-Bucht

Rund um die Kvarner-Bucht fallen die Berghänge steil ab und meist gibt es nur einen schmalen Küstenstreifen. Dennoch sind auch hier die Strände und Buchten zahlreich und es gibt eine große Auswahl an Bademöglichkeiten für jeden Geschmack sowohl am Festland als auch auf den Inseln.

Riviera von Opatija

An der dicht verbauten Küste zwischen Medveja und Rijeka haben fast alle Badeplätze den Charakter von Stadtstränden. Meist gibt es nur betonierte Badeplattformen entlang der Strandpromenade (»Lungomare«), die sich für Kinder weniger eignen. Flachere Kiesbuchten findet man beim Campingplatz in **Medveja** (siehe Tour 15) sowie im zwischen Opatija und Lovran gelegenen Ort **Ičići**. Trotz der Nähe zur Hafenstadt Rijeka hat dieser aufgrund der guten Wasserqualität die Blaue Flagge erhalten. Es gibt eine Wasserrutsche, einen Beachvolleyballplatz, Strandlokale und sogar einen WLAN-Hotspot am Strand.

Crikvenica und Selce

Einer der wenigen Sandstrände ist der unmittelbar südlich des Stadtzentrums von Crikvenica gelegene, mit der Blauen Flagge ausgezeichnete Stadtstrand **Crni Mol**, für den allerdings Eintritt verlangt wird (Kinder bis 3 Jahre frei, darüber 2 € pro Person und Tag). Es gibt einen Spielplatz sowie Trampoline und Wasserrutschen (gegen Gebühr). Wer auf Sand verzichten kann, kann auf einen der Kiesstrände ausweichen, die sich entlang der Promenade vom Stadtzentrum Richtung Norden und Süden erstrecken. Im Nachbarort Selce gibt es direkt im Zentrum die beiden Strände **Poli Mora** und **Rokan**, von denen der erste aus feinem Kies besteht, während der zweite mit einer Mischung von Betonplattformen und grobem Sand aufwarten kann. Etwas weiter südlich liegt noch ein Strandabschnitt beim Hotel Varaždin, der über Meerwasserpools verfügt und auf dem ebenfalls die Blaue Flagge weht.

Novi Vinodolski und Senj

In Novi Vinodolski liegt der einzige flache Strand **Lisanj** nahe dem Stadtzentrum. Weiter südlich gibt es erst wieder vier Kilometer vor Senj die kleine Badebucht **Bunica** – (noch) ein Geheimtipp. Die Bucht wird praktisch zur Gänze von zwei kleinen, familiären Campingplätzen eingenommen, der Kiesstrand ist aber auch öffentlich zugänglich und gilt als einer der schönsten Plätze zum Schnorcheln. Es gibt eine kleine Strandbar, aber keine Duschen oder Umkleiden am Strand. Weiter südlich folgen mehrere kleine Kiesbuchten, die bereits im Stadtgebiet von Senj liegen, sowie der Stadtstrand Skver, bei dem sich ebenfalls ein Campingplatz befindet.

Küste bei Starigrad-Paklenica

Südlich von Senj fällt das Velebit-Gebirge steil zum Meer hin ab und es gibt nicht nur kaum Strände, sondern auch nur wenige Ortschaften. Schöne Bademöglichkeiten am feinkiesigen Strand **Kupalište** gibt es im Ort Karlobag, wo es auch noch weitere Strände, großteils mit betonierten Plattformen, gibt. Danach dominiert wieder steile Felsenküste; im Ort **Starigrad-Paklenica** (siehe Tour 25) gibt es Campingplätze direkt am Meer mit öffentlich zugänglichen, kindergeeigneten Strandabschnitten.

Insel Krk

Die zahlreichen Badeorte auf Krk bieten jeweils mehrere gut ausgestattete und auch für Kinder geeignete Strände. Die schönen Strände von **Šilo** und **Soline** sind bei Tour 19 beschrieben. Am flachen Sand- und Kieselstrand **Dražica** in der Stadt Krk gibt es einen Kinderspielplatz, einen schwimmenden Aquapark und einen Tretbootverleih. Auch in Malinska, Punat und Omišalj gibt es schöne und kinderfreundliche Strände. Als schönster Strand der Insel gilt aber die **Velika Plaža** in Baška, die auch bei Tour 18 erwähnt ist.

Die Inseln Cres und Lošinj

Auf der größeren der beiden nur durch einen schmalen Kanal getrennten Inseln, Cres, gibt es nur wenige Strände. Die einzige flache Bucht im Nordteil von Cres befindet sich unterhalb der Stadt **Beli** (siehe Tour 16). In der Stadt Cres gibt es einen schönen Kiesstrand beim Campingplatz Kovačine nördlich des Stadtzentrums. Weitere Strände gibt es beim Campingplatz **Slatina** in Martinšćica sowie in **Valun**. Klein, aber schön zum Schnorcheln ist der Kiesstrand in **Osor** direkt bei der Drehbrücke, die Cres mit Lošinj verbindet. Auf Lošinj sind die Strände zahlreicher, und die meisten schönen Badebuchten finden sich an der Südspitze der Insel (siehe Tour 17). Aber auch in Nerezine beim Campingplatz **Lopar** und in Mali Lošinj, bei den Campingplätzen **Cikat** und **Poljana** liegen schöne, flache Strände mit guter Infrastruktur.

Insel Rab

Im Ort Lopar gibt es mehrere Sandstrände, darunter den 1,5 Kilometer langen und besonders flachen »Paradiesstrand« **Rajska Plaža**, der bestens für Kleinkinder geeignet ist. Das Wasser ist selbst 100 Meter vom Ufer entfernt erst knietief und damit sehr warm und ideal zum Herumplanschen (große Wasserrutsche; Camping San Marino direkt beim Strand). Als Geheimtipp und schönster Strand der Insel wird der feine Kiesstrand **Pudarica** bei Barbat gehandelt (außer einer Strandbar keine weitere Infrastruktur).

Insel Pag

Die vom Festland aus gesehen kahle und abweisende Insel Pag bietet rund um die Stadt Novalja mit ihrer Partymeile – das »Ibiza Kroatiens« – eine Reihe von Stränden, an denen bis spät in die Nacht hinein Feierstimmung herrscht. Der Hotspot schlechthin ist der Kiesstrand **Zrće**. Weniger laut geht es am 1,5 Kilometer langen Kiesstrand des Campingplatzes **Straško** südlich von Novalja zu. Der schönste und familienfreundlichste Strand heißt **Planjka** oder **Trinćel**, besteht aus feinem Sand und liegt im etwas ruhigeren Ort Stara Novalja an der Nordküste.

Badebucht Bunica bei Senj.

14 Hoch hinaus im Učka-Gebirge

Auf dem Naturlehrpfad zum Gipfel des Vojak

ab 6 J.

Originelle Infotafeln am Ausgangspunkt.

Ganz ehrlich: Ein richtiger Gipfelsieg, noch dazu am höchsten Berg des Učka-Gebirges, das Istrien im Osten begrenzt, hat schon einen besonderen Reiz. Weil Bergsteiger diesen Gipfel bereits vor über hundert Jahren wegen der grandiosen Aussicht über ganz Istrien als lohnendes Ziel entdeckt haben, hat der »Österreichische Touristenklub« schon 1911 einen Aussichtsturm am Vojak errichtet. In den letzten Jahren wurde am Zustiegsweg auch noch ein interessanter Naturlehrpfad mit vielen Infotafeln eingerichtet. Wenn man Glück hat, kann man auch beobachten, wie sich jemand von einer am Gipfelgrat errichteten Startrampe mit einem Gleitschirm oder Hängegleiter in die Luft erhebt.

Blick vom Gipfel des Vojak Richtung Norden.

KURZINFO

Ausgangspunkt: Parkplatz an der Passhöhe auf der alten Straße über das Učka-Gebirge bei der Berghütte Poklon. Navi: Vela Učka bb, 51415 Dobreć; N45.308241, E14.215669.
Anfahrt: Vom Landesinneren Istriens auf der Schnellstraße B8 bis zur Ausfahrt unmittelbar vor dem Učka-Tunnel oder von der Küste kommend auf der Schnellstraße von Rijeka bis Veprinač, dann auf der alten Passstraße. An Sonn- und Feiertagen gibt es auch zweimal am Tag einen Bus mit der Nr. 34, der von Opatija zur Passhöhe verkehrt (Fahrplan unter autotrolej.hr/en/routes).
Anforderungen: Großteils einfache Wanderung durch schattigen Wald auf guten Wanderwegen, aber teilweise auch steil und mit größerem Höhenunterschied.
Ausrüstung: Wanderschuhe, Wind- und Regenschutz und genug Trinkwasser.
Altersgruppe: Ab 6 Jahren.
Gehzeit: 5 Std.
Weglänge: 7,7 km.
Höhenunterschied: 500 m.
Variante: Man kann beim Abstieg auch auf der Asphaltstraße bleiben, trifft dann am Ende auf die alte Passstraße und geht auf dieser am Restaurant Dopolavoro vorbei zurück zum Ausgangspunkt.
Hinweis: Die Auffahrt bis knapp unterhalb des Gipfels ist für Privat-Pkw nicht gestattet (Zufahrt zur Radarstation), was aber vor allem von Einheimischen häufig missachtet wird. Deshalb besondere Vorsicht beim Überqueren der Zufahrtsstraße.
Einkehr: Pension Vela Učka und Berghütte Poklon (am Wochenende bei Schönwetter geöffnet) am Ausgangspunkt. Restaurant Dopolavoro (tägl. 12–23 Uhr) an der Straße Richtung Westen knapp 1 km entfernt.
Unterkunft: Die nächstgelegenen Campingplätze befinden sich an der Küste bei Opatija und Rijeka-Preluk. Übernachtung in der Berghütte Poklon auf Anfrage: Tel. +385 51 299610, Pension Vela Učka Tel. +385 51 516899.

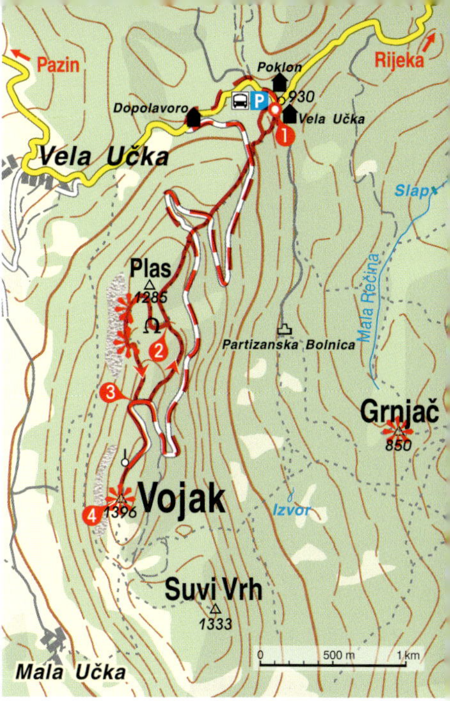

Am Naturlehrpfad.

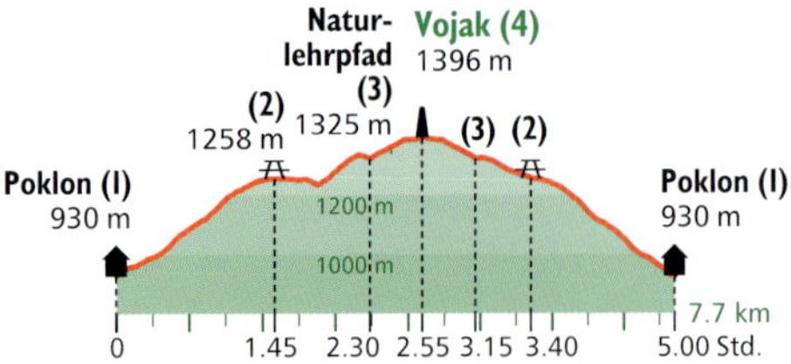

Gegenüber der **Berghütte Poklon (1)** bei der Pension Vela Učka gibt es einen großen Parkplatz, von dem aus wir unsere Wanderung beginnen. Gleich rechts von einem Informationskiosk befindet sich ein Kreis aus Holzstämmen mit Infotafeln, die sich verschiedenen Themen rund um den Naturpark Učka widmen. Von hier wandern wir auf einem rotweiß markierten, anfangs recht steilen Bergpfad durch den Buchenwald bergauf. Durch eine typische Karstlandschaft gehen wir an einer großen Doline vorbei und kommen zu einer Hausruine, bei der ein anderer Wanderweg von links auf unseren trifft. Wir gehen weiter bergauf und kreuzen dann zum ersten Mal eine Asphaltstraße, auf deren anderer Seite der Weg über einige Stufen weiter bergauf führt; ein Stück weit ist der Weg nun weniger steil. Wir treffen auf eine Schotterstraße, auf der wir weiterwandern. Diese mündet wieder in die Asphaltstraße; unser markierter Weg zweigt aber schon wenige Meter davor nach rechts ab und kreuzt etwas oberhalb der Einmündung die Straße. Wieder überwindet man die Böschung auf der Bergseite über einige Stufen und folgt dann einem Zickzackweg, der nach zehn Minuten noch einmal die Straße quert und dann zu einer kleinen Trinkwasserquelle – der einzigen am Weg – führt. Weiter leicht bergauf, aber nicht mehr in Serpentinen, kommen wir zu einem **Rastplatz (2)**, bei dem sich mehrere Infotafeln eines Lehrpfades befinden.

Der Hauptweg zum Gipfel verläuft geradeaus; wir werden ihn am Abstieg benützen. Für den Aufstieg machen wir einen kleinen, lohnenden Umweg und gehen rechts hinunter zu einer tiefen Doline, an deren Grund die laut Infotafeln 37 m tiefe Höhle Jama liegt. Weiter geht es auf dem markierten Lehrpfad, an zahlreichen Infotafeln vorbei. Der Weg steigt wieder an und führt zu einem herrlichen **Aussichtspunkt**, von dem aus man praktisch das gesamte Landesinnere Istriens bis hinüber zur Westküste überblicken kann. In einigen Metern Entfernung zur Felskante geht es durch den Wald noch zu einem zweiten Aussichtspunkt, bevor sich der Weg

Der Aussichtsturm am Gipfel.

Blick auf die Stadt Rijeka und die Berge des Gorski Kotar.

nach links ansteigend von der Abbruchkante des Bergrückens entfernt und schließlich wieder auf die Asphaltstraße trifft. An dieser Stelle befindet sich der eigentliche Beginn des **Naturlehrpfades (3)**. Nun gibt es für den weiteren Anstieg keine Alternative zur Asphaltstraße mehr. Wir folgen ihr – auch die Markierung verläuft auf ihr – bis zum Gelände einer großen Radarstation. Hier endet der Straßenbelag, und ein breiter, grob geschotterter Weg führt am Bergkamm weiter bergauf. Auf diesem kommen wir schon nach wenigen Metern zum Gipfel des **Vojak (4)**, auf dem sich der alte steinerne Aussichtsturm befindet. Das Besteigen der Plattform ist gratis und der Ausblick überwältigend. Nicht nur die Halbinsel Istrien kann man bei klarem Wetter komplett sehen – von Triest bis Pula –, sondern auch die Kvarner-Bucht mit den Inseln Cres, Lošinj, Krk und Rab. Im Erdgeschoss der Warte befindet sich ein kleiner Souvenirladen, es gibt mehrere Rastbänke und gleich daneben die Startrampe für Hängegleiter.

Der Rückweg erfolgt zunächst am selben Weg bis zum **Naturlehrpfad (3)**, allerdings gehen wir nun noch ein Stück rechts auf der Straße weiter bergab. Etwa 70 m weiter zweigt ein Fußweg links ab, der uns an Infotafeln vorbei zurück zum bekannten **Rastplatz (2)** oberhalb der Höhle Jama bringt. Nun wieder auf demselben Weg wie beim Aufstieg zurück zur Quelle, dann im Zickzack hinunter zur Straße, die wir wieder dreimal kreuzen. Zuletzt können wir bei der Hausruine diesmal den anderen, rechten Weg nehmen und gelangen so zurück zum Parkplatz bei der Pension Vela Učka und der **Berghütte Poklon (1)**.

15 Zum Wasserfall von Lovranska Draga

Spaziergang hoch über der Riviera von Lovran

ab 6 J.

Lovran gehört zu den ältesten, traditionsreichsten Badeorten der Kvarner-Bucht und erlebte seine Hochblüte bereits zur Habsburgerzeit, aus der auch viele der mondänen Hotels, Pensionen und Villen stammen. Weniger bekannt ist der kleine Ort Lovranska Draga hoch oben an den Hängen des Učka-Gebirges, wo man in netter Atmosphäre den Ausblick aufs Meer genießen, in einem der traditionsreichsten Gasthäuser des Gebietes einkehren und durch Wälder aus riesigen Edelkastanienbäumen zu einem stimmungsvollen Wasserfall wandern kann. Im Hochsommer nach längerer Trockenheit führt dieser zwar kein Wasser, lohnend ist die Tour aber trotzdem.

Hallo Kinder,

obwohl beide glänzend braune Früchte in stacheligen, grünen Schalen haben, sind Edelkastanien oder Maronibäume mit den in unseren mitteleuropäischen Parks beliebten Rosskastanien nicht einmal entfernt verwandt. Die Edelkastanie gehört zur Familie der Buchengewächse, und bei den Früchten handelt es sich botanisch gesehen um Nüsse – sehr schmackhafte Nüsse, wie wohl jeder bestätigen kann, der in der Vorweihnachtszeit schon heiße Maroni gegessen hat. Es gibt über 700 verschiedene Sorten, von denen nicht alle sich so gut zum Essen eignen wie diejenigen, die hier an den Hängen des Učka-Gebirges wachsen. Wild wachsende Bäume haben oft mehrere kleine Früchte in einem stacheligen Becher von 4–5 cm Durchmesser, während die besten Sorten Fruchtbecher mit 8–10 cm Durchmesser haben können. Schon bei den Griechen waren die Esskastanien beliebt, die Römer verbreiteten den Baum in ihrem gesamten Reich, und im Mittelalter waren die Maroni in vielen Teilen Südeuropas ein Hauptnahrungsmittel der Bevölkerung. Die Kastanienbäume können bis zu 35 Meter hoch und sehr alt werden: 500 bis 600 Jahre sind keine Seltenheit, und einzelne Exemplare sollen sogar schon weit über 1000 Jahre alt sein.

KURZINFO

Ausgangspunkt: Medveja, Autocamp in der Mitte des Ortes. Navi: 51415 Medveja; N45.270746, E14.269141.

Endpunkt: Lovranska Draga, Busumkehrplatz bei der Konoba oder Ortsanfang bei der Brücke über den Bach.

Anfahrt: Medveja liegt direkt an der Küstenstraße D66 Rijeka – Labin. Um nach der Wanderung aber nicht auf den selten verkehrenden Bus angewiesen zu sein, empfiehlt es sich, das Auto bereits am Endpunkt in Lovranska Draga (Navi: 51415 Lovranska Draga; N45.278984, E14.243795) abzustellen: von der Küstenstraße D66 in Lovran zwischen INA-Tankstelle und Restaurant Riviera die Straße Richtung Lovranska Draga hinauffahren und dort bei der Brücke parken. Dann öffentlich mit dem Linienbus Nr. 36 zum Busbahnhof in Lovran (fährt ca. einmal pro Stunde) und mit dem Bus der Linie 32A (fährt alle zwei Stunden, So. nur viermal täglich) weiter nach Medveja. Informationen zu den Fahrplänen unter autotrolej.hr/en/routes.

Anforderungen: Gut angelegter, aber stellenweise steiler und steiniger Fußpfad von Medveja nach Lovranska Draga. Der Weg von dort zum Wasserfall ist leicht und problemlos. Im unteren Teil sonnig, ab Lovranska Draga großteils Schatten.

Ausrüstung: Wanderschuhe und Sonnenschutz.

Altersgruppe: Ab 6 Jahren.

Gehzeit: 3 Std.

Weglänge: 4,8 km.

Höhenunterschied: 450 m bergauf, 90 m bergab.

Varianten: Wer auf dem Campingplatz in Medveja stationiert ist, fährt besser zu Beginn der Tour mit dem Bus Nr. 32A nach Lovran und von dort mit dem Bus Nr. 36 nach Lovranska Draga. Danach geht man zuerst zum Wasserfall und steigt am Ende der Wanderung entgegen der beschriebenen Richtung nach Medveja ab. – Als Kurzwanderung kann man auch von Lovranska Draga nur das Stück bis zum Wasserfall und wieder zurück gehen (ca. 1 Std. insgesamt).

Blick in die Bucht von Medveja.

Hinweis: Der Wasserfall kann im Sommer nach längeren Trocken- und Hitzeperioden komplett ausgetrocknet sein.

Bademöglichkeit: Am Strand von Medveja gibt es Duschen und Umkleiden.

Einkehr: Konoba Lovranska Draga (im Sommer täglich 13–23 Uhr, im Winter Fr./Sa./So. 15–23 Uhr, Tel. +385 51 292720), Hotel-Restaurant Draga di Lovrana (Di. bis So. 13–23 Uhr, Tel. +385 51 294166); mehrere Lokale in Medveja und Lovran.

Unterkunft: Das Autocamp Medveja liegt direkt am Beginn der Wanderung und ist vom breiten Kiesstrand nur durch eine Straße getrennt. Weitere Campingplätze in den Nachbarorten Lovran und Mošćenička Draga.

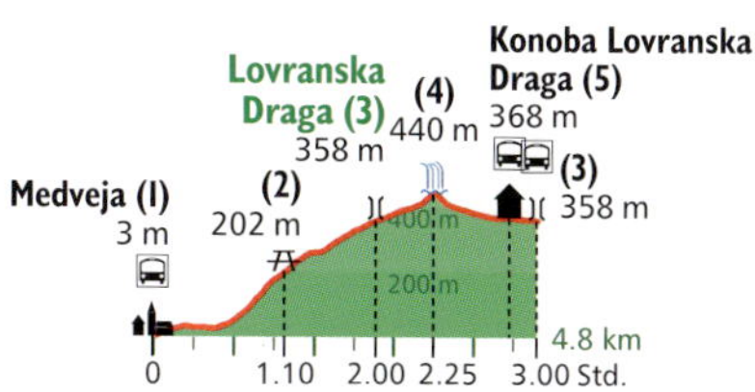

Die Wanderung beginnt direkt am nördlichen Ende des 1 km langen Strandes von **Medveja (1)** bei der Einfahrt zum Campingplatz, wo sich auch die Bushaltestelle befindet. Wir gehen an der Küstenstraße wenige Meter nach Norden, bis in einer Kurve nach links ein Fußweg abzweigt, der (aus der Gegenrichtung sichtbar) mit einem grünen Wegweiser Richtung Lovranska Draga ausgeschildert ist. Der Weg führt außen am Areal des Autocamps entlang und trifft nach etwa 10 Min. auf einen Verbindungsweg, der von einer unten entlang eines Bächleins verlaufenden Schotterstraße steil heraufführt. Auf diesem Weg käme man, wenn man die Wanderung auf dem Campingplatz beginnen und diesen beim Hinterausgang verlassen würde. Hier gibt es auch eine Infotafel über den Wanderweg, der rot-weiß markiert und beschildert stetig ansteigend ins Tal hineinführt. Er verläuft unterhalb von eindrucksvollen Felswänden, und wenn man sich umdreht, hat man immer wieder einen schönen Ausblick zurück auf Medveja und aufs Meer. Flachere wechseln mit steileren Abschnitten ab; nach einer Serpentine kommen wir zu einem schönen **Rastplatz (2)**, bei dem wir verschnaufen und die Aussicht genießen können.

Falls Tisch und Bänke besetzt sind, gibt es 5 Min. weiter noch eine Rastbank, allerdings mit weniger spektakulärem Ausblick. Wir folgen der Markierung weiter zu einem Wegweiser, hinter dem der Weg teils eben, teils leicht bergab in ein Hochtal führt, das von alten Steinmauern durchzogen ist. In mühsamer Arbeit haben die Menschen hier früher Mauern aufgeschlichtet, Erde aufgeschüttet und Terrassen angelegt, um an den Hängen rund um ihr Dorf etwas anbauen zu können. Wir gehen durch diese alte Kulturlandschaft bergauf und sehen über uns schon den Ort Lovranska Draga und etwas später rechts über uns eine alte Kirche. Kurz darauf kommen wir an einem großen gemauerten Wasserbehälter links von uns vorbei und treffen kurz darauf bei einer **Brücke (3)** auf die Asphaltstraße, die von Lovran kommt (und wo wir ggf. vor dem Beginn der Wanderung unser Auto geparkt haben).

Auch hier gibt es wieder eine Rastbank sowie einen Trinkwasserbrunnen. Auf der anderen Straßenseite führt eine schmälere Straße an einem Bach entlang; an deren Beginn steht eine Infotafel über den Wanderweg zum Wasserfall. Diesem folgen wir nun, am Bächlein entlang und dann der Asphaltstraße folgend

Der Aufstieg verläuft zwischen alten Steinmauern.

Im Frühjahr führt das Bächlein noch genug Wasser zum Planschen.

kurz links bergauf. Bei einem Holzwegweiser mit der Aufschrift »Slap« zweigen wir rechts auf einen Weg ab, der uns durch einen Hain mit riesigen Edelkastanienbäumen führt.

Der Weg nähert sich wieder dem Bach und quert diesen auf einer steinernen Brücke. Hinter dieser gibt es abermals einen Holzwegweiser, der links entlang des Baches weist. 100 m weiter queren wir nochmals das Bächlein auf einer kleinen Holzbrücke und gehen dann auf einem mit Holzstufen befestigten Weg die letzten Meter bis zum 30 m hohen Wasserfall **Slap Lovranska Draga (4)**, bei dem sich ein schöner Rastplatz befindet.

Für den Rückweg nehmen wir denselben Weg, bis wir auf die Asphaltstraße treffen. Dann unternehmen wir noch einen kleinen Spaziergang durch den alten Ort und gehen dazu auf Asphalt halb rechts weiter und an einem Sportplatz vorbei. Unsere kleine Gasse trifft wieder auf die schmale Hauptstraße des Ortes. Links kämen wir direkt zurück zur **Brücke (3)**, nach rechts können wir noch einen Abstecher zur **Konoba Lovranska Draga (5)** am Ende des Ortes machen, bei der sich auch eine Bushaltestelle befindet. Wir können die Rückfahrt nach Lovran von hier aus antreten oder zur Brücke zurückgehen, bei der sich eine weitere Station befindet, oder von dort noch etwa 1 km zum an der nächsten Straßenbiegung gelegenen Restaurant **Draga di Lovrana** mit herrlicher Aussichtsterrasse weitergehen. Dazu folgen wir der Zufahrtsstraße zum Ort vorbei an der kleinen Kirche, die wir bereits am Hinweg oberhalb von uns gesehen haben.

16 Im Wald der Labyrinthe

Mystisches im Norden von Cres

ab 6 J.

Das Rusalka-Labyrinth (Variante).

Ganz im Norden der Insel Cres liegt das Gebiet der »Tramuntana«, das nicht nur landschaftlich völlig anders aussieht als der Rest der Insel, sondern auch von den Auswüchsen des Massentourismus noch weitgehend verschont geblieben ist. Inmitten alter Steinmauern, knorriger Eichenwälder und verlassener Dörfer trifft man frei herumlaufende Schafe, und auch Wildschweine wurden schon gesichtet. Im kleinen Ort Beli mit seiner gut erhaltenen römischen Brücke und einer bezaubernden, auf einem Bergkegel errichteten Altstadt scheint die Zeit vor vielen Jahren stehen geblieben zu sein. Eine besondere Attraktion sind neben der über 100 Meter tiefen Čampari-Höhle vor allem die aus Hunderten Steinen gelegten Labyrinthe, die wir auf dieser Rundwanderung besuchen wollen.

Blick auf Beli mit der Insel Krk im Hintergrund.

KURZINFO

Ausgangspunkt: Beli, Parkplatz an der Hauptstraße am Beginn des Ortes. Navi: 51559 Beli; Parkplatz: N45.113896, E14.351706.

Anfahrt: Von der Hauptstraße D100 Porozina – Cres biegt man Richtung Beli ab und fährt auf einer sehr kurvenreichen, schmalen Straße noch etwa 7 km nach Beli.

Anforderungen: Leichte Wanderung auf großteils breiten Wegen. Kurze Abschnitte durch den Wald sind etwas steiler und können bei Nässe rutschig sein. Der Weg ist durchgehend als Rundwanderweg markiert.

Ausrüstung: Leichtwanderschuhe, gute Sportschuhe oder Trekkingsandalen sind bei trockenem Wetter ausreichend. Genug Trinkwasser mitnehmen – keine Einkehr oder Quellen unterwegs. Wer den Höhleneingang erforschen möchte, braucht eine gute Taschenlampe.

Altersgruppe: ab 6 Jahren.

Gehzeit: 4 Std.

Weglänge: 8 km.

Höhenunterschied: 290 m.

Variante: Es gibt von Beli ausgehend mehrere mit unterschiedlichen Farben gekennzeichnete Wanderwege durch die Tramuntana, die sich mit dieser Tour kombinieren lassen, um sie zu erweitern oder abzukürzen. Eine Karte der Wanderwege ist im Infozentrum des Ortes erhältlich. Eine sehr schöne Runde führt auf dem lila markierten Weg vom Lada-Labyrinth (2) weiter zum verlassenen Dorf Žanjevići, zum Ishtar-Labyrinth, zum Tara-Labyrinth und zum idyllischen Tümpel Komačev. An dessen Ufer liegt das nach Regenfällen teilweise unter Wasser stehende Rusalka-Labyrinth, das nach den Wassernymphen der slawischen Mythologie benannt ist. Gehzeit für die lila Runde etwa 2 Std. zusätzlich.

Bademöglichkeit: Von Beli kann man am Ende der Wanderung auf einer steilen Straße hinunter zu einer schönen Badebucht beim Campingplatz gehen.

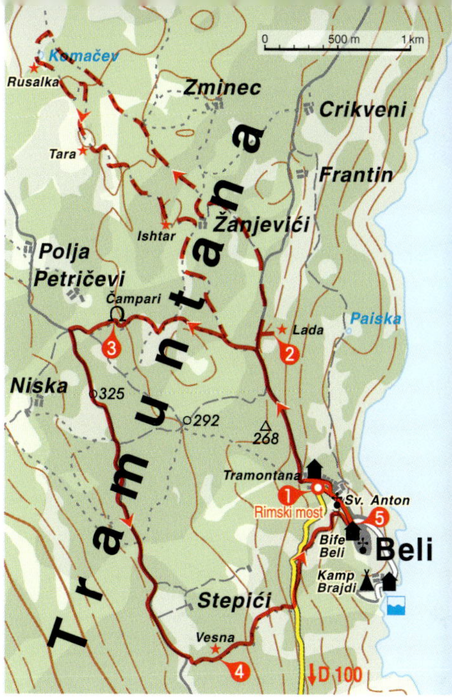

Einkehr: Pension Tramontana (s. u.), Buffet Beli direkt am Beginn der Altstadt und Beach Bar am Strand (Tel. +385 51 840515).

Unterkunft: Der einzige Campingplatz weit und breit, das Autocamp Brajdi na moru in Beli, ist sehr einfach ausgestattet, aber idyllisch in einer Kiesbucht direkt am Meer gelegen. Nur geeignet für Campingbusse und kleine Wohnmobile, da die Zufahrtsstraße schmal ist und über 25 % Gefälle aufweist.
Pension Tramontana (Tel. +385 51 840519, beli-tramontana.com/de) und mehrere Privatzimmer im Ort.

Achtung: Im hinteren Teil wird die Čampari-Höhle stark abschüssig und geht in einen tiefen Schacht über. Kinder keinesfalls in der Höhle unbeaufsichtigt lassen!

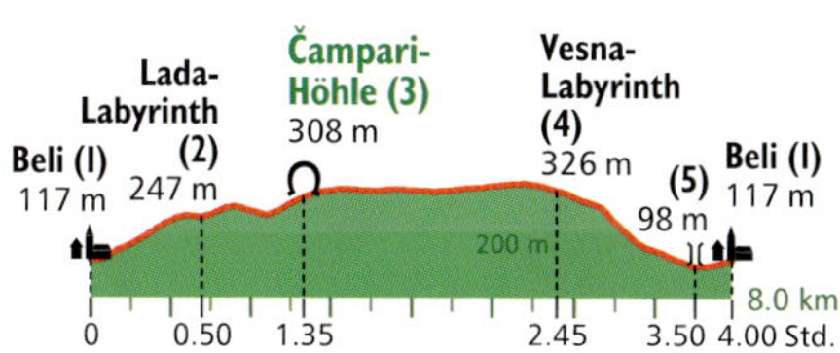

Hallo Kinder,

Gänsegeier sind riesige, beeindruckende Vögel, die in Europa nur mehr sehr selten vorkommen. Sie wiegen ausgewachsen zwischen 6 und 15 Kilogramm und haben eine Flügelspannweite von bis zu zweieinhalb Metern! Im Flug kann man sie wegen ihres auffälligen, zweifarbigen Federkleides kaum mit einem anderen Vogel verwechseln. Sie jagen nicht, sondern fressen ausschließlich tote Tiere, nach denen sie in großer Höhe kreisend Ausschau halten. Dadurch tragen sie dazu bei, dass sich Krankheiten und Seuchen im Tierreich nicht ausbreiten können. Zum Nisten bevorzugen sie steile Felswände, wie es sie an der Ostküste von Cres gibt. Die Weibchen legen nur ein Ei pro Jahr. Die Jungen verlassen die Kolonie und kehren mit etwa fünf Jahren zurück, um sich selbst ein Nest zu bauen – oft in unmittelbarer Nähe des Ortes, an dem sie selbst geschlüpft sind. Um die Tiere zu schützen – sie reagieren auf Störung durch den Menschen sehr empfindlich –, wurde ein langer Küstenstreifen südlich von Beli zum Vogelschutzgebiet erklärt. Beobachten kann man sie am besten von einem Boot aus. Die Betreiber der Pension »Tramontana« in Beli bieten geführte Ausfahrten entlang der Küste im Schutzgebiet an (Kontakt: Tel. +385 51 840519, beli-tramontana.com/de).

Vom Parkplatz am Ortsanfang von **Beli (1)** gehen wir wenige Meter Richtung Zentrum und biegen dann bei einem Wegweiser zur Pension Tramontana und zum Öko-Zentrum auf eine schmale Dorfstraße ab, die scharf links bergauf führt. Wir kommen am Infozentrum mit einer kleinen Ausstellung und an der Pension Tramontana vorbei. Am Ortsende endet der Asphalt, und eine Schotterstraße führt rechts weiter bergauf. Sie ist mit den Farben Rot, Grün, Lila und Blau markiert. Nach 10 Min. kommen wir an einem steinernen Kreuz vorbei, von dem aus man einen schönen Blick zurück auf Beli genießt. 150 m weiter zweigt die blaue Markierung nach links auf eine andere Schotterpiste ab. Wir gehen geradeaus weiter und kommen nach 300 m zu einer weiteren Abzweigung, bei der rote und lilafarbene Markierungen nach links führen. Hier bleiben wir noch kurz auf der grün markierten Schotterstraße geradeaus. Nach 50 m zweigt bei einem Holzwegweiser ein Fußweg nach rechts ab, der hinunter auf eine brachliegende Terrasse führt, auf der sich das **Lada-Labyrinth (2)** – benannt nach einer slawischen Göttin – befindet. Wer wirklich, ohne zu schummeln, den Linien folgend den ganzen Weg ins Labyrinth hinein- und wieder hinausgehen möchte,

Begegnung am Wegrand.

muss dafür nochmals fast einen Kilometer Wegstrecke einrechnen!
Wir kehren am selben Weg zurück zur vorigen Abzweigung und folgen nun der Leitfarbe Rot – die lila Markierung, die uns anfangs noch begleitet, zweigt nach 200 m rechts ab und würde zu drei weiteren Labyrinthen führen (siehe Variante). Nun wandern wir entlang von Steinmauern und kommen nach einiger Zeit zu einer Wiese, an der wir entlanggehen. Gleich, nachdem der Weg wieder in den Wald führt, kommen wir zu einem kleinen Wasserbecken. Dahinter verläuft unser markierter Weg wieder bergauf, und wir erreichen die rechts in einem Trichter gelegene **Čampari-Höhle (3)**. Diese ist frei zugänglich, der Zustieg führt aber steil hinunter. Ohne festes Schuhwerk und gute Lampe sollte man sich keinesfalls in die Höhle trauen.
Kurz darauf treffen wir auf einen Waldweg, auf dem wir wieder auf die blaue Markierung stoßen. Wir gehen nach rechts und bei einer Steinskulptur auf einem Fahrweg nach links zu einer großen Wegkreuzung, an der die blaue Markierung geradeaus weiterführt. Wir nehmen die breite, rot markierte Schotterstraße nach links. Durch abwechslungsreiche Kulturlandschaft – Waldstücke mit knorrigen, flechtenbewachsenen Bäumen wechseln mit von Steinmauern eingefassten Viehweiden ab – und an mehreren Steinskulpturen vorbei folgen wir der Straße für etwa 45 Min., bis wir dann in einer Rechtskurve den geradeaus weiter zu einer Hausruine führenden Weg nehmen. Gleich dahinter liegt links auf einer ebenen Terrasse das kreisförmige **Vesna-Labyrinth (4)**.
Nun geht es auf einem etwas abenteuerlichen, schmalen Fußpfad

Die Bucht von Beli.

durch dichten Wald, wobei man einige umgestürzte Bäume umgehen oder überklettern muss. Der Pfad wird schließlich steiler, und wir genießen nochmal einen schönen Ausblick auf Beli. Im Zickzack gelangen wir hinunter zur Zufahrtsstraße nach Beli, auf der man nach links direkt zum Parkplatz zurückgehen könnte. Wir wollen aber dem alten Römerweg folgen, der auf der anderen Straßenseite an mehreren Steinskulpturen vorbei bergab führt. Durch alte Olivenhaine kommen wir zur **Römerbrücke (5)**, die ein tief eingeschnittenes Tal überspannt. Nach Überqueren der Brücke steigt unser Weg wieder an, 10 Min. später kommen wir durch einen steinernen Torbogen in eine Gasse, die nach rechts in die Altstadt von **Beli** hinaufführt. Einen Rundgang durch die alten Gassen sollten wir uns nicht entgehen lassen; man kann aber vorher auch noch im Buffet Beli einkehren, das sich gleich rechts von uns befindet. Wenn wir zum Parkplatz am Ortsanfang zurückkehren möchten, halten wir uns beim Steintor links, an der folgenden Kreuzung geradeaus (rechts bergab geht es zum Strand und zum Campingplatz) und folgen der Straße an einer kleinen Kirche vorbei zu unserem **Ausgangspunkt (1)**.

17 Subtropisches Inselparadies

Blumenpracht und Strände im Süden von Lošinj — ab 4 J.

Die südlichste Landspitze der Insel Lošinj ist nicht nur wegen der vielen schönen Badebuchten einen Aufenthalt wert. »Mali« bedeutet klein, »Veli« groß – dennoch ist heute die ehemalige Inselhauptstadt Veli Lošinj wesentlich kleiner und ruhiger als das laute, touristische Mali Lošinj. Im autofreien Zentrum rund um den alten Hafen in der Riva-Bucht findet man keine Discos und Strandbars, dafür aber kleine Cafés, Eisgeschäfte und traditionelle Gasthäuser (Konobas). Rundherum gibt es üppig grüne Pinienwälder, zahllose verträumte Buchten und in den Gewässern vor der Stadt eine Kolonie von rund 150 Delfinen. Eine schöne Wanderung führt hinauf zur Kapelle Sveti Ivan, von der aus früher die Frauen der Seeleute nach den heimkehrenden Schiffen Ausschau gehalten haben.

An der Ostküste folgt ein Badeplatz auf den anderen.

KURZINFO

Anfahrt: Veli Lošinj ist der letzte Ort an der Inselhauptstraße D100, die von Porozina im äußersten Norden von Cres bis in den Süden von Lošinj verläuft. Man kann auch mit einem Bus hierher gelangen, der von Rijeka abfährt und sämtliche Städte auf den Inseln Cres und Lošinj verbindet. Navi: 51551 Veli Lošinj; Parkplatz: N44.518496, E14.503251.
Ausrüstung: Bequeme Schuhe; wer eine der Wanderungen in der Umgebung machen möchte, sollte Leichtwanderschuhe oder Trekkingsandalen wählen. Sonnenschutz und Badesachen nicht vergessen!
Altersgruppe: Ab 4 Jahren.
Besuchsdauer: 1–2 Tage.
Bademöglichkeit: Mehrere Strände (siehe unten).
Einkehr: Zahlreiche Lokale rund um den Hafen, an der Promenade, in der Rovenska-Bucht und in der Altstadt.
Unterkunft: In Veli Lošinj gibt es eine große Auswahl an Hotels, Pensionen und Privatquartieren. Der nächstgelegene Campingplatz befindet sich in Čikat bei Mali Lošinj, ca. 15 Min. mit dem Auto entfernt.
Informationen: In Veli Lošinj gibt es mehrere Touristenbüros, u. a. Palma (V. Nazora 22, Tel. +385 51 236 179, losinj.com/de) oder Val (V. Nazora 29, Tel. +385 51 236 604, val-losinj.hr/de), beide an der Straße vom Hafen hinauf zur Kirche Gospa od Anđela.

Der Ort **Veli Lošinj** gruppiert sich um die beiden Buchten Riva und Rovenska und wurde in der Geschichtsschreibung im Jahr 1398 unter dem Namen Velo Selo zum ersten Mal erwähnt. Im 15. Jahrhundert wurde die Stadt von den Venezianern befestigt; aus dieser Zeit stammen die Kirche St. Anton (Sveti Antun Opat), der »Uskokenturm« im Zentrum bei der Hafenbucht sowie die Kirche der Engelsmadonna (Gospa od Anđela). Über Jahrhunderte bestand die Stadt aus zwei Teilen: dem unteren, v. a. von Italienern bewohnten Teil, dessen Einwohner hauptsächlich von Handel und Fischfang lebten, und dem oberen Teil, in dem Kroaten lebten, die Ackerbau und Seefahrt betrieben.

Bootshafen im Zentrum von Veli Lošinj.

Im 19. Jahrhundert war Lošinj eines der wichtigsten Zentren der Seefahrt: Nicht weniger als 127 Segelschiffe befuhren von hier aus die gesamten Weltmeere. Aus der Stadt stammten auch viele berühmte Kapitäne, deren Villen heute noch das Stadtbild prägen. Viele der exotischen Pflanzen, die man in den Parks finden kann, sind von den Seefahrern von ihren Reisen aus aller Welt mitgebracht worden.

Als mit der Erfindung der Dampfschiffe die Bedeutung der Segelschifffahrt Ende des 19. Jahrhunderts endete, dienten die prächtigen Villen der Kapitäne zum Teil als Quartiere für die ersten hier eintreffenden Touristen. Unter der Herrschaft der Habsburger hatten österreichische Ärzte das Klima in Lošinj als besonders gesund und heilsam beschrieben, sodass sich hier ein Winter-Kurtourismus und wenig später auch ein Sommertourismus mit bis zu 250.000 Übernachtungen jährlich (in Mali und Veli Lošinj zusammen) entwickelten. Damals

Die alte Kirche Sv. Nikola.

wurde auch die »Gesellschaft zur Aufforstung und Verschönerung« gegründet, die ab 1886 eine Viertelmillion Piniensetzlinge pflanzen ließ und damit den Grundstock für die heutige dichte Bewaldung der Insel schuf. Lošinj wurde zur ersten Tourismusinsel an der damaligen Österreichischen Riviera, und auch Mitglieder des Herrscherhauses hielten sich hier auf, u. a. Erzherzog Karl Stephan, Erzherzog Franz Ferdinand und Kaiser Franz Josef selbst.

Heute geht es etwas ruhiger zu als damals. Die einzige große Hotelanlage, »Punta«, liegt ein Stück nördlich der Altstadt; im Zentrum gibt es nur ein paar Privatunterkünfte und viele kleine, gemütliche Lokale entlang der Hafenpromenade. Hauptsehenswürdigkeiten sind die schöne, reich geschmückte Barockkirche **Sveti Antun Opat**, die Kirche **Gospa od Anđela** und der **Turm »Kula«** aus dem 15. Jahrhundert. Dieser wurde gebaut, um die Stadtbewohner vor den in dieser Zeit häufigen Angriffen von Piraten zu beschützen. Im Turm befinden sich heute ein interessantes **Museum** über die Geschichte der Stadt und die Schiffbau- und Seefahrertradition der Insel sowie eine kleine Kunstgalerie. Vom oberen Stockwerk hat man einen herrlichen Rundblick über die Stadt. Einen schönen Kinderspielplatz gibt es direkt bei der Kirche Sveti Antun Opat.

Ausschau halten nach Schiffen.

In der Umgebung der Stadt, an der gesamten Südspitze der Insel Lošinj, reiht sich eine schöne Badebucht an die andere. Man kann von der Ro-

»Blaue Welt«-Meereskundezentrum

In den 1980er-Jahren begann man mit der systematischen Erforschung der Delfinpopulationen in der Adria. Zu diesem Zweck wurde 1999 in Veli Lošinj das Meeresforschungs- und -schutzinstitut Plavi Svijet (»Blaue Welt«) gegründet. Es widmet sich der Erforschung und dem Schutz der Meerespflanzen und -tiere und ganz besonders der gefährdeten Arten. Seit 2003 existiert das »Edukative Zentrum des Meeres in Lošinj«; 2006 wurden die Gewässer vor der Stadt von der kroatischen Regierung zum Delfin-Schutzgebiet erklärt. Das Zentrum, das erste seiner Art an der Adria, direkt am alten Hafen in der Riva-Bucht gelegen, zeigt eine Dauerausstellung über Delfine, Meeresschildkröten und andere bedrohte Arten. Im Sommer kommen Freiwillige aus anderen Ländern Europas hierher, um bei der Forschungsarbeit mitzuhelfen, man kann auch einzelne Delfine »adoptieren«.

Öffnungszeiten: Okt. bis April Mo. bis Fr. 10–15 Uhr, Mai Mo. bis Sa. 10–18 Uhr, Juni und Sept. Mo. bis Fr. 10–17 Uhr, Juli und August Mo. bis Sa. 10–21 Uhr.

Kosten: Der Eintritt ist frei.

Informationen: blue-world.org

Die Kirche Sveti Ivan am Gipfel.

venska-Bucht immer dem Ufer entlanggehen (der erste Kilometer der Promenade ist asphaltiert, dann führt ein Fußpfad weiter) oder vom Zentrum aus den Wegweisern in Richtung der Kirche Sveta Ana / Sveti Nikola, der ältesten Kirche von Lošinj aus dem 12. Jahrhundert, folgen. Dort beginnt ein Wanderweg, der wieder hinab ans Meer zu den Buchten **Javorna**, **Kriška** oder **Jamna** führt, die nur zu Fuß oder per Boot erreichbar sind – je weiter man sich vom Ortszentrum entfernt, desto ruhiger und weniger überlaufen sind die Strände. Alle drei Buchten verfügen über kleine Kiesstrände, an den Seiten der Buchten gibt es für Schnorchler interessante Felsen. Im hinteren Bereich der Buchten reicht der Wald weit ans Ufer heran, sodass man hier auch ein Stück vom Strand entfernt genügend schattige Plätze findet und sich die Mitnahme eines Sonnenschirms ersparen kann.

Blick zurück vom Aufstieg nach Sveti Ivan.

Wandertipps

Rund um Veli Lošinj gibt es eine Reihe schöner Wanderwege unterschiedlicher Länge, die auf der in den Tourismusbüros erhältlichen Wanderkarte eingezeichnet sind. Man kann von der Stadt aus auf einem alten Hirtenweg durch die Pinienwälder hinauf zur Kapelle Sveti Ivan wandern, von wo man einen tollen Rundblick über die Insel und die Kvarner-Bucht bis hinüber zum Učka-Gebirge und zum Velebit genießt. Schöne Spazierwege führen auch an der Küste entlang von der Bucht Rovenska zu weiteren Buchten, die sich alle sehr gut zum Baden eignen (flache Kiesstrände). Wer eine längere Strecke gehen möchte (ca. 8 km), kann mit dem Taxiboot vom Hafen aus nach Mrtvaška an der Südspitze der Insel fahren – dabei hat man die besten Chancen, auch Delfine zu Gesicht zu bekommen – und von dort immer am Wasser entlang im Uhrzeigersinn bis zur urigen Konoba Balvanida (Einkehrmöglichkeit) wandern. Von dort steigt man zur Kapelle Sveti Ivan hinauf und gelangt auf einem Hirtenweg durch den Wald zwischen hohen Steinmauern zurück nach Veli Lošinj.

Mrtvaška kann man auch auf einer schmalen Asphaltstraße erreichen, die von Mali Lošinj immer am Bergkamm entlang verläuft. Am Ende der Straße an der Südspitze von Lošinj gibt es eine Anlegestelle, von der man mit dem Boot zur Insel Ilovik (Info: Tel. +385 99 516 2349 oder ilovik.hr) gelangen kann, die wegen ihrer subtropischen Blütenpracht auch als Blumeninsel bekannt ist. Auch dort gibt es ein Netz von Wanderwegen. In etwa 45 Minuten kommt man vom Ort Ilovik z. B. zur Bucht Paržine, in der es sogar einen Strand mit feinem Sand gibt.

In nördlicher Richtung kommt man vom Zentrum aus auf einer durchgehend asphaltierten Strandpromenade (»Lungomare«), vorbei am Hotel Punta, immer der Küste entlang in den Hauptort der Insel, **Mali Lošinj**. Auch an diesem Küstenabschnitt findet man Bademöglichkeiten, allerdings weniger geschützt als in den Buchten südlich von Veli Lošinj; wegen der Seeigel an den Steinen sind Badeschuhe ein Muss.

Abgesehen vom Baden und von Besichtigungen gibt es noch eine Reihe weiterer Freizeitmöglichkeiten: Die Tauchschule »Benthos« in der Rovenska-Bucht bietet Tauchgänge auch für Kinder an (Rovenska 54, 51551 Veli Lošinj, diving.cres-losinj.com/). Um die Insel zu erkunden, kann man Fahrräder mieten. Bei der Agentur ASL (Obala m. Tita 17, 51551 Veli Lošinj; island-losinj.com) kann man Räder für einen ganzen Tag um ca. 12 € ausleihen. Wer lieber zu Fuß unterwegs ist, findet ein dichtes Netz an markierten und beschilderten Wanderwegen.

Übrigens: Auf der gesamten Insel Lošinj braucht man keine Angst vor giftigen Schlangen zu haben – es gibt keine! Die Legende besagt, dass der Heilige Gaudentius, Bischof von Osor, die Schlangen von der Insel verbannt hat. Und da die Wissenschaftler auch noch keine andere Erklärung für das Fehlen giftiger Schlangenarten hier gefunden haben, kann man diese Geschichte ebenso gut glauben!

18 Kletterpartie im Felsencanyon

Durch die Vrženica-Schlucht bei Baška

ab 6 J.

Wilde Canyons findet man nicht nur im Gebirge, sondern manchmal auch ganz nahe bei Badestränden – so zum Beispiel in der Nähe von Baška auf der Insel Krk. Die Vrženica-Schlucht ist zwar nicht sonderlich lang und tief, aber landschaftlich sehr reizvoll und bietet einige schöne, nicht allzu schwierige Kletterpassagen, die Jung und Alt Spaß machen. Sie liegt direkt oberhalb eines Badestrandes, an dem man noch eine Runde schwimmen oder im Meer planschen kann, bevor man sich ins Abenteuer stürzt.

Ein Paradies für kleine »Bergziegen«.

KURZINFO

Ausgangspunkt: Parkplatz bei der Rezeption des Autocamps Bunculuka bei Baška. Navi: 51523 Baška; Campingplatz: N44.969361, E14.767223.
Anfahrt: Es gibt eine Brücke, die die Insel Krk mit dem Festland, und eine Fähre, die sie mit der Insel Cres verbindet. Weiter auf der Inselhauptstraße D102 bis nach Baška und dort der Beschilderung zum Autocamp folgen. Baška ist auch mehrmals pro Tag mit Bussen ab Rijeka erreichbar.
Anforderungen: Steinige, schmale Pfade; am Weg entlang der Küste stellenweise etwas ausgesetzt. Der Weg durch die Schlucht selbst beinhaltet einige leichte bis mittelschwere Kletterstellen. Wenig Schatten auf der Runde; besser nicht um die Mittagszeit begehen.
Ausrüstung: Feste Wanderschuhe, Sonnen- und Regenschutz, ausreichend Wasser.
Altersgruppe: Ab 6 Jahren.
Gehzeit: 3 Std.
Weglänge: 6,7 km.
Höhenunterschied: 240 m.
Bademöglichkeit: Am Strand Vrženica (keine Infrastruktur wie Duschen oder Umkleiden vorhanden) oder etwas entfernt in der Bucht von Baška. Der Badestrand beim Nudisten-Camp Bunculuka ist offiziell ein FKK-Strand, wird aber von vielen Personen auch in Badekleidung benutzt.
Einkehr: Bistro-Lounge Boneta in der Bucht Bunculuka und Getränkekiosk in der zweiten Badebucht.
Unterkunft: In Baška gibt es außer dem FKK-Campingplatz Bunculuka und dem 4-Sterne-Camp Baška Beach Resort mit Poollandschaft und Wasserrutschen noch den kleineren und preiswerteren Platz Camping Mali.

Am Beginn des Weges.

Von der Rezeption des **Campingplatzes Bunculuka (1)** nehmen wir den markierten Wanderweg, der links an der Schranke vorbei außerhalb einer Abzäunung entlangführt. Es geht anfangs bergauf, dann aber wieder leicht bergab zu einer **Abzweigung (2)** mit Wegweiser, an der wir rechts bergab über steile Stufen zum Strand hinunterwandern. Wir müssen ein Bachbett auf einer Brücke überqueren, dann führt unser Weg links weiter zum Strand, an dem sich rechts auch eine Einkehrmöglichkeit (Bistro-Lounge Boneta) befindet. Wir gehen am Ufer entlang nach links. Am Ende des breiten Kiesstrandes verläuft ein rot markierter schmaler Fußpfad direkt neben dem Meer an der felsigen Küste entlang, dann steigt der Weg an und überquert eine kleine Landspitze, an der sich eine Tauchbasis befindet. Nach wenigen Minuten gelangen wir in eine kleinere Kiesbucht, in der es auch einen Getränkekiosk gibt. Wieder

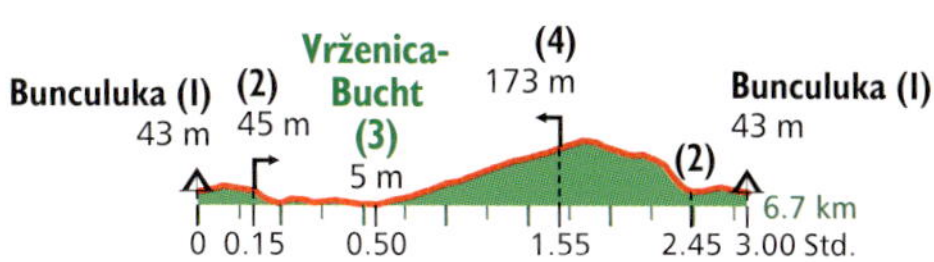

Hallo Kinder,

die Stadt Baška an der Südküste von Krk hat noch mehr zu bieten. Im Westteil der »Vela Plaža«, des fast zwei Kilometer langen Kiesstrandes, gibt es einen schwimmenden Wasserpark, an der Straße hinter dem Campingplatz während der Sommersaison einen Vergnügungspark, und auf der Strandpromenade mit ihren vielen Läden, Cafés und Eissalons ist immer etwas los. Aber die Bewohner Baškas wissen auch Feste zu feiern. Beim Fischerfest Mitte August findet jedes Jahr ein Wettbewerb im Ziehen von Fischernetzen statt, und Anfang Mai wird das Fest »Crna Ovca« gefeiert – was so viel heißt wie »Schwarzes Schaf«. Dabei gibt es nicht nur Fahrradrennen, eine Bootsregatta und Kulturveranstaltungen, sondern – dem Namen entsprechend – Vorführungen im Schafscheren, und auch in den Lokalen dreht sich alles ums Schaf in den verschiedensten Zubereitungsarten.

geht es steinig an der Küste entlang, eine weitere, weit ins Land hineinreichende Bucht wird durchquert, und 100 m weiter kommen wir in die 200 m lange, im hinteren Teil bewaldete Bucht **Vrženica (3)**. Hier kann man nochmals einen Badestopp einlegen, bevor man den Anstieg durch den Canyon in Angriff nimmt: Bei einem Wegweiser, bei dem die rote Markierung endet, beginnt ein gelb markierter Weg, der entlang eines meist trockenen Bachbettes ins Landesinnere führt. Die Markierung wäre eigentlich nicht nötig, denn wenn man immer im Tal bleibt, kann man sich eigentlich nicht verirren. Nach etwa 200 m werden die Hänge immer steiler und Felsen rücken links und rechts immer näher an den Weg heran. Eine erste einfache Felsstufe ist zu überwinden, dann geht es wieder am Talgrund auf Schotterboden weiter. Wieder eine Kletterstelle, wieder ein Stück leichtes Gehgelände … – so setzt sich der Weg für die nächste halbe Stunde fort. Zwischen schroffen Felsen, steilen Wänden und im Tal liegenden großen Steinblöcken arbeiten wir uns weiter und weiter empor, wobei alle Kletterstellen mit etwas Hilfe durch die Erwachsenen auch von Kindern problemlos zu bewältigen sind. Meist handelt es sich

Aufstieg durch den Canyon.

Blick auf die Bucht von Baška am Rückweg.

um mehr oder weniger geneigte Felsen, keine senkrechten Wände. Die meisten Stellen wirken von Weitem schwieriger, als sie es dann wirklich sind.

Insgesamt überwinden wir teils gehend, teils kletternd rund 150 Höhenmeter, bevor das Tal wieder breiter wird. Nach einer letzten Höhenstufe kommen wir zu einem Viehgatter, durch das wir hindurchgehen und kurze Zeit später wieder einen **Wegweiser (4)** vor uns sehen. Bei diesem stoßen wir auf einen querenden rot markierten Wanderweg, auf dem wir uns nach links bergauf wenden und den Canyon endgültig verlassen. Links haben wir noch einmal einen schönen Blick auf die Schlucht, das Meer und das gegenüberliegende Velebit-Gebirge, dann kommen wir in ein Wäldchen und wandern entlang von Steinmauern weiter.

Wir erreichen ein Tal, in dem wir hinabgehen und es dann am gegenüberliegenden Hang leicht ansteigend wieder verlassen. Schließlich sehen wir wieder hinunter auf die Bucht mit dem Campingplatz und steigen auf einem steilen, steinigen Pfad hinunter zur bekannten **Abzweigung (2)**, von der wir am Beginn der Tour über Stufen bergab gegangen sind. Den Weg zurück zum Ausgangspunkt bei der Rezeption des **Autocamps Bunculuka (1)** kennen wir schon.

19 Geisterdorf und alte Mauern

Auf Entdeckungsreise rund um Dobrinj

ab 3 J.

Während sich die meisten Touristenorte an der Süd- und Westküste von Krk befinden, wirkt der Nordosten der Insel noch recht ruhig und verschlafen. Dabei gibt es gerade hier viel zu entdecken – von einem verlassenen Dorf inmitten eines märchenhaften Waldes über Ruinen von Kirchen und einer byzantinischen Festung bis hin zu Steinen mit Inschriften aus geheimnisvollen Zeichen. Einen Besuch von Dobrinj, einer der ältesten bestehenden Siedlungen der Insel, und ein Bad im heilkräftigen Schlamm des Strandes Meline sollte man keinesfalls auslassen.

KURZINFO

Anfahrt: Es gibt eine Brücke, die die Insel Krk mit dem Festland und eine Fähre, die sie mit der Insel Cres verbindet. Von der Inselhauptverbindung D102 biegt man in Maršići (Navi: N45.122776, E14.549509) ab und fährt über Gabonjin und Kras nach Dobrinj (Navi: N45.128746, E14.604628) bzw. weiter nach Šilo, Soline oder Rudine (Navi: Rudine 6, 51514 Rudine, Höhle: N45.187241, E14.609821). Den Ort Šilo erreicht man auch von Crikvenica aus mit einem stündlich verkehrenden Speedboot.
Ausrüstung: Für die meisten Aktivitäten sind Leichtwanderschuhe oder Trekkingsandalen ideal. Sonnenschutz und Badesachen.
Altersgruppe: Ab 3 Jahren.
Besuchsdauer: 1–3 Tage.
Streckenlänge: Gesamte Rundfahrt ca. 40 km.
Bademöglichkeit: Schöne Strände gibt es in Šilo auf der Halbinsel beim Campingplatz, in Klimno, Soline, Čižići und bei Rudine. Ein besonderes Erlebnis ist das Baden am Strand von Meline mit seinem (angeblich heilkräftigen) Schlamm (siehe unten).
Einkehr: Konoba Šantek in Rasopasno; zahlreiche Lokale in Dobrinj sowie in den Orten Šilo, Soline, Klimno und Čižići an der Küste.
Unterkunft: Das Autocamp Tiha in Šilo liegt zwar schön direkt am Meer, ist aufgrund der Lage aber sehr stark dem Wind vom Festland her (Bora) ausgesetzt und – seinem Namen (»tiha« = kroat. »ruhig«) zum Trotz – vor allem am Wochenende laut, weil die Musik der Diskotheken von Crikvenica bis hierher zu hören ist. Eine Alternative ist das etwas kleinere, ruhigere und besser ausgestattete Autocamp Slamni in Klimno, das auch Animationsprogramme für Kinder anbietet.
Informationen: Tourismusbüro der Gemeinde Dobrinj an der alten Hauptstraße in Šilo (Stara cesta b. b., Tel. +385 51 852107, visitdobrinj.hr).

Glagolitischer Park bei Gabonjin.

Die Gemeinde **Dobrinj** besteht aus mehreren kleinen Ortschaften, die sich zum Teil an der Küste und zum Teil im hügeligen Hinterland befinden. Es sind nicht unbedingt die großen touristischen Sensationen, die einen als Besucher hier erwarten, sondern vielmehr eine Fülle kleinerer Sehenswürdigkeiten, von denen jede ihre eigene Geschichte hat. Nicht weniger als 30 Kirchen und Kapellen gibt es im Gemeindegebiet, von denen die ältesten schon aus dem 11. Jahrhundert stammen – ebenso wie der Hauptort Dobrinj selbst, der im Jahr 1100 erstmals urkundlich erwähnt wurde. Damals bezog sich der Name, der vom kroatischen Adjektiv »dobro« für »gut« abgeleitet ist, auf ein Kastell, um das sich das heutige Ortszentrum gruppiert.

Man kann für diese Tour in einem der Orte an der Küste übernachten und die Ausflüge ins Landesinnere und zu den anderen Küstenorten auf mehrere Tage verteilen. Wir beschreiben im Folgenden aber auch eine Runde, die man mit dem Auto leicht an einem Tag abfahren kann. Wer sich für die einzelnen Besichtigungen mehr Zeit nehmen möchte, sollte die Tour auf mindestens zwei Tage aufteilen.

Von der Inselhauptstraße D102 Richtung Dobrinj und Šilo abzweigend, passiert man nach rund 700 m die **Konoba Šantek (1)** und kommt gleich dahinter zu einer Abzweigung, an der man sich entscheiden kann, ob man die hier vorgeschlagene Runde im Uhrzeigersinn oder – wie im Folgenden beschrieben – in der Gegenrichtung fahren

Ruine im »Geisterdorf« Dolovo.

möchte. Wenn wir geradeaus weiterfahren, kommen wir nach wenigen Minuten in den Ort **Gabonjin (2)**, wo es zwei Sehenswürdigkeiten gibt, die beide in Zusammenhang mit der glagolitischen Schrift stehen. Diese Schrift wurde im 9. Jahrhundert von dem byzantinischen Gelehrten Kyrill erfunden und in den meisten Gebieten Osteuropas schon bald durch die kyrillische Schrift abgelöst, war aber in Teilen Kroatiens noch wesentlich länger – auf der Insel Krk bis ins 19. Jahrhundert hinein – in Verwendung. Gleich an der Ortseinfahrt von Gabonjin liegt rechts der Straße der **Glagolitische Park**, in dem man zahlreiche Steine mit alten Inschriften aufgestellt hat. 100 m weiter kann man dann dem Wegweiser zur Kirche Sveti Petar folgend abbiegen und kommt zum Glagolica-Weg, der auf das Plateau mit der Kirche hinaufführt. Der Aufstieg, der an Steinen mit sämtlichen glagolitischen Schriftzeichen vorbeiführt, lohnt sich alleine schon wegen der schönen Aussicht, die man von oben genießt.

Wir fahren auf der gut ausgebauten, aber kaum befahrenen Straße weiter und kommen in den Ort **Kras**. Dahinter halten wir uns links Richtung Šilo und Dobrinj. Wenn wir das **verlassene Dorf Dolovo** erforschen wollen, sollten wir auf eine kleine Kapelle achten, die unmittelbar hinter einem Gefälle-Warnschild am rechten Straßenrand steht **(3)** (Navi: N45.115633, E14.605454). Hier können wir parken und einem markierten Wanderweg folgen. Er gabelt sich nach 500 m; wir folgen einem Wegweiser nach rechts nach Dolovo und erreichen schon bald die ersten Mauern. Wie in einem verwunschenen Zauberwald liegen die Häuser da, die meisten unver-

Museen

In Dobrinj gibt es gleich zwei Einrichtungen, die sich mit volkstümlicher Kultur beschäftigen und in denen man sehen kann, wie die Menschen in diesem Teil des kroatischen Küstenlandes noch bis vor nicht allzu langer Zeit gelebt haben. Das Ethnografische Museum im Geburtshaus des Journalisten Ivo Sučić beherbergt eine der schönsten Sammlungen von Alltagsgegenständen aus früheren Zeiten, die einen Einblick in das Leben und die volkstümliche Kultur der Insel Krk geben. Eine weitere Ethnografische Sammlung befindet sich im Privatbesitz der Familie Barbalić und kann ebenfalls besichtigt werden. Beide Museen befinden sich im Ortszentrum in der Nähe des Marktplatzes.

Tafel in glagolitischer Schrift.

sperrt und mit offenen Türen, und laden geradezu ein, erforscht zu werden. Anschließend kann man auf dem Wanderweg durch das Dorf noch weiter zu einem alten Friedhof und zur Ruine der Kirche **Sveti Juraj** gehen, bevor man auf demselben Weg zum Auto zurückkehrt.
Die nächste Station am Weg ist der Hauptort der Gemeinde, das malerisch auf einem Berggipfel gelegene Dorf **Dobrinj (4)**. Das Auto müssen wir auf einem Parkplatz am Ortsbeginn abstellen; zufahren dürfen nur Anwohner. Es sind aber nur knapp 200 m zum Marktplatz, der das Zentrum des in seiner Größe sehr leicht überschaubaren Ortes bildet. Oberhalb des Platzes, an dem auch das Gasthaus Konoba Zora liegt, gelangt man über Stufen zum höher gelegenen Park mit dem frei stehenden Glockenturm und einer Aussichtsterrasse mit Blick bis aufs Meer. Sehenswert ist auch die Stephanskirche mit ihrem charakteristischen, von mächtigen Steinsäulen getragenen hölzernen Vordach.
Wenn man von Dobrinj weiter Richtung Šilo fährt, kann man noch einen Abstecher zu einem der ältesten Sakralbauten der Insel Krk, der im gleichnamigen Ortsteil gelegenen Kirche **Sveti Vid** machen. Die Abzweigung ist mit einem Wegweiser »Crkva« beschildert; man kann direkt bei der Kirche parken. Von hier aus gibt es auch einen markierten Wanderweg, der ebenfalls zum verlassenen Dorf Dolovo führt; wer also dessen Besichtigung mit einer etwas längeren Wanderung verbinden möchte, kann auch diesen sehr idyllischen Weg durch ein Tal mit einem (allerdings im Sommer meist trockenen) Wasserfall nehmen (Hin- und Rückweg gleich, insgesamt 5,4 km bzw. 1 Std.).
Unser nächstes Ziel ist der Küstenort **Šilo (5)**. Bevor es die Straßenbrücke gab, legte hier die Fähre vom Festland nach Krk an, aber selbst damals war der Tourismus bescheiden, weil sich die wenigsten Gäste auf dem Weg zu ihren Zielorten hier lange aufhielten. Hotelanlagen sucht man deshalb vergebens; es gibt nur mehrere kleine Privatvermieter und einen Campingplatz, neben dem sich ein schöner, flacher öffentlicher Strand befindet. An der Hafenpromenade gibt es einen weiteren Strand und eine Handvoll kleinerer Lokale – von Massentourismus jedenfalls keine Spur. Die Hauptsehenswürdigkeit von Šilo ist die sogenannte **Römische Villa**, bei der es sich in Wahrheit um eine byzantinische Festung aus dem 6. Jahrhundert handelt. Wer sie besuchen möchte, geht vom Zentrum die Uferstraße entlang nach Osten und folgt dann nach etwa 350 m einer rot-weißen Markierung durch eine schmale Straße bergauf. An der nächsten Kreuzung gehen wir beim Wegweiser »Rimske Vile« insgesamt 300 m weit erst auf Asphalt, dann auf einem Feldweg. Danach weist ein Schild nach links zu unserem Ziel, der Ruine. Von den Mauerresten aus hat man auch einen sehr schönen Blick hinüber aufs Festland mit dem Velebit-Gebirge.

Hier wird Freundschaft geschlossen.

Nachdem wir auf demselben Weg zum Auto zurückgekehrt sind, geht unsere Fahrt zunächst auf der von der Hinfahrt bekannten Straße zurück Richtung Dobrinj. Wir durchqueren den Ort Polje und biegen gleich nach dem Ortsende rechts Richtung Županje ab. Auf einer schmalen Teerstraße zwischen Steinmauern durchqueren wir Županje und treffen bei einem Stoppschild auf eine breitere Straße, auf der wir nach rechts in den Ort Donja Hlapa abbiegen.

Nach weiteren 1500 m erreichen wir den Ort **Soline (6)** an der gleichnamigen Meeresbucht. Im Gegensatz zu Šilo, das bei Bora besonders stark dem Wind ausgesetzt ist, ist die Bucht von Soline nicht nur relativ windgeschützt und das flache Wasser ist meist auch einige Grade wärmer als das offene Meer. Hier gabelt sich die Straße: Rechts kommt man nach **Klimno (7)**, 2 km östlich von Soline, wo es einen Campingplatz, einen kleinen Ortsstrand und mehrere Lokale am Hafen gibt. Unterhalb des Camps liegt der kleine, sandige Strandabschnitt Komoriska. In Soline selbst besteht der Strand aus Kies mit betonierten Liegeflächen; Lokale und Bars befinden sich ebenfalls hier. Besondere Sehenswürdigkeiten oder große Hotelburgen gibt es in keinem der Orte an dieser Bucht.

Westlich von Soline erreichen wir die Hauptattraktion dieser Region, den Strand von **Meline**. Hier im hintersten, flachsten Teil der Bucht – einer ehemaligen aufgelassenen Saline – hat sich dunkler, angeblich heilkräftiger Schlamm abgelagert. Jedenfalls ist es ein großer Spaß (nicht nur für Kinder), sich hier im Schlamm zu wälzen, bis man von Kopf bis Fuß ganz schwarz geworden ist. Auch Schlammschlachten sind sehr beliebt. Um sich nachher abzuwaschen oder gar zu schwimmen, muss man allerdings sehr weit hinaus waten, denn das Wasser ist extrem flach. Schatten gibt es am Strand keinen; ein Parkplatz (in der Saison gebührenpflichtig) ist vorhanden.

Von Soline kommend, erreicht man hinter dem Strand Meline eine Abzweigung, bei der es nach links zurück Richtung Krk und Rijeka geht (mit dieser Straße schließt sich am Ende unsere Runde; sie führt über Tribulje nach Rasopasno zur ersten Abzweigung bei der Konoba Šantek). Wir wenden uns hier aber nach rechts und kommen durch den an der Nordseite der Bucht gelegenen Ort **Čižići (8)**. In diesem gibt es einen Bootshafen, einen kleinen Strand südlich davon sowie mehrere kleine Badeplätze mit Betonplattformen nördlich. Auch Lokale an der Strandpromenade und ein Kiosk am Strand befinden sich hier.

Wer ruhigere, weniger frequentierte Strände sucht, muss noch ein Stück weiterfahren. Kurz hinter dem Ort nehmen wir die Straße nach rechts Richtung **Rudine**, die nach knapp 1 km nochmals direkt am Ufer entlangführt. Dann entfernt sie sich vom Meer und erreicht den ein

Hallo Kinder,

Lust auf eine echte Schatzhöhle? In der Nähe von Rudine an der Küste etwas nördlich von Soline liegt die 110 Meter lange Tropfsteinhöhle Biserujka, die man besichtigen kann. Alle 15 Minuten finden in der Hauptsaison die Führungen statt, außerhalb dieser Zeit seltener. Man kann auf einem guten, ebenen Fußweg etwa 50 Meter in die Höhle hineingehen, die sich nur 12 Meter unter der Erde befindet und in der es das ganze Jahr über zwischen 13 und 15 Grad hat. Die Höhle wurde schon vor mehr als 100 Jahren entdeckt, als es noch kein elektrisches Licht gab, weshalb manche Wände im Inneren vom Ruß der Fackeln geschwärzt sind. Man sagt, dass die Höhle gewissen Leuten schon vor wesentlich längerer Zeit bekannt war: Der Name kommt vom kroatischen Wort für Perle, »biser« – denn hier sollen Piraten und Schmuggler, von denen es in den Gewässern der Adria früher viele gegeben hat, ihre Schätze verborgen haben. Gefunden hat man sie allerdings bis heute noch nicht …
Öffnungszeiten: April und Oktober 10–15 Uhr, Mai und Juni 9–17 Uhr, Juli und August 9–18 Uhr, September 10–17 Uhr. Info: spilja-biserujka.com.hr. Eintritt: Erwachsene ca.5 €, Kinder (5–12 Jahre) ca. 3,50 €.

Stück im Hinterland gelegenen kleinen Ort mit seinen alten, zum Teil verfallenen Steinhäusern. Die Straße endet dann direkt am Parkplatz der **Höhle Biserujka (9)** (siehe »Hallo Kinder«).
Von hier aus erreicht man in etwa 15 Min. Gehzeit auch eine schöne kleine Badebucht. Man folgt dem Fahrweg, der vom Parkplatz zur Höhle führt, weiter geradeaus. Er macht einen Bogen nach rechts und führt dann in einem Tal hinunter zur Bucht **Slivanjska**.
Zurück zum Campingplatz in Klimno geht es auf derselben Straße. Wer zur Abzweigung von der D102 bei der Konoba Šantek zurück möchte, fährt bis zur Abzweigung bei der Bucht Meline und folgt dann den Wegweisern halb rechts Richtung Krk und Rijeka. Wer zur Brücke aufs Festland will, kann eine Abkürzung nehmen: An der Abzweigung nördlich von Čižići kann man scharf rechts abbiegen und auf einer nicht ausgeschilderten Straße immer geradeaus weiterfahren. Man trifft dann 1 km südlich des Flughafens auf die Inselhauptstraße D102.

In der Höhle Biserujka.

20 Tosende Wasser

Karstquelle Zeleni Vir und die Klamm Vražji Prolaz

ab 8 J.

Ein echter Geheimtipp ist das »Geomorphologische Sonderreservat Zeleni Vir«, wo auf engem Raum ein 70 Meter hoher Wasserfall, eine aus einer Höhle sprudelnde Karstquelle, eine 130 Meter weit in den Berg hinein reichende, frei zugängliche Höhle und die »Teufelspassage« (Vražji prolaz), eine 800 Meter lange, bis zu 100 Meter tiefe und stellenweise nur zwei Meter breite Klamm liegen. Als Draufgabe gibt es eine originelle Bademöglichkeit und ein uriges Gasthaus sowie die Möglichkeit, schon die Anreise mit dem Zug auf der landschaftlich eindrucksvollen Bahnstrecke von Rijeka nach Skrad zu einem ganz besonderen Erlebnis zu machen (siehe »Hallo Kinder«).

Wasserfall beim alten Kraftwerk.

Hallo Kinder,

dadurch, dass die Wanderung direkt bei einer Bahnhaltestelle beginnt, bietet es sich geradezu an, einmal das Auto stehen zu lassen und bequem mit dem Zug von Rijeka anzureisen. Das ist nicht nur umweltfreundlich, sondern auch ein ganz besonderes Erlebnis, denn die Bahnstrecke von der Küste ins Landesinnere ist für kroatische Verhältnisse durchaus als spektakulär zu bezeichnen und hat alle Merkmale einer echten Gebirgsbahn. Sie windet sich in zahlreichen Kehren und Kurven insgesamt etwa 800 Höhenmeter die Küste hinauf, bietet immer wieder schöne Ausblicke und führt durch dichte Waldlandschaften abseits der Ortschaften, durch mehrere Tunnels, über zahlreiche Brücken und einige bis zu 20 Meter hoch aufgeschüttete Steindämme. Warum auf diesen Dämmen an der Bergseite teilweise Mauern stehen, die höher sind als der Zug, fragt ihr euch? Diese sogenannten Bora-Mauern dienen als Windschutz, weil der kalte Fallwind, die Bora, hier manchmal so heftig bläst, dass er sogar einen Zug von den Schienen wehen könnte!

KURZINFO

Ausgangspunkt: Bahnhof von Skrad. Navi: Podstena, 51311 Skrad; N45.425226, E14.903349.
Anfahrt: Auf der Autobahn A6 bis zur Ausfahrt Delnice, dann weiter auf der alten Hauptstraße D3 Richtung Zagreb bis Skrad. Im Ort links abbiegen zum Bahnhof (Željeznička poštaja) und dort parken. Alternativ dazu bietet es sich an, per Bahn von Rijeka anzureisen (an Werktagen ca. 7, So. ca. 5 Zugverbindungen pro Richtung, Preis ca. 6 €, Schüler 3 €, unter 6 Jahre frei; Fahrplan unter hzpp.hr/en; siehe auch »Hallo Kinder«). Wer sich die Parkgebühren in Rijeka sparen möchte, fährt zum Bahnhof Škrljevo (zweite Station nach Rijeka) und parkt dort: bei der Autobahnabfahrt Sveti Kuzam rechts Richtung Sveti Kuzam, dann bei der nächsten Kreuzung rechts Richtung Škrljevo. Nach 250 m nicht der Umfahrungsstraße folgen, sondern gerade durchs Zentrum. Hinter einer Bahnbrücke rechts Richtung Bahnhof (Wegweiser Richtung »Želj. pošt.«; Navi: Škrljevo 149, 51223 Škrljevo; N45.324948, E14.539046).
Anforderungen: Großteils leichte Wanderung auf breiten Wegen, jedoch mit einzelnen sehr steilen Passagen. In der Klamm Holzstege und -treppen, die teilweise rutschig sind. Kurze, schmale und ausgesetzte Passagen mit Seilen zum Festhalten. Schwindelfreiheit und Trittsicherheit sind von Vorteil.
Ausrüstung: Feste Wanderschuhe und ggf. Wanderstöcke. Wer in die Höhle Muževa Hišica vordringen möchte, braucht lichtstarke Taschenlampen (am besten pro Person eine eigene) oder Stirnlampen.

Die Karstquelle Zeleni Vir.

Altersgruppe: Ab 8 Jahren.
Gehzeit: Je nach Kondition und Übung 3–3.30 Std.
Weglänge: 5,1 km.
Höhenunterschied: 350 m.
Kosten: Eintritt in die Klamm ca. 4 € für Erwachsene, 2 € für Kinder (7–12 Jahre).
Bademöglichkeit: Schöne Gumpe unterhalb des kleinen Wasserfalls etwas oberhalb des Kraftwerks.
Einkehr: Ausflugsgasthaus Zeleni Vir am unteren Ende der Klamm, geöffnet 9–19 Uhr außer bei Schlechtwetter, Tel. +385 51 810214; Bistro Viktorija im Ortszentrum von Skrad, tägl. 6–22 Uhr, Tel. +385 91 3587783.
Unterkunft: Mehrere Privatzimmer und Apartments in der Nähe. Info über die Tourismusorganisation. Kein Campingplatz. Wir empfehlen, die Tour als Tagesausflug von der Küste zu planen.
Informationen: Gemeinde Skrad, skrad.com (nur kroatisch) oder zelenivir.com.hr/english.php

Vom Bahnhof von **Skrad (1)** folgen wir der Wegmarkierung ein Stück links die Straße hinauf, bis diese nach etwa 100 m nach links abzweigt. Ein Fußpfad bringt uns, teilweise über Holzstufen, wieder hinunter zur Bahnstrecke und quert diese gegenüber von einem Streckenwärterhaus. Vor diesem geht es nach links, einem Wegweiser »Slap« (Wasserfall) folgend, an einem Zaun entlang und an dessen Ende nach rechts in den Wald. Nach 100 m kommt man zu einer Infotafel über die Pflanzen dieses Gebietes, dann geht es auf einem breiten, guten und an steileren Stücken mit Stufen befestigten Waldweg immer bergab. Wir kommen an mehreren Rastbänken vorbei zu einem mit Gelän-

Beim alten Wasserkraftwerk.

der gesicherten Felsbalkon. Hier biegt sich der Weg links bergab und führt über Steinstufen zu einem kleinen Holzsteg über ein Bächlein. Weiter geht es in mehreren Serpentinen hinunter ins Tal, wo wir auf einen Querweg treffen. Auf diesem wenden wir uns nach links und kommen 5 Min. nach der Einmündung zu einer riesigen Höhle, in deren Innerem ein kleiner, von der Karstquelle **Zeleni Vir (2)** gespeister

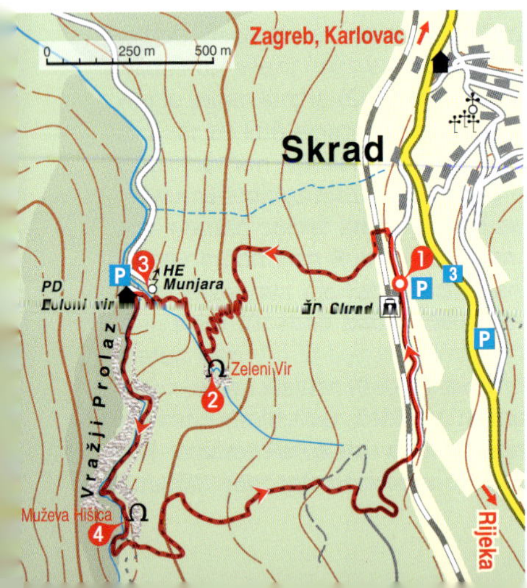

See liegt. Links davon stürzt ein schmaler, 70 m hoher Wasserfall von einer Felskante herab.

Wir gehen zunächst am selben Weg zurück und folgen dann dem im Tal verlaufenden Weg geradeaus weiter. Es geht nun praktisch eben an mehreren Rastbänken auf einem abgedeckten Wasserkanal entlang zu einem Wassersammler am oberen Ende eines Druckrohres und einer Überlaufrinne. Im Zickzack geht es nun steil neben dem Rohr durch den Wald hinunter zu einer Brücke über das Flussbett. Rechts sehen wir das Gebäude des 1922 errichteten und bis heute in Betrieb befindlichen Wasserkraftwerks **Munjara (3)**; links von uns einen kleinen Wasserfall. Wer einen absolut coolen Badeplatz mit Wasserfalldusche sucht, ist hier richtig! Am anderen Ende der Brücke kann man, bevor der markierte Weg wieder bergauf führt, auf einem Pfad entlang des Flusses bis zum Wasserfall gehen, der eine tiefe Gumpe ausgewaschen hat. Von einer Schotterbank etwas unterhalb kann man flach und gefahrlos ins Wasser gehen und sich im kristallklaren Nass erfrischen.

Dem markierten Weg weiter folgend, geht es nur kurz bergauf und dann gleich wieder bergab zum Ende einer Straße und zu einem Parkplatz. Hier gibt es auch ein Gasthaus und einen Kiosk, bei dem man eine Benutzungsgebühr für den schon 1934 angelegten und seither nach Hochwasser immer wieder renovierten Weg durch die Klamm bezahlen muss.

Wir wandern nach links in ein immer enger werdendes, schluchtartiges Tal hinein und kommen zur eigentlichen Klamm **Vražnji Prolaz**, durch die der Weg auf hölzernen Stegen führt, die sich kreuz und quer über das Wasser spannen oder an der Felswand entlang verlaufen. Wo sich das Tal wieder etwas weitet, geht es über viele Stufen hinauf zu einem Felsband, auf dem unser weiterer Weg verläuft. Es gibt an mehreren Stellen Seile, an denen man sich festhalten kann. Leicht bergab kommen wir zu einer breiteren Stelle im Tal, an der sich ein kleiner überdachter Rastplatz befindet. Ein Stück weiter verzweigt sich der Weg: Links geht es zur 130 m tiefen, frei zugänglichen Höhle **Muževa Hišica (4)**, die man auf eigene Faust erforschen kann.

Der andere Weg, den wir danach nehmen, führt, wieder mit Seilen zum Festhalten, steil den Hang hinauf. Wir kommen zu einer Gabelung, bei der wir einem Wegweiser nach links Richtung Skrad folgen. Der Weg führt durch schönen Mischwald im Zickzack bergauf und überquert einen flachen Sattel mit einem gelben Holzwegweiser Richtung Skrad. Wir treffen auf eine Forststraße und gehen auf dieser

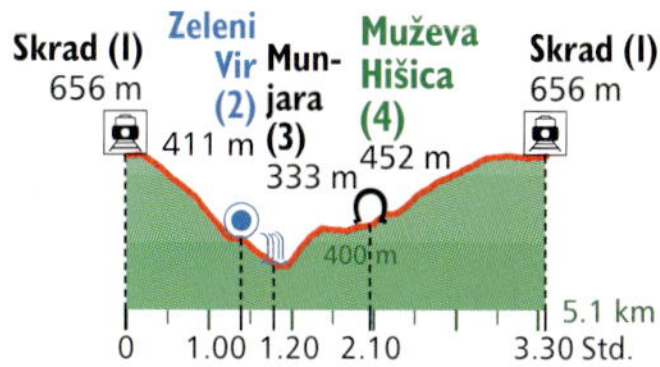

nach links, um schon nach 10 m, einem Wegweiser folgend, nach rechts abzuzweigen (man könnte auch auf der Forststraße bleiben, das wäre aber ein Umweg von 10 Min.). Die Abkürzung trifft nach 5 Min. wieder auf dieselbe Forststraße, auf der wir nun nach rechts bergauf wandern. Sie biegt sich gleich nach links, und wir treffen nach 100 m auf die Serpentine einer breiten Schotterstraße, auf der wir nach links bergauf zu einer Schranke weitergehen. An dieser vorbei folgen wir der Straße, die uns zu einem Bahnübergang bringt. Wir queren die Schienen, schon in Sichtweite des Bahnhofes **Skrad (1)**, zu dem wir auf einer parallel zu den Gleisen verlaufenden Straße zurückkehren.

Am Eingang der Höhle Muževa Hišica.

21 Abenteuer im Märchenwald

Höhlen, Felsen und ein See im Hinterland von Rijeka ab 8 J.

Einen Geheimtipp für Leute, die landschaftliche Schönheiten abseits der Touristenströme suchen, findet man in der Nähe von Delnice, und das, obwohl sämtliche Ziele dieser Tour weniger als eine Viertelstunde von der Autobahn entfernt sind. Bei Einheimischen ist der Waldpark Golubinjak mit seinen Spazierwegen, Sport-, Grill- und Picknickplätzen, atemberaubenden Felsformationen und Höhlen hingegen ein beliebtes Ausflugsziel am Wochenende, und auch (einheimische) Sportkletterer kommen gerne hierher. Nicht entgehen lassen sollte man sich die tiefste für Besucher zugängliche Höhle Kroatiens, die Špilja Lokvarka, und ein erfrischendes Bad im kristallklaren See Lokvarsko Jezero.

KURZINFO

Ausgangspunkt: Parkplatz beim Waldpark Golubinjak bei Lokve. (Navi: Forest Park Golubinjak, 51316 Slijeme, N45.357417, E14.761676)

Anfahrt: Man fährt auf der Autobahn A6 bis zur Ausfahrt Delnice, dann links auf der alten Hauptstraße D3 Richtung Rijeka. Nach 4 km biegt man links ab, dem Wegweiser Golubinjak folgend. Man kommt zu einem Kassenhäuschen, bei dem man den Eintritt in den Naturpark bezahlt; anschließend kann man noch 200 m weiter zu einem Parkplatz unterhalb einer Autobahnbrücke fahren. Auch mit dem Zug ist die Tour erreichbar: Man fährt von Rijeka bis zum Bahnhof Lokve; von diesem geht man bergab zu einer Straße, der man nach rechts bis in Sichtweite der Autobahn folgt. Diese quert man aber nicht, sondern nimmt einen Weg, der parallel zur Autobahn auf deren Schneise nach links führt. 30 Min. Gehzeit pro Richtung zusätzlich.

Anforderungen: Mittelschwere Wanderung auf zum Teil schmalen, steilen Wegen, zum Teil mit Holzstufen ausgebaut und mit Geländern gesichert. Bis auf das letzte Stück durchgehend markiert.

Ausrüstung: Feste Wanderschuhe und ggf. Wanderstöcke. Wer weiter in die Höhle Ledena Špilja hineingehen möchte, braucht lichtstarke Taschenlampen (am besten pro Person eine eigene) oder Stirnlampen.

Altersgruppe: Wanderung ab 8 Jahren, Höhlenbesichtigung und Planschen am See ab 3 Jahren.

Gehzeit: 1.15 Std.

Weglänge: 2 km.

Höhenunterschied: Unter 100 m.

Kosten: Der Eintritt in den Waldpark kostet ca. 3 € pro Person.

Der Aufstieg zum Felsentor.

Bademöglichkeit: Am Stausee Lokvarsko Jezero gibt es mehrere schöne Badeplätze (siehe Badetipp).
Einkehr: Ausflugsgasthaus im Waldpark, geöffnet Sa. und So. 10–19 Uhr; Restaurant Eva am Lokvarsko Jezero, geöffnet Di., Mi., Do. und So. 12–21 Uhr, Fr. und Sa. 12–22 Uhr; Café und Bistro im Ortszentrum von Lokve.
Unterkunft: Mehrere Privatzimmer und Apartments in Lokve und Delnice. Info über die Tourismusorganisation. Kleiner, privater Campingplatz direkt unterhalb des Staudamms am Lokvarsko Jezero nur für Zelte und kleine Campingbusse. Tel. +385 91 5915597, facebook.com/camplokve.
Informationen: Tourismusverband Lokve, Tel. +385 51 831250, tz-lokve.hr (nur kroatisch) oder lokvarka.hr/forest-park-golubinjak.

Vom **Parkplatz (1)** gehen wir auf einem Schotterweg in gerader Verlängerung der Zufahrtsstraße in den Waldpark Golubinjak hinein. Links von uns liegt eine große Wiese mit einem Spielplatz, rechts ein Wäldchen mit Grillplätzen und Picknicktischen. Nach etwa 100 m befindet sich rechts ein Ausflugsgasthaus, in dem wir auf dem Rückweg einkehren können. Wir gehen den Weg geradeaus weiter, an bärensicheren Müllcontainern vorbei, zu einer T-Kreuzung, an der wir uns rechts wenden und in eine Schotterstraße in ein immer enger werdendes Tal hineingehen. Zu unserer Rechten erheben sich mächtige Felsen, die von Sportkletterern genutzt werden. Am Straßenende beginnt ein markierter Fußpfad, auf dem wir geradeaus bergauf steigen. Er biegt sich nach kurzer Zeit nach rechts und führt teils zwischen Felsen, teils unter diesen hindurch auf die andere Seite des Bergkammes, wo er scharf nach links knickt. Entlang einer Steilwand geht es erst weiter bergauf, dann

Am Weg durch den Zauberwald.

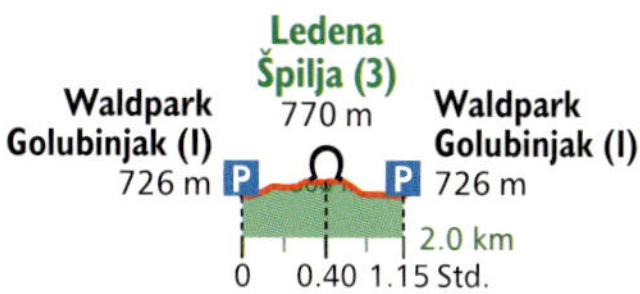

Im oberen Teil der Ledena Špilja gibt es noch Tageslicht.

bergab zu einer **Weggabelung (2)**, bei der ein Pfad rechts bergab abzweigt (unser späterer Rückweg). Wir halten uns hier links bergauf. Im Zickzack und teilweise mit Holzgeländern versehen bringt uns der Pfad zu einem Felsentor, durch das wir wieder zurück auf die andere Seite des Kammes gelangen. Wir gehen an mehreren Infotafeln vorbei und kommen zu einer weiteren Abzweigung, bei der wir den Weg nach rechts Richtung Ledena Špilja nehmen. Er führt durch einen wahren Märchenwald am Rand einer Mulde entlang zu einer großen Doline, in der wir unter uns bereits den Höhleneingang sehen können. Der Weg dorthin führt nach rechts in einem Bogen bergab zur **Ledena Špilja (3)**, was übersetzt »Eishöhle« bedeutet. Tatsächlich halten sich im Inneren bis weit in den Frühling hinein Schneereste. In den vorderen Teil der Höhle fällt durch ein Felsenfenster von oben Tageslicht; will man bis ganz hinein (ca. 100 m weit) gehen, braucht man Taschen- oder Stirnlampen.

Wir kehren auf demselben Weg zurück zur **Weggabelung (2)** und halten uns nun links bergab. Nach wenigen Metern erreichen wir den ebenen Talgrund und folgen einem Fußpfad, der bei zwei Sportplätzen auf eine Schotterstraße trifft. Wenn man dieser folgt, gelangt man zur

Badetipp

Wer sich nach der Wanderung durch den Waldpark abkühlen möchte, sollte einen Besuch am Stausee Lokvarsko Jezero einplanen. Der bis zu 40 Meter tiefe, kristallklare See liegt etwa 2 km vom Ortszentrum von Lokve entfernt und ist in den 1950er-Jahren durch das Aufstauen des Flusses Lokvarka entstanden. Baden kann man entweder direkt beim Staudamm (Navi: N45.360717, E 14.720139, hier führen Stufen von der Straße hinunter zum Wasser) oder etwas rechts davon bei einem ehemaligen Motel. Man fährt an der Straßengabelung 2 km hinter Lokve beim Holzwegweiser »Omladinsko Jezero« links, um zum Staudamm und zum Motel zu kommen. Fährt man auf der Straße geradeaus weiter (Richtung Mrzle Vodice), so kommt man 1 km weiter zum bei den Einheimischen beliebten Ausflugsgasthaus »Restoran Eva Lokve«, mit schönem Gastgarten im Freien, Speisen vom Grill und lokalen Spezialitäten.

Tropfsteinhöhle Špilja Lokvarka

Während sich bei den bekannten Tropfsteinhöhlen in Istrien (Tour 5) in der Hauptsaison oft lange Wartezeiten ergeben, zählt die Höhle Špilja Lokvarska noch zu den echten Geheimtipps. Dabei gehört die im Jahr 1911 zufällig entdeckte Höhle zu den schönsten, längsten und auch tiefsten Kroatiens. Von den bisher erforschten sechs Ebenen sind vier für Besucher zugänglich. Auf über 300 Stufen kann man bis in ca. 70 m Tiefe hinabsteigen und kommt dabei an einigen beeindruckenden Tropfsteinformationen vorbei, u. a. am »Mammut« und an der »Kathedrale« mit einer 16 m hohen Tropfsteinsäule. Die Temperatur in der Höhle beträgt nur 8 bis 11 °C, und da die Führung eine Dreiviertelstunde dauert, sollte man auf jeden Fall wärmere Kleidung dabeihaben.

Anfahrt: Von der Autobahnausfahrt Delnice kommend fährt man Richtung Rijeka und biegt nach 2,5 km rechts Richtung Lokve ab. 600 m weiter befinden sich rechts ein Parkplatz und ein Kiosk, an dem man die Karten für die Höhle kaufen kann (Navi: N45.358586, E 14.761285).

Führungen: Mi. bis So. jeweils um 9 Uhr, 11 Uhr, 13 Uhr und 15 Uhr; Treffpunkt beim Kiosk, von dem aus man gemeinsam 10 Min. zu Fuß zum Höhleneingang geht.

Kosten: Eintritt ca. 11 € pro Person.

Informationen: lokvarka.hr/spilja-lokvarka

Schneise der Autobahn und kann an dieser entlang nach rechts direkt zum Parkplatz zurückgehen. Will man jedoch zu der Wiese mit dem Ausflugsgasthaus zurück, wandert man weglos rechts an den Sportplätzen vorbei in den Wald hinein. In diesem liegen verstreut mehrere Grillplätze, und egal, ob man sich eher rechts oder geradeaus hält, man trifft in jedem Fall auf den bekannten Hinweg, entweder auf die Schotterstraße ins Tal oder auf den Weg entlang der Wiese. Wer möchte, kann nun im Gasthaus einkehren und am bekannten Weg zum **Parkplatz (1)** zurückgehen oder auch noch die große Wiese in einem weiten Bogen umrunden.

Der Lokvarsko Jezero lädt zum Schwimmen und Planschen ein.

22 Der Schatz im Silbersee

Tagesausflug in den Nationalpark Plitvice — ab 4 J.

Der Wasserfall Mali Prštavac.

Die Plitvicer Seen sind das bekannteste und meistbesuchte touristische Ziel im Hinterland Kroatiens. Rund eine Million Besucher jährlich – an Augusttagen bis zu 15.000 pro Tag – werden durch dieses Naturwunder von atemberaubender Schönheit angelockt, bei dem das Wasser in einem engen Canyon eine Kette von 16 Seen durchfließt und dazwischen Hunderte kleine und größere Wasserfälle bildet. Obwohl die Seenlandschaft schon seit 1949 Nationalpark ist, wurde sie im deutschen Sprachraum erst durch die »Winnetou«-Filme aus den 1960er-Jahren so richtig bekannt und wird von vielen Leuten noch immer in erster Linie mit diesen assoziiert.

KURZINFO

Ausgangspunkt: Nationalpark-Eingang 2 an der Straße D1 Karlovac – Split. Navi: N44.882485, E15.623038.
Anfahrt: Von Norden entweder auf der Autobahn A1 bis Karlovac und über die alte Hauptstraße D1, oder bis Josipdol und auf der Straße Nr. 42. Von Süden kommend auf der A1 bis Gornja Ploča und von dort ebenfalls auf der Straße D1. Der Nationalpark-Eingang liegt direkt an der Magistrale und ist gut beschildert; Haltestelle der Fernbuslinie Zagreb – Karlovac – Split.
Anforderungen: Gut befestigte Spazierwege durchziehen den gesamten Nationalpark. Der Weg beinhaltet aber auch einige steile, bei Nässe rutschige Passagen. Die Holzwege haben kein Geländer; kleine Kinder sollten daher immer an der Hand der Eltern gehen!
Ausrüstung: Wanderschuhe, Sportschuhe mit griffiger Sohle oder gute, rutschfeste Trekkingsandalen. Ausreichend Trinkwasser, da die Strecken zwischen den einzelnen Einkehrmöglichkeiten recht lang sind.
Altersgruppe: Ab 4 Jahren.
Gehzeit: Ca. 3.30 Std. reine Gehzeit; mit Bus- und Bootsfahrt etwa 4.30 Std.
Weglänge: 7,6 km.
Höhenunterschied: Ca. 170 m bergauf und 250 m bergab.
Öffnungszeiten: Täglich 8–17 Uhr. Die Boote und der Panoramabus verkehren ebenfalls in dieser Zeit, sind aber von November bis März außer Betrieb.
Kosten: Eintritt Erwachsene/Kinder (7–18 Jahre): Nov. bis März 1 Tag 10 €/4,50 €, 2 Tage 15,50 €/7,50 €; April, Mai und Okt. 1 Tag 23,50 €/6,50 €, 2 Tage 39,50 €/10 €; Juni bis Sept. 1 Tag 39,80 €/15,90 €, 2 Tage 59,70 €/22,50 €. Im Preis sind beliebig viele Fahrten mit Elektrobooten und Panoramabussen inbegriffen.
Variante: Wer die Wanderung lieber bei Eingang 1 beginnt, geht von dort auf einem Schotterweg zur Station 1 des Panoramabusses. Am Ende der Runde

Wasserfall beim Oberen See.

dort, wo man wieder auf diesen Schotterweg trifft, nach links zurück zum Eingang. – Es gibt eine Vielzahl möglicher Abkürzungen oder Abstecher, die man zusätzlich einbauen kann. Beschilderung und Leitsystem im Park sind sehr gut.

Bademöglichkeit: Im Nationalpark ist das Baden streng verboten. Bademöglichkeiten gibt es unterhalb der Seen am Fluss Korana: Man fährt Richtung Karlovac und biegt unmittelbar vor der Brücke über die Korana rechts nach Smoljanac ab. Nach 2,8 km bei einer T-Kreuzung links zu einer Brücke über die Korana, wo man bei einer großen Wiese baden kann. Denselben Platz erreicht man auch vom Autocamp Korana aus, indem man den Weg hinter dem Restaurant hinuntergeht.

Einkehr: Imbissstände gibt es jeweils an den Eingängen des Parks, bei allen drei Busstationen und bei der Anlegestelle 1. Auf der Wiese beim Kozjak-See (Anlegestelle 3) gibt es ein Café, ein Selbstbedienungs-Restaurant, einen Eisstand und einen Getränkeausschank.

Unterkunft: Außer dem Camp Korana und dem 15 km südlich des Parks gelegenen Camp Borje (beide: np-plitvicka-jezera.hr) gibt es auch noch die kleinen Campingplätze Korita und Bear in Rakovica 5 bzw. 6 km nördlich des Parks.

Informationen: np-plitvicka-jezera.hr/de.

Hallo Kinder,

lila Kühe werdet ihr im Nationalpark Plitvice sicherlich keine finden, dafür aber eine Gedenktafel, die an die im 19. Jahrhundert weltbekannte kroatische Opernsängerin Milka Trnina erinnert. Der große Wasserfall zwischen Milanovac- und Gavanovac-See in der Nähe von Eingang 1 wurde ebenfalls nach ihr benannt. Milka ist übrigens ein ganz gewöhnlicher, gar nicht so seltener kroatischer Vorname. Die Operndiva war eine Bewunderin der Schönheit der Wasserfälle und veranstaltete sogar ein eigenes Konzert, dessen Einnahmen sie der »Gesellschaft zur Verschönerung und Erhaltung der Plitvicer Seen« stiftete. Mit diesem Geld konnten Anfang des 20. Jahrhunderts die ersten Wanderwege um die Seen angelegt werden. Einer der glühendsten Bewunderer – heute würde man sagen, ein Fan – der Sängerin, die an allen großen Opernhäusern der Welt auftrat, war übrigens ein gewisser Carl Russ-Suchard, der im Jahr 1901 die von seiner Firma hergestellte Milchschokolade mit dem Markennamen »Milka« eintragen ließ. Was offiziell zwar eine Zusammensetzung aus den Wörtern »Milch« und »Kakao« sein soll – aber wer weiß, ob ihm die Idee dazu nicht beim Gedanken an Milka Trnina gekommen ist?

Im Nationalpark Plitvice gibt es eine Vielzahl von möglichen Rundwegen unterschiedlicher Länge. Wir beschreiben einen Weg, auf dem man an allen Seen und allen wichtigen Sehenswürdigkeiten des Parks vorbeikommt, und den man beliebig abkürzen oder verlängern kann. Dazu beginnen wir die Runde beim **Eingang 2**, gehen von dort zur Haltestelle des »Panoramazuges« (eigentlich kein Zug, sondern für den Personentransport umgebaute Lastwagen mit zwei Anhängern) und fahren mit diesem zur **Station 3 (1)**.

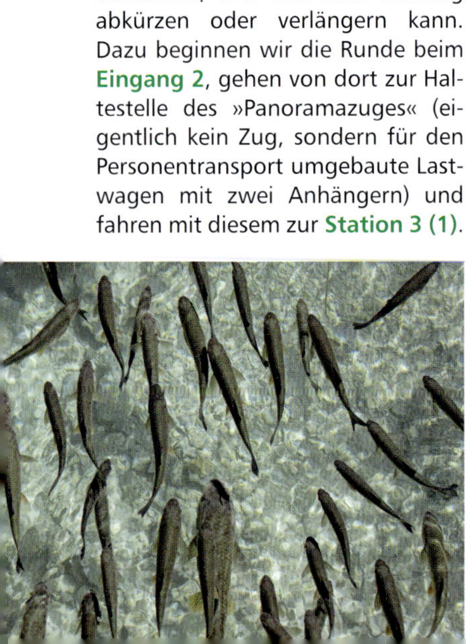

Hier passieren wir einen Imbisskiosk, halten uns links und folgen den Wegweisern mit den Buchstaben H und K. So gelangen wir zu einem Holzsteg, der am unteren Ende des obersten Sees auf die andere Seite führt. Drüben kommen wir an den ersten kleinen Wasserfällen vorbei und gehen am Hang entlang zur Abzweigung eines Wanderweges nach links. Bei der nächsten Gabelung kehren wir über einen Holzsteg zurück ans rechte Ufer. Drüben käme man links (Wegweiser C und E) wieder zur Station 3; wir nehmen den mit H und K beschilderten Waldweg an weiteren Wasserfällen vorbei bergab zum **Galovac-See (2)**. Hier geht es direkt am Wasser entlang zu einer weiteren Weggabelung, bei der wir unseren Zickzackkurs zwischen den Seen fortsetzen: Wir wandern weiter mit H und K beschildert über eine der vielen Kalksinterstufen, vorbei an mehreren Rastbänken, wieder ans linke Ufer. Dort führen die Wege C und E links flussaufwärts, während wir rechts bergab gehen. Der stellenweise künstlich aufgemauerte Weg bringt uns in Serpentinen steil bergab. Direkt neben einem Wasserfall kommen wir an den nächsten See, bei dem die Wege H und K wieder rechts und auf einem der meistbegangenen Stege des Nationalparks unterhalb des schönen Wasserfalls **Veliki Prštavac (3)** erneut auf das rechte Ufer zu führen. Es geht kurz über Stufen, am malerischen Wasserfall **Mali Prštavac** vorbei, zu einer weiteren Abzweigung. Wieder käme man rechts zurück bergauf zur Station 3; wir aber nehmen den Waldweg nach links bergab. Dieser

Fische tummeln sich in der Strömung direkt unter den Stegen.

Am Ufer des Galovac-Sees.

entfernt sich etwas vom Ufer und verläuft dann wieder an diesem entlang bergab zur **Anlegestelle Nr. 2 (4)** der Nationalpark-Boote.
Von dort kann man mit dem Boot entweder zur Anlegestelle 1 in der Nähe des Eingangs Nr. 2 zurückkehren, oder aber die Runde fortsetzen und dazu mit der anderen Fährlinie quer über den größten der Seen, den Kozjak, zur **Anlegestelle Nr. 3 (5)** fahren. Bei dieser gibt es eine große Wiese, zahlreiche Rastbänke, einen Souvenirladen und Imbissstände. Wir folgen, von der Anlegestelle aus gesehen nach rechts, dem asphaltierten Weg am Ufer, dann einem Fußweg neben dem Wasser, der wieder auf den Asphaltweg trifft. Auf diesem gehen wir kurz bergauf, dann bergab zu einer Holzbrücke über das hier durch einen breiten Schilfstreifen fließende Wasser ans rechte Ufer. Wir folgen dem Wegweiser H nach links, an einem überdachten Rastplatz vorbei. Auf einem steinigen Spazierweg geht es bergab zum nächsten See und ein längeres Stück am Ufer entlang. Dann führen wieder Stufen neben dem s-förmigen **»Milka Trnina«-Wasserfall** bergab zu einer Gabelung, bei der man rechts hinauf zur **»Schatzhöhle« (6)** gelangen kann – hier wurden einige Schlüsselszenen des Films »Der Schatz im Silbersee« gedreht. Man kann durch die Höhle hindurch hinauf zur Straße steigen und gelangt so auf kürzerem Weg zur Station 1 des Panoramabusses. Wir gehen aber nach Besichtigung der Höhle wieder zur Gabelung zurück und folgen dem Wegweiser H auf einem Holzweg um den **Kaluđerovac-See** herum. An der nächsten Abzweigung führt links ein Abstecher zum höchsten der Wasserfälle, dem 78 m hohen **Veliki Slap (7)**. Vom Weg dorthin hat man auch einen schönen Blick weiter flussabwärts in den Canyon der Korana, des Abflusses der Seen.
Zurück bei der vorigen Abzweigung nehmen wir wieder einen Holzsteg zum rechten Ufer und folgen einem gepflasterten Serpentinenweg hinauf auf die Schulter der Schlucht. Dort treffen wir auf einen Schotterweg, der links zum Eingang 1 und rechts zur **Station 1 (8)** des Panoramabusses führt, bei der sich auch Rastbänke und ein Imbissstand befinden. Von dort fahren wir zur **Station 2 (1)** zurück, an der wir die Runde begonnen haben.

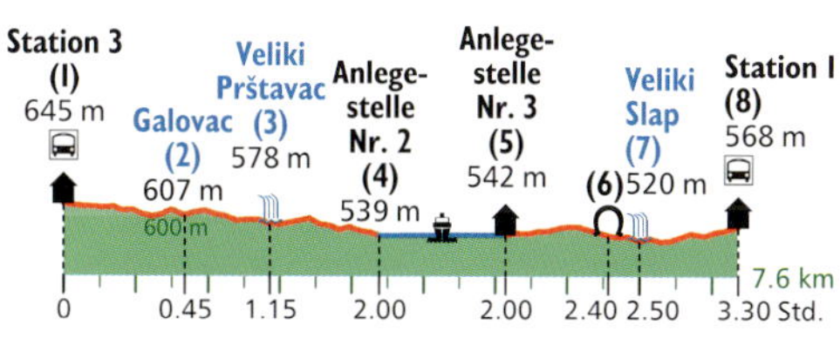

23 Bäriges Erlebnis

Nationalpark Nördlicher Velebit und Bärenzentrum ab 6 J.

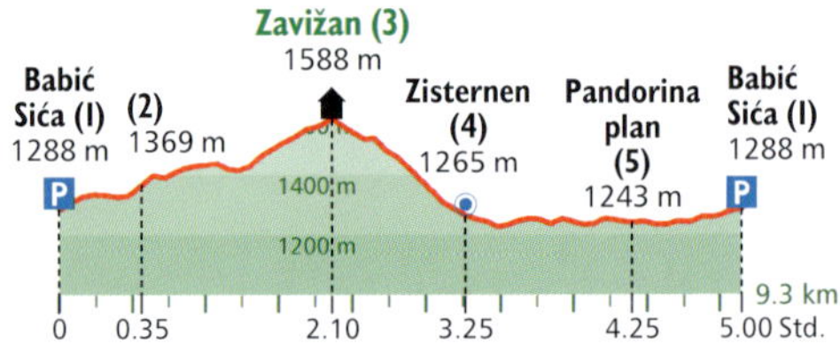

Der jüngste Nationalpark Kroatiens – erst 1999 wurde das Kernstück des seit 1981 bestehenden Naturparks Velebit zum Nationalpark erklärt – bietet viele wilde Landschaften, herrliche Ausblicke und einen großen Artenreichtum. Obwohl hier auch Bären in freier Natur leben, wird man sie als Wanderer auf unserer Runde über zwei Lehrpfade zur Berghütte Zavižan und zum Botanischen Garten Velebit wohl kaum zu Gesicht bekommen. Dafür bietet sich nach der Wanderung ein Besuch des Bären-Refugiums Kuterevo an, wo man die braunen Gesellen aus nächster Nähe beobachten kann (siehe »Hallo Kinder«).

KURZINFO

Ausgangspunkt: Nationalpark-Eingang »Babić Sića«, Parkplatz. Navi: N44.839788, E14.965669.

Anfahrt: Von der Küstenstraße D8 fährt man bei Sveti Juraj (10 km südlich von Senj) auf einer gut ausgebauten, aber kurvenreichen Nebenstraße Richtung Krasno (Wegweiser zum Nationalpark Sjeverni Velebit) bis zum Dorf Oltari. Kurz dahinter rechts gut beschildert zum Ende der Asphaltstraße beim Nationalpark-Eingang. Wer nur den Rundweg durch den botanischen Garten (Variante) gehen möchte, kann auch direkt bis zum Parkplatz unterhalb der Berghütte Zavižan fahren.

Anforderungen: Die Rundwanderung führt über relativ einfache und gut markierte, aber stellenweise steinige und auf kurzen Abschnitten auch steilere Wanderwege.

Ausrüstung: Richtige Bergausrüstung – vor allem festes Schuhwerk – ist für diese Wanderung unerlässlich. Nicht nur Sonnen-, sondern auch Regen- und Windschutz gehören unbedingt ins Gepäck. Das Wetter im Velebit-Gebirge ist recht unberechenbar, da hier mediterranes und kontinentales Klima aufeinandertreffen. Die Temperaturen sind bis zu 10 °C niedriger als an der Küste.

Altersgruppe: Ab 6 Jahren.

Gehzeit: 5 Std.

Karstfelsen wie aus dem Bilderbuch.

Weglänge: 9,3 km.
Höhenunterschied: 460 m.
Kosten: Für den Eintritt in den Nationalpark sind bei Einfahrt mit dem Auto pro Person 6 €, zu Fuß 4 € zu entrichten. Kinder unter 6 Jahre sind frei.
Varianten: Man kann sowohl für den Hinweg als auch für den Rückweg alternativ die geschotterte Forststraße wählen, die von Babić Sića zur Berghütte Zavižan führt. Diese weist nur geringe Steigungen auf und ist einfach zu begehen, wegen der weiten Serpentinen allerdings auch deutlich länger. Gehzeit 30 Min. pro Richtung länger. – Von der Berghütte Zavižan kann man bergab auf die kleine, weithin sichtbare Kapelle zugehen und kommt bei dieser nach rechts zum Eingang des botanischen Gartens. Hin und zurück je 15 Min., Rundweg durch den Garten ca. 1 Std. Wer bis zum Parkplatz unterhalb der Hütte mit dem Auto gefahren ist, folgt der Schotterstraße an der Kapelle vorbei zum Eingang des Botanischen Gartens. Gehzeit gleich wie ab der Hütte.
Einkehr: Die Berghütte Zavižan ist bewirtschaftet und täglich geöffnet.
Unterkunft: Auf der Berghütte Zavižan gibt es auch Übernachtungsmöglichkeiten (28 Betten, Voranmeldung ratsam, Tel. +385 53 614209); die nächsten Übernachtungsmöglichkeiten befinden sich an der Küste.

Am Parkplatz beim Rangerhaus in **Babić Sića (1)** beginnen zwei Wanderwege, die beide zur Berghütte Zavižan führen, und die zusammen eine schöne Rundwanderung ergeben. Wir nehmen den »Pfad der Wildtiere« für den Hin- und den »Weg der Menschen« für den Rückweg. Dazu folgen wir dem Wanderweg, der links oberhalb der Schotterstraße anfangs parallel zu dieser verläuft und sich dann immer weiter von ihr entfernt. Wir wandern durch dichten Wald und kommen an einer Infotafel über Bären vorbei. 200 m weiter führt ein breiterer Weg nach rechts zurück zur Straße; wir aber folgen der rot-weißen Markierung nach links. Erst flach, dann wieder steiler ansteigend kommen wir zur **Schotterstraße (2)**, die wir kreuzen und auf der anderen Seite auf einem Fußweg steil ansteigen. Wir passieren eine Infotafel über Spechte und, inmitten wilder Karstlandschaft, eine weitere über Wölfe. Unmittelbar hinter einer Infotafel über Rebhühner verlassen wir den Wald, gehen über eine Lichtung weiter bergauf und kommen wieder in den Wald. Nach einer weiteren Lichtung gabelt sich der Pfad. Hier nehmen wir den linken Weg Richtung Zavižan, der am Hang entlang weiter bergauf verläuft und eine markante Felsformation erreicht. Hier führt er durch ein natürliches Felstor hindurch, dann entlang des Felshanges und in einer

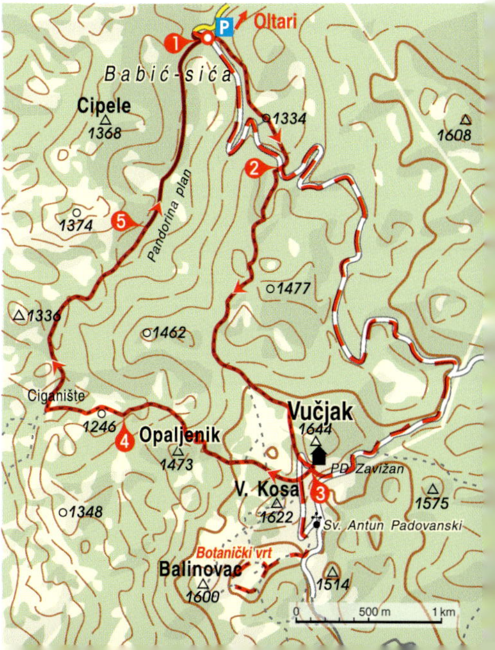

Lichtung am Aufstieg zur Hütte.

scharfen Kehre rechts hinauf. Wieder kommen wir auf eine Lichtung und zu einer Infotafel über Eulen, dann geht es nochmals in den Wald. Wir passieren einen Stall und ein Tiergatter und treffen dann auf eine Schotterstraße, die wir nach links bergauf gehen und nach wenigen Metern die herrlich gelegene **Berghütte Zavižan (3)** erreichen. Von der Terrasse der Hütte genießt man einen wunderschönen Ausblick über die Gipfel des Velebit-Gebirges. Man kann von hier aus auch die kleine Kapelle Sv. Antun Padovanski erkennen, die sich etwas unterhalb an einer Straßenbiegung befindet. Wer den Botanischen Garten besuchen möchte (Variante), steuert von der Hütte aus direkt auf die Kapelle zu. Wir wandern nun von der Berghütte über einen Pfad auf der Wiese bergab und kreuzen die Straße bei einem Wegweiser. Wir halten uns rechts und gehen am Abhang des Gipfels Velika Kosa bergab in eine Senke. An einer Infotafel über das Leben der Bauern vorbei kommen wir in den Wald, in dem wir im Zickzack weiter absteigen. Wir passieren zwei alte **Wasserzisternen (4)** und treffen kurz nach einer Infotafel an der Weggabelung »Ciganiste« auf einen anderen Weg, auf dem wir uns rechts halten. Weiter durch Wald und Karstlandschaft erreichen wir eine große, ebene Lichtung, auf der unser Pfad in einen Fahrweg übergeht. Bevor wir wieder in den Wald kommen, passieren wir eine Infotafel über dieses **Pandorina Plan (5)** genannte Hochtal. Wir folgen nun einem guten Fahrweg, der uns zuletzt nochmals kurz leicht ansteigend wieder zurück zur Asphaltstraße bringt, auf der wenige Meter rechts von uns der Parkplatz beim Nationalpark-Eingang **Babić Sića (1)** liegt.

Botanischer Garten Velebit

15 Minuten von der Berghütte Zavižan entfernt liegt im riesigen Karsttrichter Balinovačka ponikva der 1967 gegründete botanische Garten des Velebit. Auf einem 600 m langen Rundweg kann man viele der insgesamt rund 300 in diesem Areal wachsenden Gebirgspflanzen sehen. Einige davon sind in diesem Gebiet selbst heimisch, während die übrigen aus anderen Teilen des Gebirgsmassives hierher gebracht wurden. Unter den besonders geschützten Arten ist vor allem die endemische Velebit-Degenie zu nennen, die sogar auf den alten 50-Lipa-Münzen abgebildet war. Es gibt auch einen Weg, der über Steinstufen hinunter zum tiefsten Punkt der Senke führt sowie abzweigende Wege zu den umliegenden Berggipfeln. Der Eintritt ist frei; für den Besuch sollte man sich etwa eine Stunde (inkl. Hin- und Rückweg von der Berghütte 1.30 Std.) Zeit nehmen. Die besten Monate für den Besuch sind Juni und Juli, während im August viele der Pflanzen bereits verblüht sind.

Hallo Kinder,

obwohl es hier im Velebit noch eine größere Zahl von wild lebenden Bären gibt, werdet ihr höchstens mit etwas Glück Fußabdrücke von Meister Petz finden. Wenn ihr die pelzigen Riesen persönlich kennenlernen wollt, ist dies etwa eine Autostunde vom Nationalpark-Eingang Babić Sića entfernt möglich. In dem kleinen Dorf Kuterevo gibt es seit 2002 eine ausschließlich von freiwilligen Mitarbeitern betriebene Schutzstation für verwaiste Braunbären. Immer wieder werden in den Bergen und Wäldern im Hinterland Kroatiens kleine Bären aufgefunden, die ihre Mutter verloren haben und ohne fremde Hilfe das erste Jahr nicht überleben würden. Da diese Bären nicht lernen, für sich selbst zu sorgen, könnten sie in der Wildnis auch später nicht überleben und bleiben ihr ganzes Leben lang im Refugium, das mittlerweile aus vier großen, naturnahen und weitläufigen Gehegen besteht. Zurzeit lebt etwa ein Dutzend Bären im Refugium; zuletzt wurden auch die Bären Mirna und Viktor aus dem Zoo von Split hierher gebracht, wo sie ein besseres Leben genießen.

Besuch ganzjährig täglich möglich (allerdings von November bis Februar wegen der Winterruhe der Bären wenig sinnvoll). Infos gibt es im »Volunteers Blog« kuterevo.wordpress.com (englisch) oder auf der Seite der »Bärenfreunde Kuterevo« baerenfreunde-kuterevo.de (deutsch). Der Eintritt ist frei; da das gesamte Projekt aber nur durch Zuwendungen und Mitarbeit Freiwilliger finanziert wird, sollte eine Spende selbstverständlich sein. Es gibt im Bärenpark auch einen Infostand, einen Souvenirladen und einen Imbisskiosk.

Anfahrt: Von der Küste oder von Babić Sića kommend fährt man an der Abzweigung bei Oltari auf der Hauptstraße Richtung Otočac. Ab dem nächsten Ort Krasno Polje ist auch bereits Kuterevo ausgeschildert. Wer von der Autobahn A1 kommt, verlässt diese bei der Ausfahrt Otočac und fährt geradeaus (Wegweiser zum Nationalpark Sjeverni Velebit); auch aus dieser Richtung ist die Abzweigung nach Kuterevo ausgeschildert (Navi: N44.823369, E15.141536).

Die Bären in den Gehegen kommen gerne nahe an den Zaun heran.

24 Die Geheimnisse des Karstes

Unterwegs im Höhlenpark von Grabovača — ab 4 J.

Obwohl die Höhle Samograd bei Perušić zu den schönsten von Kroatien gehört und in unmittelbarer Nähe der Autobahn liegt, sind Besucher im »Höhlenpark Grabovača« derzeit noch eine Seltenheit. In dem Park, der eine enorme Dichte an Karstphänomenen wie Höhlen und Dolinen aufweist, wurde auch ein schöner Rundweg als geologischer Lehrpfad gestaltet. Auf diesem lernt man anhand mehrerer Schautafeln zu verstehen, wie die verschiedenen Landschaftsformen und Besonderheiten des Karstes entstanden sind. Er führt an mehreren Höhlen vorbei zu einem herrlichen Aussichtspunkt über das Tal des Flusses Lika.

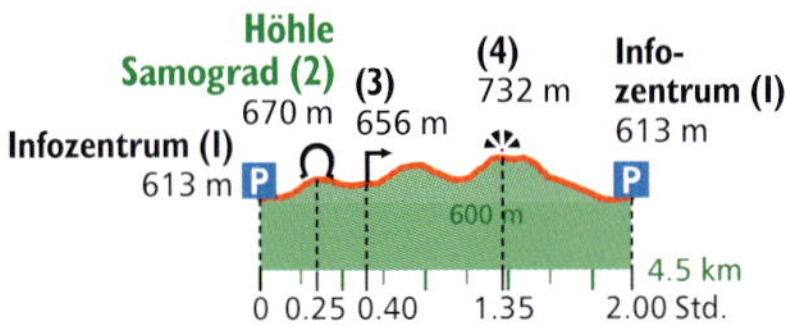

KURZINFO

Ausgangspunkt: Parkplatz beim Infozentrum des Höhlenparks Grabovača nahe Perušić. Navi: 53202 Perušić; N44.642842, E15.363740.
Anfahrt: Die Autobahn A1 bei der Abfahrt Perušić verlassen und in den Ort fahren. Dort auf der Straße Nr. 50 südwärts, im Zentrum der Beschilderung folgen.
Anforderungen: Der Lehrpfad verläuft auf schmalen, teilweise steinigen Wald- und Feldwegen. Der Abstieg in die Doline, in der sich der Höhleneingang befindet, erfolgt über Betonstufen mit Eisengeländer. In der Höhle selbst geht man über rund 400 in den Felsen gemeißelte und teilweise sehr glatte Stufen mit hölzernem Geländer, die über hundert Jahre alt sind.
Ausrüstung: Festes Schuhwerk und Pullover oder Jacke zum Drüberziehen. Die Temperatur in der Höhle beträgt ganzjährig nur etwa 8 °C. Da die Höhle nur spärlich beleuchtet ist, empfiehlt sich eine lichtstarke Taschenlampe.
Altersgruppe: Ab 4 Jahren.
Gehzeit: Je nach Kondition 1.30–2 Std.
Weglänge: 4,5 km.

Nikola-Tesla-Museum

Nicht weit von Perušić liegt das Dörfchen Smiljan, in dem einer der bedeutendsten Erfinder des 19. und 20. Jahrhunderts geboren wurde: Nikola Tesla (siehe »Hallo Kinder« Tour 31). Das Pfarrhaus, in dem er als Sohn eines serbisch-orthodoxen Priesters aufgewachsen ist, wurde zum Teil mit originalen Einrichtungsgegenständen zu einem sehenswerten kleinen Museum umgestaltet. Im neuen Infozentrum kann man sich einen Film über das Leben des Erfinders ansehen. In einer Hochspannungsspule werden von Tesla entdeckte physikalische Effekte vorgeführt. Auf dem Areal gibt es auch Picknicktische und einen Spielplatz.

Anfahrt: Wer vom Höhlenpark kommt, fährt wie unter »Badetipp« beschrieben hinunter zur Lika, überquert diese und folgt dann immer der Landstraße. In Smiljan gibt es Wegweiser zum Tesla-Geburtshaus.

Öffnungszeiten: Nov. bis März Di. bis Sa. 8–15 Uhr, So. 10–15 Uhr, April bis Okt. Di. bis Sa, 7–20 Uhr, So. 10–16 Uhr, Einlass jeweils bis 1 Std. vor Schluss.

Kosten: 7 € Erwachsene, 3 € Kinder über 7 Jahre, Familienkarte 11 €.

Informationen: mcnikolatesla.hr/en

Höhenunterschied: Rund 200 m.

Öffnungszeiten: April, Mai, Sept. und Okt. täglich 9–17 Uhr, Juli und August täglich 9–20 Uhr.

Kosten: Eintritt inklusive Führung für Erwachsene/Kinder (5–18 Jahre) Juni bis Aug. 13 €/8 €, Sept. bis Mai 10 €/6 €.

Hinweis: Die Besichtigung der Höhle ist nur mit Führung möglich. Üblicherweise geht man mit dem Führer gemeinsam vom Infozentrum zur Höhle. Nach der Besichtigung kann man auf eigene Faust den Rest des Rundweges gehen.

Bademöglichkeit: Am Fluss Lika ganz in der Nähe (siehe Badetipp S.136).

Einkehr: Beim Infozentrum sind nur Getränke, Kaffee, Eis und kleine Snacks erhältlich. Einkehrmöglichkeiten (Gasthäuser und Cafés) gibt es im Ort Perušić.

Unterkunft: Es gibt in Perušić weder einen Campingplatz noch ein Hotel, aber mehrere Vermieter von Privatzimmern und Apartments. Info bei der Tourismusorganisation Perušić Tel. +385 53 679233, tz-perusic.hr. Über die Autobahn ist man allerdings in weniger als einer Stunde an der Küste, wo es zahlreiche Quartiere und Campingplätze gibt.

Wir beginnen unsere Wanderung beim **Infozentrum (1)** des Höhlenparks mit Souvenirshop und WC, bei dem es auch einen Kinderspielplatz gibt, und bei der man sich für die Führung durch die Höhle Samograd anmelden muss. Die Tour verläuft zunächst über Wiesen, dann durch lichten Wald auf einem Fahrweg, zuletzt über Stufen steil den Hang hinauf. Man kommt zum in einer Doline gelegenen Eingang der **Höhle Samograd (2)**, die man nun besichtigen kann, und vor deren Portal sich auch ein Rastplatz befindet. Die Höhle ist etwa 500 m lang und be-

Aussichtspunkt über das Tal des Flusses Lika.

Badetipp

Unweit von Perušić gibt es am aufgestauten, tief eingeschnittenen Fluss Lika schöne Badeplätze: Wir fahren vom Höhlenpark etwa 1,3 km zurück bis zur Nebenstraße und halten uns links Richtung Rijeka Lika. Nach 3,3 km führt links eine gute Schotterstraße in den Wald, auf der wir nach 250 m einen Picknickplatz mit Infokiosk des Höhlenparks erreichen (Navi: N44.638857, E15.338452). Hier kann man je nach Wasserstand direkt unterhalb oder in einer schmalen Bucht ins Wasser. Für Nichtschwimmer ist nur die flache Bucht geeignet. Es gibt praktisch keine Strömung.
Ein zweiter Badeplatz liegt etwas flussabwärts am anderen Ufer. Man folgt der Straße weiter, bis 300 m hinter der Brücke über die Lika eine Schotterstraße scharf nach links und nach 600 m direkt zum Wasser führt. Bei niedrigem Wasserstand sind hier noch die Fundamente einer alten Steinbrücke zu sehen. Wenn ihr übrigens auf der Landkarte sucht, wo denn die Lika ins Meer mündet, so werdet ihr nichts finden. Die Lika ist ein typischer Karstfluss, der nur zu einem kleinen Teil oberirdisch fließt. Etwa 20 km nordwestlich von Perušić verschwindet der ganze Fluss unter der Erde!

steht aus fünf eindrucksvollen Sälen mit im Schein der Lampe glitzernden Tropfsteinen.
Nach dem Verlassen der Höhle wandern wir den ausgeschilderten Lehrpfad (Poučna staza) nach rechts. Dieser ist von zahlreichen Infotafeln (kroatisch/englisch) gesäumt. In einer Mulde kommen wir an einem schattig im Wald gelegenen Rastplatz vorbei. 300 m weiter halten wir uns bei der **Abzweigung (3)** eines anderen Lehrpfades rechts und gehen in stetigem Bergauf-bergab durch den Wald. Nach rechts kann man einen Abstecher zur tiefen Schlundhöhle Slipica machen, dann geht es ein längeres Stück bergab. Nach links zweigt ein Weg mit Wegweiser nach Sklopaća ab, wir aber bleiben immer auf dem Lehrpfad, von dem ein weiterer kurzer Stichweg zur Doline Tavica führt. Nun geht es wieder bergauf zu einer Weggabelung, bei der man sich einen 120 m langen Abstecher zu einem herrlichen **Aussichtspunkt (4)** über das Lika-Tal nicht entgehen lassen sollte.
Wieder bei der Gabelung wandern wir am Lehrpfad weiter, steigen noch ein Stück an und gehen dann kontinuierlich bergab durch den Wald, bis wir nahe der Höhle Samograd auf unseren Hinweg stoßen. Von hier kehren wir am bekannten Weg zurück zum **Infozentrum (1)**.

Über viele Treppenstufen steigt man von der Höhle wieder ans Tageslicht.

Auf den Spuren von Winnetou

Wanderung durch die Große Paklenica-Schlucht — ab 6 J.

Sportkletterern ist die Paklenica-Schlucht schon seit vielen Jahren ein Begriff, handelt es sich dabei doch um eines der ältesten und traditionsreichsten Klettergebiete Kroatiens. Alle anderen kennen die fantastische, wilde Naturlandschaft eher nur aus den Karl-May-Filmen der 1960er-Jahre, wo sie die Kulisse für zahlreiche Szenen abgab – Schilder entlang des Weges weisen auf die Drehorte hin. Eine spannende Wanderung führt durch die atemberaubend schöne Schlucht mit ihren senkrechten Felswänden und kleinen Wasserfällen hinauf zu einem Ausflugsgasthaus, und wer einen zusätzlichen Anstieg von 200 Höhenmetern nicht scheut, kann auch noch eine Tropfsteinhöhle besichtigen.

Abstieg von der Höhle Manita Pećina in die Paklenica-Schlucht.

Winnetou-Museum

Auf dem Gelände des heutigen Hotel Alan befindet sich ein unscheinbares Gebäude, bei dem es sich um eines der ersten »modernen« Motels an der jugoslawischen Küstenstraße handelte. Vielleicht wäre es längst abgerissen worden, hätte nicht in den 1960er-Jahren die gesamte Filmcrew der Karl-May-Verfilmungen hier genächtigt, inklusive Regisseuren und den Hauptdarstellern Pierre Brice und Lex Barker. Deshalb hat man das Motel zum »Winnetou-Museum« umfunktioniert. In mehreren Räumen sieht man nicht nur die Originalausstattung der Zimmer, in denen die Stars damals übernachtet haben, sondern auch eine große Zahl an Filmrequisiten von Kostümen bis zum Indianerkanu. Eine Sammlung von Fotos und Filmplakaten vervollständigt die Ausstellung.

Öffnungszeiten: April bis Oktober täglich 12–13 Uhr. Der Eintritt ist frei!

Navi: Ulica doktor Franje Tuđmana 101, 23244 Starigrad (N44.286879, E15.448391).

An mehreren Stellen kann man den Sportkletterern zusehen.

KURZINFO

Ausgangspunkt: Parkplatz am Ende der Zufahrtsstraße zur Paklenica-Schlucht. Navi: 23244 Starigrad; Parkplatz: N44.303458, E15.471018.

Anfahrt: Von der Küstenstraße D8 biegt man im Ort Starigrad-Paklenica beim Camp »Vesna« dem Wegweiser zum Nationalpark-Eingang folgend ab. Nach 1 km gibt es einen großen Parkplatz und eine Schranke; man kann aber gegen eine Gebühr von 2 € (4 € für Fahrzeuge über 5,5 m Länge) noch etwa 1,8 km weiter bis ans Ende der Straße fahren und dort parken.

Anforderungen: Die gesamte Tour verläuft auf breiten, teils aber steilen und steinigen Wanderwegen. Die Einstufung als »rote« Tour beruht auf der Länge der Wanderung und dem Höhenunterschied.

Ausrüstung: Leichtwanderschuhe, Sonnenschutz und auch im Sommer winddichte Jacke empfehlenswert (in der Schlucht kann es sehr windig werden). Für die Besichtigung der Höhle (Variante) unbedingt Pullover und Jacke mitnehmen – die Temperatur beträgt nur 9 °C!

Altersgruppe: Ab 6 Jahren.

Gehzeit: 3 Std.

Weglänge: 7,9 km.

Höhenunterschied: 260 m.

Kosten: Eintrittsgebühr für den Nationalpark Erwachsene/Schüler/Kinder (5–14 Jahre) Juni bis Sept. 10 €/7 €/5 €, März, April, Mai und Oktober 6 €/4 €/3 €, November bis Februar 4 €/3 €/2 €. Eintritt in die Höhle Manita Pečina oder ins Besucherzentrum zusätzlich jeweils 5 € Erwachsene, 2,50 € Kinder und Jugendliche bis 18 Jahre. Achtung, die Höhle ist im April nur Sa., Mai, Juni und Okt. Mo., Mi. und Sa., Juli bis Sept. täglich 10–13 Uhr geöffnet, das Besucherzentrum von Mai bis Sept. täglich 10–18 Uhr.

Varianten: Oberhalb der Schlucht liegt die Tropfsteinhöhle Manita Pečina. Für den Aufstieg auf dem markierten Weg muss man 45 Min., für die Besichtigung etwa 30 Min. und für den Abstieg abermals etwa 30 Min. einplanen. Der Weg zweigt deutlich beschildert beim Wegpunkt 3 ab und ist nicht zu verfehlen (3,5 km/200 Hm zusätzlich). – Wer die Tour erweitern möchte, kann von der Lugarnica (Wegpunkt 4) noch etwa 30 Min. weiter zur Berghütte Paklenica wandern (beschilderter Weg weiter am Fluss entlang; Rückweg etwa gleiche Zeit, 3 km/120 Hm zusätzlich). – Schließlich gibt es noch die Möglichkeit, vom oberen zum unteren Parkplatz auf einem schönen Waldweg auf der anderen Seite des Flusses zu wandern und zum Abschluss noch einen Lehrpfad zum Aussichtspunkt Paklarič über der Küste hinaufzusteigen (Weg entlang des Flusses 1,6 km bzw. 30 Min. pro Richtung, Aufstieg zum Aussichtspunkt hin und zurück insgesamt 1,5 km, 30 Min., 90 Hm).

Bademöglichkeit: In der Großen Paklenica-Schlucht trocknet der Fluss auch im Sommer fast nie aus. An mehreren Stellen gibt es kleine Wasserfälle und Becken, in denen man sich abkühlen kann.

Einkehr: Imbiss mit Getränkeverkauf im Infozentrum. Forsthaus Lugarnica am Wendepunkt der Tour. Berghütte Planinarski Dom Paklenica auf der Variante (1 Std. Gehzeit zusätzlich). Taverna Marasović an der letzten Straßenkreuzung vor der Schlucht und zahlreiche Lokale in Starigrad-Paklenica.

Unterkunft: In Starigrad-Paklenica gibt es mehrere Campingplätze, darunter das von der Parkverwaltung betriebene Camp Nacionalni Park.

Informationen: np-paklenica.hr/de.

Einer der vielen kleinen Wasserfälle.

Vom **Eingang des Paklenica-Nationalparks** (Schranke, Infokiosk und Kartenverkauf) kann man – wenn man früh genug am Morgen dran ist – mit dem Auto noch etwa 1,8 km weiter bis zum Ende der Asphaltstraße fahren. Später am Tag sind die Parkplätze am Straßenende alle besetzt, sodass man etwa 30 Min. pro Richtung zusätzlich einrechnen muss; statt auf der Straße kann man auch auf einem am anderen Flussufer parallel verlaufenden Waldweg gehen (siehe Varianten).

Am **Straßenende (1)** geht der Asphalt in einen steingepflasterten breiten Fußweg über, der am Talgrund zwischen senkrechten Felswänden und dem Bach verläuft. Wir passieren Holzschilder, die auf Drehorte aus den »Winnetou«-Filmen hinweisen, und einen in einem Stollen im Berg gelegenen Souvenirladen.

An den Felswänden sind zahlreiche Kletterrouten markiert, und es ist spannend, den Sportkletterern zuzusehen. Wer selbst auf den Geschmack kommt, findet auch die eine oder andere Stelle, wo Kinder in sicherer Höhe ein wenig herumkraxeln können.

An einer etwas breiteren Stelle des Weges befindet sich ein weiterer Stollen, in dem man ein Infozentrum über den Nationalpark eingerichtet hat und dessen Besuch man sich nicht entgehen lassen sollte. Der Ausgang befindet sich etwa 100 m weiter oben im Tal, und bei diesem gibt es auch einen Imbiss und Rastbänke im Freien davor. Ab hier wird der Weg steiler und wechselt über eine schmale Betonbrücke ans andere Flussufer. Es geht steil, immer noch mit Steinen gepflastert bergauf und nach wenigen Minuten wieder zurück ans andere Ufer. Direkt neben uns fließt der wilde Bach und bildet zahlreiche kleine und größere Wasserfälle. Riesige Felsblöcke liegen im Tal, das nun wieder etwas weiter wird. Unser Weg führt nun in mehreren Serpentinen bergauf zu einer Trinkwasserquelle, bei der sich auch mehrere Sitzbänke befinden. Gleich dahinter wird der Weg flacher, jenseits des Baches liegt eine große, ebene Wiese, und wir kommen zu einem Schild mit dem Namen dieses Hochtales, **Anića Luke (2)**, und der Höhenangabe 250 m.

Nun folgt ein fast ebenes Wegstück durch lichten Wald auf

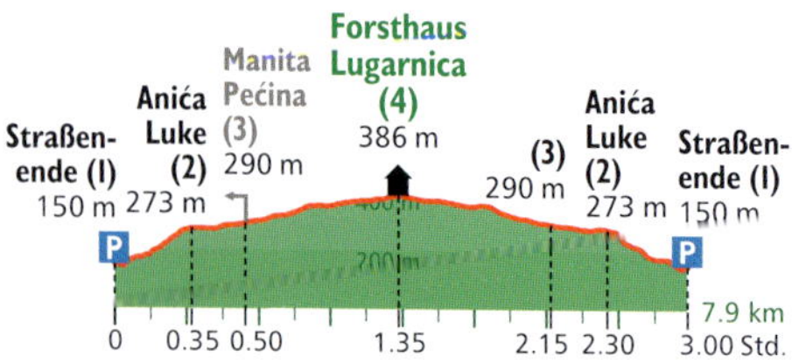

Hallo Kinder,

eigentlich hat Kroatien überhaupt nichts mit dem »Wilden Westen« Amerikas zu tun und sieht auch ganz anders aus, und dennoch: Bis heute denken viele Leute zuerst einmal an Cowboys und Indianer, wenn sie Bilder der wilden, abenteuerlichen Naturlandschaften im Hinterland der kroatischen Küste sehen. Wie kommt das? Begonnen hat es damit, dass der elfjährige Sohn des damals schon sehr bekannten deutschen Filmproduzenten Horst Wendlandt seinen Vater für die »Winnetou«-Geschichten von Karl May begeistern konnte, die dieser noch nicht einmal kannte. Auf der Suche nach geeigneten Drehorten für eine Verfilmung – nach Amerika zu fahren wäre viel zu teuer gewesen – wurde man im damaligen Jugoslawien fündig, und so entstanden von 1962 bis 1968 insgesamt elf Filme in den schönsten und wildesten Landschaften des heutigen Kroatien. Dass hier in der Paklenica-Schlucht einzelne Drehorte sogar ausgeschildert sind, liegt auch an der immer noch existierenden großen Fangemeinde, die sogar organisierte Reisen zu den Original-Drehorten ihrer Lieblingsfilme veranstaltet. Falls ihr hier also Leuten begegnet, die sich im Cowboy- oder Indianerkostüm fotografieren lassen oder Szenen aus den Filmen nachstellen, wundert euch nicht!

einem Kiesweg. Nach 400 m zweigt rechts ein Bergpfad zur Mala Paklenica-Schlucht ab, nach weiteren 300 m geht es an einer **Abzweigung (3)** mit Rastbank links bergauf zur Tropfsteinhöhle Manita Pećina (Variante). Wir bleiben jeweils auf dem Hauptweg, der nun großteils schattig im Wald am Talgrund verläuft. Bei einer Quelle führt der Hauptweg links kurz steiler bergauf, ausgeschildert in Richtung Berghütte (Planinarski Dom) und Lugarnica, während der gerade Weg blind endet. Wir passieren die Ruine einer alten Mühle und eine weitere Quelle, dann zweigt links ein Wanderweg Richtung Veliko Rujno und Njive ab. Nun sind wir fast am Ziel: 5 Min. später weist ein Pfeil auf einem Holzschild über eine breite Brücke hinüber ans andere Ufer, an dem wir weiter bergauf wandern und nach wenigen Metern das **Forsthaus Lugarnica (4)** sehen. Hier können wir an den schattigen Tischen im Freien direkt neben dem Wasser Platz nehmen und uns stärken, bevor wir dann am selben Weg wieder zurück zum Ausgangspunkt gehen.

Willkommene Abkühlung im Bach.

Dalmatien

Unter der Bezeichnung Dalmatien versteht man eine historische und geografische Region, die heute politisch gesehen keinen eigenen Status mehr besitzt. Der Name wurde zum ersten Mal von den Römern für eine ihrer Provinzen verwendet, und bis heute findet man hier zahlreiche Überreste aus römischer Zeit – am bekanntesten ist sicher der Palast des Kaisers Diokletian in Split (Tour 33). Danach folgten unruhige Zeiten: Byzantiner, kroatische Fürsten, Venezianer, Osmanen, Franzosen, Serben, Bosnier, Russen, Italiener, Ungarn, Österreicher – es gab kaum eine damalige europäische Großmacht, die nicht irgendwann im Lauf der Jahrhunderte versuchte, hier politisch oder militärisch Fuß zu fassen. Dazu kamen lokale Stämme von Piraten, die teilweise so mächtig wurden, dass sie von den Venezianern Tribut für die ungehinderte Durchfahrt zwischen den Inseln verlangen konnten, Unabhängigkeitsbestrebungen einzelner Stadtstaaten, Bündnisse und Abkommen. Eine halbwegs ausführliche Darstellung der wechselvollen Geschichte von Dalmatien würde ein ganzes Buch füllen, denn jede der Städte und Regionen hatte ihr eigenes Schicksal. Während Ragusa, das heutige Dubrovnik, über Jahrhunderte seine Unabhängigkeit und Eigenständigkeit bewahren konnte, wechselten die Herrschaftsverhältnisse in anderen Teilen des Landes oft mehrmals innerhalb eines Jahrzehnts. Heute entspricht Dalmatien in etwa den vier kroatischen Gespanschaften Zadar, Šibenik-Knin, Split-Dalmatien und Dubrovnik-Neretva sowie den montenegrinischen Gemeinden Herceg-Novi, Kotor und Tivat.

Geografisch gliedert sich Dalmatien in drei Teile: Norddalmatien mit den Städten Zadar und Šibenik ist durch ein viele Kilometer breites, flaches Plateau gekennzeichnet, das dem Hauptmassiv des Dinarischen Küstengebirges vorgelagert ist. Hier liegen mit dem größten Binnensee Kroatiens, dem Vransko Jezero (Tour 27), den nur per Boot erreichbaren Kornaten-Inseln und dem Nationalpark Krka (Tour 31) drei der schönsten landschaftlichen Kleinode der Region. Die vorgelagerten Inseln sind klein, lang gestreckt und verlaufen parallel zur Küste.

Im Gegensatz dazu sind die Inseln des mittleren Dalmatien groß und in Ost-West-Richtung gelegen: Šolta, Brač und Hvar bilden eine natürliche

In der Altstadt von Ston (Tour 38).

Die Festung Starigrad oberhalb von Omiš (Tour 34).

Barriere vor der Bucht von Split, während die südlichste der Inseln, Korčula, nur mehr durch einen schmalen Kanal von der süddalmatinischen Halbinsel Pelješac getrennt ist. Südlich von Split verengt sich der zu Kroatien gehörende Küstenstreifen auf nur etwas mehr als 20 Kilometer Breite. Hier befindet sich das einzigartig gelegene Städtchens Omiš (Tour 34) an der canyonartigen Mündung des Flusses Cetina. Südlich davon liegt mit der Riviera von Makarska ein Küstenabschnitt, der durch das extrem steil zum Meer hin abfallende, kahle, schroffe und wasserarme Biokovo-Gebirge gekennzeichnet ist. Auch dieses Karstgebirge steht als Naturpark unter Schutz und bietet nicht nur schöne Wanderungen, sondern auch einige der besten Aussichtsgipfel Kroatiens. Der höchste auf einer Straße mit dem Auto erreichbare Punkt des Landes befindet sich hier am Gipfel Sveti Jure (Tour 35).
Die Grenze zum südlichen Dalmatien bildet das breite Flussdelta der Neretva bei Ploče.
Historisches, wirtschaftliches und kulturelles Zentrum Süddalmatiens ist die UNESCO-Welterbestadt Dubrovnik. Von hier aus kann man schöne Ausflüge in die Stadt Ston (Tour 38) mit ihren langen Festungsmauern und der ältesten aktiven Saline des Mittelmeeres oder in den einzigen auf einer Insel gelegenen Nationalpark Kroatiens auf Mljet (Tour 37) unternehmen. Wer dem Touristenrummel in Dubrovnik entkommen möchte, findet auf der »verfluchten« Insel Lokrum (Tour 40) oder am herrlichen Aussichtsberg mit dem unaussprechlichen Namen Srđ (Tour 39) Gelegenheit dazu.

Die Strände Dalmatiens

Auch in Dalmatien ist die Auswahl an Stränden groß; praktisch in jedem der zahlreichen Badeorte gibt es auch Strände, die sich für Kinder der verschiedenen Altersgruppen eignen – flache Kiesstrände, meist eingebettet in felsige Buchten, in denen sich auch gut schnorcheln lässt. Je weiter man nach Süden kommt, desto zahlreicher werden auch die Sandstrände.

Strände im Raum Zadar

Die Hafenstadt Zadar selbst ist kein ausgesprochener Badeort, es finden sich aber auch hier einige sehr schöne und kinderfreundliche Strände. Der Strand **Borik** liegt nördlich des Jachthafens beim gleichnamigen Campingplatz. Südlich des Zentrums in der Nähe des Bahnhofs liegt der Sandstrand **Kolovare** unterhalb einer Grünfläche mit Bäumen, wo man an heißen Tagen im Schatten liegen kann und sich so einen Sonnenschirm sparen kann. Die schönsten Strände der Region befinden sich im 17 Kilometer von Zadar entfernten Ort **Nin** und erstrecken sich teils am Ufer, teils in Form von Sandbänken in der Lagune von Nin. Insgesamt sind die Strände über drei Kilometer lang, und es gibt mehrere Campingplätze, Strandbars und diverse Wassersportmöglichkeiten.

Zwischen Zadar und Šibenik

Entlang der recht flachen Küste finden sich mehrere Badeorte, die jeweils über längere kindergerechte Kiesstrände verfügen: **Sveti Filip i Jakov**, **Biograd na Moru** (beide mit schwimmenden Aquaparks), **Pakoštane**, **Pirovac** und **Vodice**. Als Alternative zum Meer bieten sich hier auch einzelne Badestellen am Süßwassersee Vransko Jezero (Tour 27) sowie im Bereich des Nationalparks Krka bei Skradin und beim Wasserfall Roški Slap (siehe Tour 31) an. Die schönsten Strände im Raum Šibenik befinden sich im Ferienresort **Solaris** südlich der Stadt (Tour 29).

Von Brodarica bis Split

Bildet die Küste weiter nördlich fast eine gerade Linie, so ist sie im folgenden Abschnitt wieder durch zahlreiche tief eingeschnittene, fjordartige Buchten gegliedert. Die Küstenstraße verläuft zwischen Primošten und Marina überhaupt im Landesinneren; hier gibt es auch keine Badeorte. Schöne Strände für Familien gibt es folglich nur in **Brodarica**, **Primošten** (Kiesstrand Velika Raduča im Zentrum), **Rogoznica** (direkt auf der Altstadtinsel) und **Marina**. In der Stadt Trogir selbst gibt es keinen Strand, wohl aber im Nachbarort **Seget Donji** und in **Okrug Gornji** auf der mit einer Brücke verbundenen Insel Čiovo, wo sich jeweils auch ein schwimmender Wasserpark befindet. Der schönste Strand in der Umgebung von Trogir ist **Pantan**, der direkt an der Einmündung eines kleinen Flusses liegt. Die Strände im Stadtgebiet von Split sind bei Tour 30 beschrieben. Ein sehr schöner Strand etwas außerhalb befindet sich im Ort **Stobreč** beim gleichnamigen Campingplatz.

Omiš und Makarska Riviera

Südlich von Split reiht sich ein attraktiver Badeort am Fuß der steil aufragenden Berghänge an den nächsten. Vom kleinen Ort Dugi Rat über den Badeort Duče bis zur Cetina-Mündung bei Omiš gibt es einen mehr oder weniger durchgehenden, nur durch Molen unterbrochenen Strand aus Sand und feinem Kies von drei Kilometern Länge; in Omiš selbst liegt der familienfreundliche, 700 Meter lange Sandstrand **Velika Plaža** (siehe Tour 34). In den Orten östlich von Omiš gibt es nur kleine, direkt bei den Ortschaften gelegene Kiesstrände. Mit dem Ort Brela beginnt die 45 Kilometer lange Makarska Riviera. Hier befindet sich der Strand **Punta Rata**, der einmal zum schönsten Strand der Adria gewählt wurde. Sein »Wahrzeichen« ist ein vorgelagerter, von Bäumen bewachsener Felsen, um den man auch herumschnorcheln kann. Schöne Strände finden sich auch in **Baška Voda**, **Zaostrog**, **Podaca** und **Gradac**. In **Brela**, **Makarska**, **Tučepi** und **Podgora** liegen Strände mit schwimmenden Aquaparks.

Die Inseln Brač, Hvar und Korčula

Auf der Insel Korčula gibt es wegen ihrer steilen Küsten nur wenige Strände. Mehrere schöne Sandbuchten gibt es bei **Lumbarda** am östlichen Ende der Insel, empfehlenswert und weniger überlaufen ist die Kiesbucht **Pupnatska Luka** an der Südküste nahe Pupnat. Auf der Insel Hvar gibt es jeweils mehrere flache Strände in der Stadt **Hvar**, in **Jelsa** und in **Starigrad**. Auf Brač liegen die meisten Strände an der Nordküste bei **Šupetar** oder **Postira**, der berühmteste Strand – vielleicht ganz Kroatiens – ist aber das »Goldene Horn« (**Zlani Rat**) bei Bol an der Südküste, ein rund 800 Meter langer Kiesstrand, der als Landzunge ins Meer hinausragt. In Bol und in Šupetar gibt es jeweils einen schwimmenden Aquapark.

Strände in Süddalmatien

Im Bereich der Hafenstadt Ploče und der Neretvamündung gibt es keine empfehlenswerten Strände (hier badet man besser an den Seen im Hinterland; siehe Tour 36). Erst südlich von Neum kann man wieder einen Badestopp einlegen: Empfehlenswert ist der Sandstrand bei **Prapratno** auf der Halbinsel Pelješac (siehe Tour 38). Auch im Ort Slano, das in einer tiefen und wellengeschützten Bucht liegt, gibt es einen schönen Strand beim Hotel **Osmine** drei Kilometer westlich des Ortszentrums und beim Campingplatz **Slađenovići**. Direkt in der Stadt Dubrovnik gibt es zwar eine Reihe von Stränden, vor allem auf der Halbinsel Lapad. In der Bucht »Copacabana« an der Nordküste gibt es auch einen schwimmenden Aquapark. Denjenigen, die etwas ruhigere Strände bevorzugen, empfehlen wir zum Baden aber die Insel **Lokrum** (siehe Tour 40), die man per Boot erreicht.
Südlich von Dubrovnik gibt es noch schöne flache Kiesstrände in den Orten **Srebreno** und **Cavtat**.

Am Strand von Prapratno.

26 Abwechslungsreiches Hinterland

Wandern und Baden an Krupa und Zrmanja

ab 8 J.

Warum ins Hinterland fahren, wenn es an der Küste Hunderte Kilometer an Badestränden und jede Menge Sehenswürdigkeiten gibt? Das denken offenbar die meisten Touristen, die zwischen Novigradsko More, Zadar und Šibenik Urlaub machen – und ahnen nicht, was ihnen entgeht. Hier kann man nicht nur ein vom Massentourismus noch verschontes Kloster besuchen und entlang der Krupa durch eine wildromantische Schlucht wandern, sondern auch noch direkt unterhalb traumhafter Wasserfälle schwimmen, was in den Nationalparks Krka (Tour 31) oder Plitvice (Tour 22) nicht gestattet ist.

KURZINFO

Ausgangspunkt: Kloster Manastir Krupa. (Navi: Manastir Krupa, 23450 Krupa, N44.192038, E15.887275)

Anfahrt: Von der Autobahn A1 kommend bei Ausfahrt 15, Maslenica, abfahren und der D54 zunächst Richtung Obrovac folgen. Im Ort Obrovac quert man den Fluss Zrmanja auf einer Brücke, fährt auf der D27 Richtung Knin den Berg hinauf und biegt an der folgenden T-Kreuzung links ab. Hier ist das Kloster Manastir Krupa bereits ausgeschildert. Im Ort Kaštel Žegarski fährt man links Richtung Krupa und folgt den Wegweisern zum Kloster.

Anforderungen: Im ersten Teil leichte, in der zweiten Hälfte etwas anspruchsvollere Wanderung auf schmalen, steinigen Pfaden.

Ausrüstung: Feste Wanderschuhe, eventuell Stöcke. Sonnenschutz, Badesachen und Trinkwasser.

Altersgruppe: Ab 8 Jahren.

Gehzeit: 3 Std.

Weglänge: 6,1 km.

Höhenunterschied: Unter 100 m.

Variante: Wer noch nicht müde ist, kann vom Wasserfall Radov Buk noch ca. 800 m weitergehen und kommt zu einer landschaftlich sehr reizvollen Stelle, an der sich die Schlucht gabelt und von rechts das Flüsschen Krnjeva einmündet. (30 Min. zusätzlich.)

Bademöglichkeit: Am Wendepunkt der Wanderung kann man ins Wasser gehen und zum Wasserfall schwimmen; wer sich nur etwas abkühlen möchte, findet dazu auch am Südende des Dammes beim Kloster Gelegenheit. Der schönste Badeplatz weit und breit befindet sich allerdings etwas entfernt an der Zrmanja (siehe Kasten Badetipp).

Hinweis: Sowohl beim Kloster Krupa als auch an der Zrmanja funktioniert mobiles Internet so gut wie gar nicht und Telefonieren nur sehr schlecht.

Einkehr: Auf der Wanderung keine; beim Badetipp mehrere Einkehrmöglichkeiten.

Unterkunft: Kleiner Campinplatz und mehrere Privatzimmer beim Restaurant Slapovi Zrmanje (siehe Badetipp), sonst keine in der Nähe. Am besten plant man diese Tour als Tagesausflug von der Küste.

Der Wanderweg führt die meiste Zeit direkt am Ufer entlang.

Kloster Manastir Krupa

Bis zum kroatischen Unabhängigkeitskrieg Anfang der 1990er-Jahre war das gesamte Hinterland von Zadar und Šibenik rund um die Städte Benkovac und Knin, die sogenannte Krajina, zu rund 80 Prozent von Serben bewohnt. Dementsprechend gibt es hier auch noch mehrere Klöster, die der serbisch-orthodoxen Kirche unterstehen. Während das Bekannteste davon, das Kloster Krka (siehe Tour 31), heute im gleichnamigen Nationalpark liegt und dadurch ein beliebtes Touristenziel ist, ist das Kloster Krupa kaum bekannt. Dabei handelt es sich um das älteste orthodoxe Kloster in Kroatien, das bereits 1317 erbaut wurde. Sieht man hier einmal ausländische Kennzeichen, handelt es sich fast ausschließlich um Pilger aus Serbien oder Bosnien. Im Inneren des Klosters gibt es ein kleines Museum mit Ikonen und kultischen Gegenständen. Sehenswert ist auch der kleine Klosterfriedhof im Südteil der Anlage mit uralten Grabsteinen.

Das uralte Kloster Manastir Krupa ist eine Oase der Ruhe inmitten unserer hektischen Gesellschaft. Irgendwo im Nirgendwo, weit abseits größerer Ortschaften im dünn besiedelten Hinterland am Oberlauf des Flüsschens Krupa gelegen, wirkt es wie aus der Zeit gefallen. Die Straße, auf der man hergelangt, ist schmal und kurvig, führt durch karge Landschaften, die an Wildwest-Filme erinnern, und man kann sich nicht so recht vorstellen, dass es hier sprudelnde Wasserfälle und üppiges Grün geben soll. Erst einen Kilometer vor dem Ziel senkt sich die Straße hinab ins Tal und führt auf einen einspurigen, von Mäuerchen begrenzten Steindamm über den hier in mehrere kleine Bäche aufgespaltenen Fluss Krupa. (An dessen Beginn gibt es einen Schotterweg nach rechts, der zum Wasser führt; zu einem möglichen Badeplatz.)
Am anderen Ende des Dammes – auf dem man nur an wenigen Stel-

Badeplatz direkt beim Gasthaus »Slapovi Zrmanje«.

len entgegenkommenden Autos ausweichen kann, aber zum Glück ist hier wenig Verkehr – liegt rechts eine Spiel- und Lagerwiese, dahinter am Berghang das Kloster. Links befinden sich die Klostermühle und weitere Wirtschaftsgebäude. Man parkt hier am Straßenrand und kann

dann entweder gleich das Kloster besuchen (das kleine, aber feine Museum befindet sich im Innenhof auf der rechten Seite) oder ein Stück auf einem Mäuerchen flussaufwärts zu der Stelle spazieren, an der der Mühlbach von der Krupa abzweigt.
Unterhalb des Klosters fließt der Fluss durch ein immer enger werdendes Tag mit steilen Felswänden, in das es nur an wenigen Stellen einen Zugang gibt. Auf unserer eigentlichen Wanderung wollen wir ein Stück weit in die Schlucht hineingehen, wobei der Weg das Ziel sein sollte – man muss nicht unbedingt bis zu dem im Folgenden als Wendepunkt beschriebenen Wasserfall gehen, wenn man vorher müde ist oder keine Lust mehr hat.
Vom Parkplatz beim Kloster **Manastir Krupa (1)** geht man die Asphaltstraße bergauf und folgt in der nächsten Rechtskurve der Straße einem rot markierten Wanderweg

An vielen Stellen kann man direkt unterhalb von Wasserfällen baden.

Badetipp

Einer der schönsten Badeplätze im Hinterland von Zadar befindet sich am Fluss Zrmanja, etwas unterhalb des Klosters Krupa, beim Ausflugsgasthaus »Slapovi Zrmanje«. Ausländische Touristen finden selten den Weg hierher, bei Einheimischen ist der Platz aber vor allem am Wochenende recht beliebt. Das Wasser der Zrmanja stürzt über mehrere Sinterterrassen auf einer Breite von rund 20 Metern in Form vieler kleiner Wasserfälle etwa acht Meter in die Tiefe, und sowohl oberhalb als auch unterhalb der Fälle gibt es schöne Badeplätze. Direkt unterhalb des Gasthauses gibt es ein an einem Baum befestigtes Trapez, mit dem man sich ins Wasser schwingen kann; viele Einheimische springen von der etwa fünf Meter hohen Brücke ins Wasser. Man findet am südlichen Ufer aber auch flachere Stellen zum Planschen für kleinere Kinder. Gute Schwimmer können von unten bis an die Wasserfälle heranschwimmen und die kleinen Höhlen erforschen, die sich dort hinter den Wasserstrahlen verstecken. Es gibt hier außer dem Ausflugsgasthaus (mit Terrasse über dem Fluss) mehrere Imbisslokale und einen Campingplatz.
Anfahrt: Von der Autobahn Richtung Obrovac, jedoch nicht in den Ort abzweigen, sondern auf der D54 bleiben. Wo diese in die D27 mündet, links Richtung Zagreb und nach 4 km rechts Richtung Muškovci fahren. Nun immer geradeaus, unter einem Druckrohr eines Kraftwerks hindurch, hinab ins Tal der Zrmanja. Navi: N44.198362, E15.768536.
Kosten: Der Badeplatz ist frei zugänglich. Wenn man keinen Parkplatz an der Straße mehr findet, muss man am kostenpflichtigen Parkplatz ein Stück oberhalb des Gasthauses parken (ca. 3 € pro Tag).

nach links, wo auf einem Stein »Kudin Most« angeschrieben ist. (Den ganzen Weg bis zu jener alten, osmanischen Steinbrücke zu gehen, ist nur sehr konditionsstarken Wanderern vorbehalten.) Wir wandern durch lichten Wald und treffen dann auf einen Karrenweg, auf dem wir links bergab gehen. Der markierte Weg verläuft durch Buschland und über Felder zu einem Bach, der auf Steinen gequert werden muss. Über Grasland geht es zum Ufer der Krupa und an diesem entlang, stellenweise entfernt sich der Weg auch wieder ein Stück vom Fluss. Man kommt zu einem aus Ästen gefertigten niedrigen Kuhzaun, den man übersteigen kann. Der Weg wird steiniger, quert drei Schotterfelder und führt an einer kleinen Höhle vorbei. Schließlich hört man es rauschen, der Wasserfall ist aber hinter Bäumen und Sträuchern verborgen. Ein Stück weiter kommt man über das steinige Ufer zum Wasser. Der Fluss ist hier breit und ruhig, man kann zum Wasserfall **Radov Buk (2)**, der sich im unteren Bereich in mehrere Fälle aufteilt, schwimmen. Zurück zum Kloster **Manastir Krupa (1)** geht es mangels Alternativen auf demselben Weg.

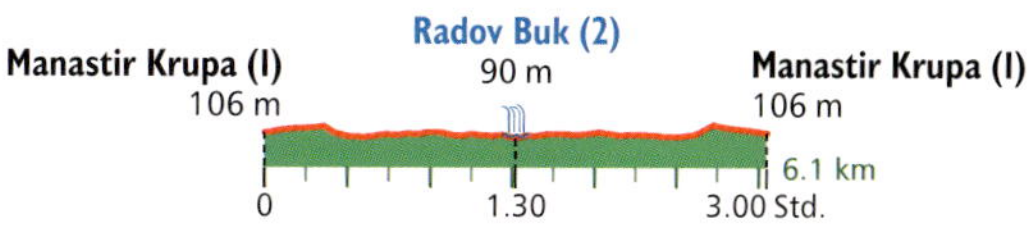

27 Am See Vransko Jezero

Naturparadies und Sehenswürdigkeiten ab 4 J.

Der Vransko Jezero ist der größte See Kroatiens und ein bedeutendes Vogelschutzgebiet mit großer Artenvielfalt. Obwohl er in unmittelbarer Nähe zum Meer liegt und zum Teil sogar unterirdisch mit diesem in Verbindung steht, handelt es sich um ein mit Süßwasser gefülltes Karstbecken. Innerhalb des Naturparks gibt es mehrere interessante kurze Pfade, die man entweder alle am selben Tag im Zuge einer Umrundung des Sees per Auto kennenlernen oder auch getrennt an verschiedenen Tagen besuchen kann.

KURZINFO

Ausgangspunkt: Vrana (Navi: Doktora Franje Tuđmana, 23210 Vrana; N43.954404, E15.549247), Pakoštane (Navi: 23211 Pakoštane; N43.913741, E15.510720) oder Pirovac (Navi: 22213 Pirovac; N43.820589, E15.671148).

Anfahrt: Von der Küste zwischen Zadar und Šibenik aus erreicht man Pakoštane oder Pirovac auf der Küsten-Magistrale. Wer über die Autobahn anreist, verlässt diese bei der Ausfahrt Benkovac, hält sich auf der D27 links und fährt dann nach 1 km rechts Richtung Pakoštane bis nach Vrana, wo man auf die Runde stößt.

Hallo Kinder,

im Dorf Vrana kann man gut von vergangenen Zeiten träumen. Nicht nur die Ruinen der alten Tempelritterburg auf dem Hügel nördlich der Straße sind sehenswert. Auch den vor wenigen Jahren renovierten Maškovića Han solltet ihr euch ansehen, denn er könnte direkt aus den Geschichten aus Tausendundeiner Nacht stammen. Das Wort »Han« bedeutet »Haus«, bezeichnet aber in diesem Fall eine alte türkische Karawanserei. Darunter versteht man eine mit Mauern befestigte Herberge oder ein Gasthaus an einer Karawanenstraße. Solche Karawansereien gab es im alten Orient alle 30 bis 40 Kilometer, was dem Tagesmarsch einer Handelskarawane entsprach. Der Han am See Vransko Jezero ist der westlichste Punkt eines Netzes von Karawanenwegen, das sich vom Kaukasus-Gebirge bis Nordafrika und von der Adria bis nach Afghanistan erstreckte. Im Erdgeschoss befanden sich die Stallungen für die Tiere, darüber die Gastzimmer der Reisenden. Manche der Herbergen waren einfach ausgestattet, und man musste sich Essgeschirr und Decken selbst mitbringen; andere waren für damalige Verhältnisse luxuriös und verfügten sogar über Bäder, Tee- und Kaffeestuben. Einmal im Jahr, im August, werden die alten Zeiten wieder zum Leben erweckt, und in Vrana finden die »Tage der Ritter« mit Schaukämpfen und mittelalterlichem Markt statt. Der Maškovića Han ist heute ein Hotel. Der Innenhof, ein kleines Museum, ein Restaurant und ein Café sind aber auch für Nicht-Hotelgäste zugänglich.

Am vogelkundlichen Lehrpfad bei Crkvine.

Anforderungen: Die Wege bei Crkvine und Prosika sind leicht; der Pfad vom Gipfel des Kamenjak zum Aussichtspunkt ist steinig und verläuft zum Teil über scharfkantige Steine.

Ausrüstung: Sonnenschutz und Trinkwasser. Für die Spaziergänge bei Crkvine und Prosika sowie die Besichtigung von Maškovića Han und Gradina reichen Sandalen, für den Kamenjak sind feste Schuhe empfehlenswert. Mit entsprechender Vorsicht ist aber auch dieser Weg mit Trekkingsandalen oder Leichtwanderschuhen begehbar.

Altersgruppe: Ab 4 Jahren.

Besuchsdauer: 1–2 Tage.

Gehzeiten: Crkvine 45 Min., Vrana 15 Min., Kamenjak 30 Min., Prosika 1.45 Std.

Weglängen: Crkvine 2,6 km, Vrana 0,5 km, Kamenjak 1,1 km, Prosika 5,2 km.

Höhenunterschied: Unwesentlich.

Streckenlänge: Gesamte Rundfahrt mit dem Auto ca. 50 km.

Kosten: Für den Naturpark Vransko Jezero wird eine Eintrittsgebühr von 5 € für Erwachsene, 2,50 € für Kinder (3–16 Jahren oder 12,50 € für Familien erhoben. Die Tickets gelten für alle drei Zugangspunkte Crkvine, Kamenjak und Prosika, deshalb die Eintrittskarten unbedingt den ganzen Tag aufbewahren!

Bademöglichkeit: Beim Infocenter Crkvine gibt es ebenso einen offiziellen Badeplatz am See wie in der Nähe des Ortes Drage (keine Infrastruktur wie Duschen oder Umkleiden vorhanden).

Einkehr: Imbiss am Aussichtspunkt Kamenjak sowie zahlreiche Lokale in Primošten, Pirovac und Drage.

Unterkunft: Das in einem schattigen Pinienwäldchen gelegene Autocamp Crkvine direkt am See verfügt auch über einen Minimarkt, eine Strandbar, einen Boots- und Fahrradverleih. Wer einen Campingplatz am Meer bevorzugt, der wird in Pakoštane oder in Pirovac fündig. Darüber hinaus gibt es an der Küste auch eine Fülle an Hotels und Privatquartieren (rivijera.hr).

Im Innenhof des Maškovića Han.

Wir beginnen unsere Rundtour um den Vransko Jezero am Nordwestende des Sees im Ort **Pakoštane (1)** und folgen der Straße Richtung Benkovac. Nach etwas mehr als einem Kilometer weist links ein Schild zur Ruine einer Kirche (Crkvine) **(2)**, zu der wir zu Fuß einen kleinen Abstecher machen können. Sehr viel ist davon allerdings nicht mehr übrig – wir werden später am Tag noch zu besser erhaltenen Ruinen kommen. Also setzen wir die Fahrt fort, allerdings nur für rund 800 m. Wir passieren den **Campingplatz Crkvine** sowie einen kleinen Kletterpark und parken unmittelbar dahinter rechts auf einem Parkplatz direkt beim Seeufer mit Infokiosk des Naturparks, bei dem man Tagestickets lösen kann. Hier beginnt ein **vogelkundlicher Lehrpfad (3)**, der als Holzsteg über dem Wasser durch den Schilfgürtel führt. Entlang des Weges gibt es mehrere Infotafeln, einen als Pfahlbau errichteten Beobachtungsstand und einen kleinen Aussichtsturm, von dem wir einen herrlichen Ausblick über den See mit seiner reichen Vogelwelt genießen

Am botanischen Lehrpfad Kamenjak.

können. Wir kehren dann am selben Weg zum Parkplatz zurück.

Wir setzen die Fahrt fort und kommen in den Ort **Vrana** – benannt nach dem kroatischen Wort für Krähen, von denen es im Gebiet rund um den See eine große Anzahl gibt. Die Hauptstraße biegt sich nach rechts, und wir kommen zu einem mit einer mächtigen Mauer umgebenen Gebäude rechts der Straße, vor dem wir parken können. Es handelt sich um die aus dem 17. Jahrhundert stammende westlichste Karawanserei des osmanischen Reiches, den **Maškovića Han (4)**.

Wenn man an der Abzweigung 50 m zurück bergauf geht, kommt man zum weitläufigen Areal der Ruine der **Festung Gradina**, deren ältester Teil im 9. Jahrhundert errichtet wurde.

Am Ortsende biegt sich die Hauptstraße wieder links bergauf, während wir dem Schild zum Aussichtspunkt (Vidikovac) Kamenjak folgend geradeaus fahren. Auf einer nun sehr schmalen Asphaltstraße geht es durch eine karge Landschaft zum Dorf Radošinovci, in dem wir in einer Linkskurve rechts abbiegen. Ein Schild weist zum Naturpark-Eingang Radošinovci und abermals zum Aussichtspunkt Kamenjak. Wir folgen dem beschilderten Verlauf der Straße, die zuletzt stark ansteigt und an mehreren Wegkreuzen vorbeiführt. Am Ende des Asphalts gibt es eine Parkmöglichkeit; man kann noch 150 m auf Schotter zu einem weiteren Parkplatz direkt am Gipfel des **Kamenjak (5)** weiterfahren oder das letzte Stück zu Fuß gehen. Auf dem weitläufigen Gipfelplateau befindet sich ein Informationskiosk, bei dem wir unsere Tickets vorweisen müssen. Es gibt einen Imbiss mit Kaffee, Getränken und lokalen Spezialitäten, Rastplätze und eine kleine Kapelle. Zwischen Kirche und Info-Point kann man einem bequemen

Kapelle am Kamenjak.

An der Südspitze des Sees.

Fußweg zu einem fantastischen Aussichtspunkt mit einem in Kinderhöhe montierten Fernglas (Münzeinwurf) folgen. Rechts der Kirche beginnt ein 200 m langer botanischer Lehrpfad zu einem weiteren Aussichtspunkt. Von beiden Punkten aus bietet sich ein herrliches Panorama des gesamten Sees und der Inselwelt vor der Küste; bei klarer Sicht sieht man bis zu den Kornaten.

Vom Kamenjak fahren wir auf derselben Straße zurück, müssen aber nicht nach Radošinovci, sondern biegen an der ersten T-Kreuzung rechts ab. Durchgehend auf Asphalt kommen wir, dem Straßenverlauf folgend, durch den Ort Donji Bakovići nach Gornji Bakovići, wo wir wieder auf die Hauptstraße treffen. Wir fahren weiter nach Südosten bis Banjevci und treffen bei einem Stoppschild auf eine breitere Straße, auf der wir Richtung Šibenik, Pirovac und Kašić nach rechts fahren. Nach ca. 10 Min. erreichen wir in Pirovac die Küsten-Magistrale und halten uns rechts Richtung Zadar.

3 km hinter dem Ortsende weist rechts ein Schild zum **Naturpark-Eingang Prosika**. Hier biegen wir ab und parken gleich nach wenigen Metern bei einem **Orientierungsplan (6)**. Zu Fuß gehen wir nach links und treffen nach 200 m auf einen im 18. Jahrhundert zur venezianischen Zeit aus dem Felsen gehauenen, über 800 m langen Verbindungskanal zwischen Meer und Vransko Jezero. An seinem Ufer wandern wir nach rechts und kommen zu einem Steinhaus mit **Infokiosk**. Nach links gelangen wir auf einer Holzbrücke über den Kanal und dann auf einem Dammweg zu einem etwa 100 m entfernten hölzernen **Aussichtsturm**. Danach kehren wir am selben Weg zum Infokiosk zurück, bei dem sich auch ein WC, Rastbänke und ein Anlegesteg für Bootsfahrten befinden.

Wir folgen dem Wegweiser Richtung Jugovir und Babin Školj entlang des flachen Ufers, wo man auch im See baden könnte. Wenige Minuten später kommen wir zum Jugovir, einer unterirdischen Verbindung zwischen Meer und See, durch die, abhängig von Wasserstand, Ebbe und Flut, das Wasser einmal in die eine, dann wieder in die andere Richtung strömt. 250 m halten wir uns an einer T-Kreuzung links und umrunden auf einem Dammweg die südlichste Spitze des Sees. Bei der nächsten Abzweigung weist das Schild eines Radwanderweges gerade weiter, während wir nach links Richtung Babin Školj gehen. Der Weg führt auf eine nur über eine schmale Landbrücke erreichbare Halbinsel und endet bei einem Haus; wenige Meter davor steht ein alter **Wachturm** aus venezianischer Zeit, von dem aus wir abermals einen schönen Blick auf den See genießen. Wir wandern am selben Weg zurück bis zum Radwegweiser und rechts über den Dammweg zur T-Kreuzung, bei der wir nun geradeaus weiter gehen. So gelangen wir in einer knappen Viertelstunde zurück zum Parkplatz neben der Magistrale.

Funpark Biograd

Ganz in der Nähe des Vransko Jezero, an der Straße zwischen Pakoštane und Biograd na Moru, befindet sich der bislang einzige Vergnügungspark Kroatiens. Auch wenn der Park nicht mit den »ganz Großen« wie einem Europapark in Deutschland oder einem Gardaland in Italien vergleichbar ist, bietet er doch für jeden Geschmack etwas und ist – zu verhältnismäßig günstigen Preisen – auf jeden Fall einen Besuch wert. Gegliedert in einen Western-, Weltraum-, und Piraten-Themenbereich gibt es neben einem Riesenrad, einem Autodrom und einem Kinderkarussell auch ein Horrorhaus, zwei Achterbahnen – eine davon sogar mit Looping – und eine Wasserbahn, bei der man garantiert nass wird. Das Zentrum des Parks bildet ein künstlicher See, auf dem man mit kleinen »Piratenschiffen« fahren und dabei mit Wasserkanonen auf die anderen Schiffe zielen kann. Die meisten Attraktionen können ab 10 Jahren benützt werden, aber es gibt auch genügend Fahrgeschäfte für die Kleineren und solche, bei denen auch Erwachsene und ältere Kinder auf ihre Rechnung kommen. Im Park gibt es natürlich auch diverse Imbissbuden und Restaurants. Mit Beginn der Saison 2023 soll neben dem Funpark auch ein Wasserpark, das »Dalmaland«, eröffnen, der das Angebot zusätzlich erweitert.

Anfahrt: Der Funpark Biograd liegt direkt an der Adria-Magistrale D8 zwischen Pakoštane und Biograd na Moru. Die Zufahrt ist beschildert, der Parkplatz ist kostenlos (Navi: N43.931953, E15.480960)

Kosten: Für Personen über 1,40 m Größe/1,00–1,40 m Größe und Senioren über 65 Jahre: Hauptsaison von Mitte Juni bis Ende August 29 €/25 €, Vor- und Nachsaison (Anfang Mai bis Mitte Juni und Ende August bis Ende September) 24 €/20 €. Kinder unter 1,00 m Größe sowie Kinder bis 12 Jahre haben an ihrem Geburtstag (Ausweis vorlegen) freien Eintritt.

Öffnungszeiten: In der Vorsaison 14–21 Uhr, in der Nachsaison 13–20 Uhr und in der Hauptsaison 16–22 Uhr geöffnet. Vor und Nachsaison nur an Sonn- und Feiertagen, in der Hauptsaison (fast) täglich; Öffnungstage laut Webseite. Preise und Öffnungszeiten für den Wasserpark Dalmaland waren bei Redaktionsschluss noch nicht bekannt.

Infos: funparkbiograd.com/en

28 Am Kanal des Heiligen Antonius

Spazierweg zum U-Boot-Bunker bei Šibenik ab 6 J.

Ein wenig unheimlich ist es im U-Boot-Bunker schon.

Die Stadt Šibenik (siehe auch S. 167) liegt geschützt in einer Meeresbucht, die mit dem offenen Meer durch einen rund 3 km langen, nur zwischen 150 und 200 m breiten natürlichen Kanal verbunden ist. Natürlich hatte dieser enge Meereszugang immer eine große strategische Bedeutung. Um die Einfahrt in den Hafen und weiter in den Unterlauf des Flusses Krka zu kontrollieren, haben die Venezianer auf einer vorgelagerten Insel eine mächtige Festung errichtet, die man mit dem Boot von Šibenik aus besichtigen kann. Den Weg am Südufer des Kanals hat man zu einem bequemen Promenadenweg ausgebaut, auf dem man nicht nur an den Überresten einer in den Fels gebauten, dem Namenspatron des Kanals, dem heiligen Antonius, geweihten Kapelle vorbeikommt, sondern auch an einem im Zweiten Weltkrieg von der deutschen Wehrmacht erricheten hufeisenförmigen U-Boot-Bunker, den man auf ganzer Länge durchwandern kann.

Blick vom Aussichtspunkt über den Kanal nach Šibenik.

Blick vom Boot auf die Altstadt von Šibenik mt Kathedrale und Festung.

KURZINFO

Ausgangspunkt: Parkplatz in der Bucht Uvala Panikovac am Beginn des Spazierwegs Sv. Ante (Navi: N43.722671, E15.888186).

Anfahrt: Von Šibenik oder der Autobahn kommend auf der Adria-Magistrale D8 Richtung Split. 100 m hinter dem großen Dalmare-Einkaufszentrum biegen wir rechts Richtung Mandalina ab. Beim ersten Kreisverkehr fahren wir links Richtung Zablače, 200 m weiter halten wir uns rechts (Schild »Kayaking Šibenik«, Sackgasse) und danach immer am Ufer entlang, bis nach rund 2 km links der gepflasterte Wanderweg beginnt.

Anforderungen: Leichter Spaziergang auf befestigten Wegen.

Ausrüstung: Leichtes Schuhwerk, Badesachen, Strandbekleidung, Sonnenschutz. Auch wenn der U-Boot-Bunker großteils von Tageslicht erhellt ist, kann eine Taschenlampe nicht schaden.

Altersgruppe: Ab 6 Jahren.

Gehzeit: Reine Gehzeit etwa 1.30 Std; 30 Min. zusätzlich für die Besichtigung des U-Boot-Bunkers.

Weglänge: 3,7 km.

Höhenunterschied: Unter 100 m.

Bademöglichkeit: In der Bucht beim Parkplatz oder unterhalb der Kapelle. Man kann auch auf dem Spazierweg weiter zu mehreren Badebuchten gehen.

Einkehr: Unterwegs keine.

Unterkunft: Zahlreiche Hotels, Appartements und Privatzimmer in Šibenik. Campingplätze gibt es in der Ferienanlage Amadria Park (siehe Tour 29), in Vodice westlich von Šibenik und in Brodarica südlich der Stadt.

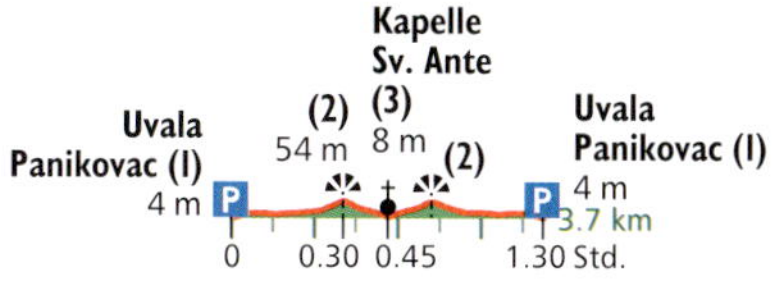

Abstieg vom Promenadenweg zum Bunker.

Von unserem Parkplatz an der Bucht **Uvala Panikovac (1)** folgen wir dem durchgängig mit Steinplatten gepflasterten Promenadenweg »Šetnica Svetog Antona« (am Beginn des Weges gibt es eine Orientierungstafel). Durch lichten Nadelwald gehen wir erst bergauf, dann ein Stück fast eben, dann wieder bergauf. Nach etwa 1,5 km erreichen wir einen **Aussichtspunkt (2)** mit schönem Blick über den Kanal. Es geht bergab, wieder bergauf und schließlich teils über breite Steinstufen in eine kleine Bootsbucht. Von hier führt ein kurzer, aber steiler Fußpfad hinauf zur verfallenen in den Berg gebauten **Kapelle Sv. Ante (3)**. Ebenfalls in der Bootsbucht beginnt ein kurzer Verbindungstunnel zu einer der beiden Einfahrten in den **U-Boot-Bunker**, die man sonst nur vom Wasser aus erreichen kann. Beide Einfahrten in den halbkreisförmigen Tunnel sind mit Drahtgittern versperrt, die jedoch nur verhindern

Festung Sveti Nikola

Eines der eindrucksvollsten Festungsbaumwerke an der gesamten Adriaküste ist die venezianische Festung Sveti Nikola, von der aus die Einfahrt in den Kanal des Heiligen Antonius und damit den Zugang zur Stadt Šibenik über Jahrhunderte bewacht wurde. Zusammen mit anderen Befestigungen aus derselben Epoche (Bergamo, Peschiera am Gardasee, Palmanova nahe Udine, Zadar und Kotor) wurde die Festung von der UNESCO als Teil des Weltkulturerbes anerkannt. Obwohl die gewaltige, fast symmetrisch in der Form einer Pfeilspitze angelegte Festung auch vom Festland aus erreichbar ist, kann man sie nur per Boot besichtigen. Die Touren starten direkt am Hafen von Šibenik (Abfahrtsstelle gegenüber vom Tourismusbüro, Adresse: Obala Dr. Franje Tuđmana 4) und beinhalten eine etwa halbstündige Hin- und Rückfahrt mit dem Boot durch den Kanal, auf der man auch den oben erwähnten U-Boot-Bunker und die Kapelle vom Wasser aus sehen kann. Für die Besichtigung der Festung mit ihren gewaltigen Gewölben und mächtigen Mauern hat man eine Stunde Zeit. Jeder Teilnehmer erhält ein Tablet mit Audioguide und Informationen zu den einzelnen Teilen der Festung. An einigen Punkten lassen sich auch Virtual-Reality-Darstellungen und ein interaktives Spiel aufrufen, sodass man einen sehr guten Eindruck davon bekommt, wie sich das Leben auf der Festung in früheren Zeiten abgespielt hat. Es werden je nach Saison 1–3 Fahrten zur Festung pro Tag angeboten. Der Fahrplan findet sich auf der Webseite (siehe Informationen).

Anfahrt: Am besten parkt man im Zentrum von Šibenik in der Poljana-Tiefgarage (Navi: Poljana, 22000 Šibenik, N43.734808, E15.893365) und geht von dort durch den Park hinunter zur Hafenpromenade.

Kosten: April, Mai und Oktober Erwachsene 13 €, Kinder 7–18 Jahre 10 €, Juni bis September Erwachsene 17,50 €, Kinder 13,50 €.

Informationen: Tel. +385 22 338343, kanal-svetog-ante.com

sollen, dass Boote hineinfahren. Zu Fuß kann man den Bunker auf einem ausreichend breiten Vorsprung mit verrostetem Handlauf an der Wandseite problemlos durchqueren. Bei hohem Sonnenstand ist es auch auf dem am weitesten von den Einfahrten entfernten Abschnitt nicht ganz dunkel, aber falls es den Kindern doch unheimlich wird, sollte man eine Taschenlampe dabei haben.

Wir kehren vom Tunnel zur Bootsbucht zurück und steigen wieder über die Steinstufen hinauf zum Promenadenweg. Wer möchte, kann auf diesem noch ein Stück nach Westen entlang des Ufers weitergehen. Zurück zum Ausgangspunkt in der **Uvala Panikovac (1)** gehen wir auf dem bekannten Weg.

29 Piratengolf und Wasserspiele

Spaziergang durchs Feriendorf Amadria bei Šibenik ab 3 J.

Aquapark Dalmatia.

Südlich der Stadt Šibenik liegt eine der schönsten Hotel- und Ferienanlagen der Adriaküste, das Amadria Park Resort. In einem Pinienwald auf einer weitläufigen Halbinsel befinden sich mehrere Hotels, ein Campingplatz sowie zahlreiche Freizeiteinrichtungen und Gastronomiebetriebe. Höhepunkte für Kinder sind dabei neben den familienfreundlichen Stränden vor allem der eigene Aquapark, das »Piraten-Minigolf« und das alte dalmatinische Dorf. Die gesamte Anlage ist nicht nur für Hotel- und Campinggäste, sondern auch für Tagesbesucher zugänglich.

Hallo Kinder,

eines ist sicher: Die Schiffe und die Kleidung der Narentaner und Uskoken – Piraten, die es an der kroatischen Küste früher wirklich gab – haben gewiss nicht so ausgesehen, wie man es am Minigolfplatz sehen kann. Das Bild von Piraten mit Augenklappe, Holzbein, Metallhaken statt einer Hand, Papagei auf der Schulter, abgerissener Kleidung und Schatzkiste entstand erst durch romantisierende Piratenromane in den letzten 200 Jahren – und noch mehr durch deren Verfilmungen – und bezieht sich ausnahmslos auf die »goldene Zeit« der Piraterie in der Karibik vom 16. bis zum 18. Jahrhundert. Im Mittelmeer gab es Piraten schon zur Zeit der Griechen und Römer, und in der Zeit zwischen 8. und 14. Jahrhundert waren manche Orte an der dalmatinischen Küste berüchtigte Piratenstützpunkte. Die Piraten von Omiš etwa waren einst so gefürchtet, dass die mächtige Venezianische Republik ihnen Tribut dafür zahlte, wenn sie ihre Schiffe unbehelligt passieren ließen. Im 16. und 17. Jahrhundert waren es die in Senj beheimateten Uskoken, die mit ihren kleinen und wendigen, in den »Todesfarben« Schwarz und Rot gestrichenen Booten den Türken und Venezianern in der Adria das Fürchten lehrten. Die Uskoken griffen nämlich meist dann an, wenn starke Bora herrschte. Ihre kleinen Boote trotzten dem Wind, während die großen Schiffe der Gegner sich nicht aus dem Windschatten sicherer Buchten wagen und dadurch nicht flüchten konnten. Erst 1617 wurden die Uskoken aus Senj vertrieben, womit die Ära der Piraten an der dalmatinischen Küste zu Ende war.

Im dalmatinischen Ethno-Dorf hat man auch eine Wassermühle nachgebaut.

KURZINFO

Ausgangspunkt: Parkplatz des Feriendorfs Amadria Park südlich von Šibenik. Navi: N43.698847, E15.888171.

Anfahrt: Von der Stadt Šibenik oder der Autobahn kommend fährt man auf der Adria-Magistrale D8 Richtung Primošten und Split. 1,5 km hinter dem großen Dalmare-Einkaufszentrum biegen wir rechts Richtung Zablaće und Solaris ab; die riesigen Wegweiser zu den Hotels kann man nicht übersehen. Die Straße führt direkt am Zaun der Ferienanlage entlang; gleich, nachdem man links den Aquapark sieht, befindet sich rechts die Einfahrt zum Parkplatz für Tagesbesucher. – Es gibt einen öffentlichen Bus, der mehrmals am Tag von Šibenik zum Amadria Park verkehrt.

Anforderungen: Leichter Spaziergang auf befestigten Wegen.

Ausrüstung: Badesachen, Strandbekleidung, Sonnenschutz.

Altersgruppe: Ab 3 Jahren.

Besuchsdauer: 1 Tag.

Gehzeit Wanderung: Ca. 1 Std.

Weglänge: 2,9 km.

Höhenunterschied: Keiner.

Öffnungszeiten: Mai bis August 10–19 Uhr, September 10–18 Uhr.

Kosten: Aquapark für Erwachsene/Kinder (90-120 cm): 35 €/17,50 €, Camping- und Hotelgäste 30 €/15 €, Kinder unter 90 cm gratis. Minigolf pro Spiel ca. 9 €, Kinder unter 6 Jahre 6 €.

Variante: Campinggäste beginnen die Runde nicht beim Haupteingang der Feriensiedlung, sondern gehen vom Campingplatz direkt am Strand entlang.

Hinweis: Im Areal des Feriendorfs verkehrt auch ein Touristenzug, mit dem man einen Teil der Strecke fahren kann.

Bademöglichkeit: Mehrere Strände mit Duschen und Umkleidemöglichkeit sowie Pools im Aquapark.

Einkehr: Entlang des Strandes gibt es mehrere Imbisslokale, Getränkekioske und Eisstände. Auch im Aquapark gibt es das übliche Fast-Food-Angebot, wobei hier meist mit sehr langen Wartezeiten zu rechnen ist. Wer gepflegter und in schöner Atmosphäre essen oder trinken möchte, sollte dies am besten im Ethno-Dorf machen. Hier gibt es mehrere Lokale mit unterschiedlichem Angebot (Fisch, Grillspeisen usw.).

Unterkunft: Am naheliegendsten ist der eigene Campingplatz des Feriendorfes, das Autocamp Amadria Park (Tel. +385 22 361 017, amadriaparkcamping.com).

Infos: www.amadriapark.com/de

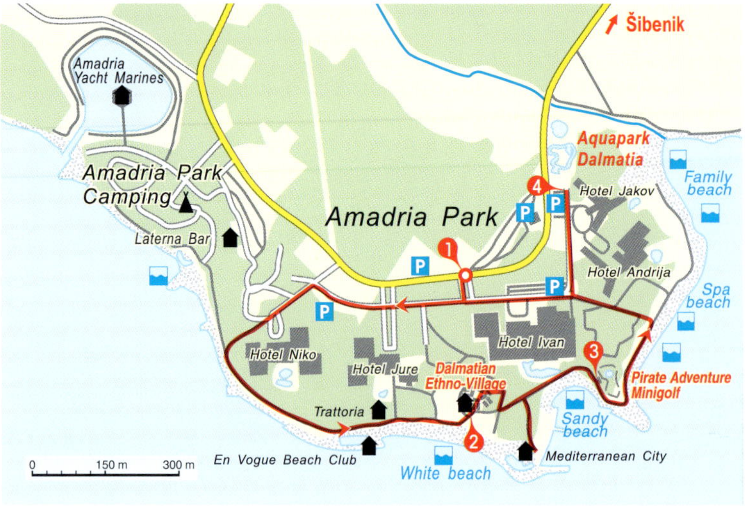

Vom Parkplatz gehen wir entlang der Straße bis zum **Haupteingang (1)** des Feriendorfes Amadria Park. Wir betreten die weitläufige Anlage und wenden uns auf der nächsten Straße nach rechts. An Sportplätzen und einem Busparkplatz vorbei folgen wir der Straße, die nach links und zum Hotel Niko führt. Dort gehen wir geradeaus weiter, rechts am Hotel vorbei, und treffen auf die **Strandpromenade**, auf der wir links gehen – von rechts kommt man, wenn man die Runde am Campingplatz beginnt.

Wir spazieren am hier vorerst noch steinigen Ufer entlang und kommen dann zum En Vogue Beach Club sowie zu einer Trattoria links neben dem Weg. Dahinter beginnt ein längerer Strandbereich mit Sonnenschirmen und Liegen, die man gegen eine Gebühr mieten kann. Dann entfernt sich der Promenadenweg etwas vom Ufer. Links von uns befindet sich das **Dalmatinische Ethno-Dorf (2)**, eine sehr liebevoll gestaltete Anlage, die eine Mischung aus Freilichtmuseum und Gastronomie bietet. Eine Bäckerei, eine Mühle, Gaststuben und Lagerräume sind alle im typischen alten Stil aus Naturstein nachgebaut worden, umgeben von Hausgärten mit Gemüse – ein komplettes Dorf mit allem, was dazugehört. Man kann hier einkehren oder sich einfach nur ansehen, was es im Ethno-Dorf alles zu entdecken gibt.

Rechts des Weges, an der Spitze einer Halbinsel, befindet sich die **Mediterranean City** mit mehreren Lokalen. In der halbrunden Bucht links der Halbinsel gibt es einen schönen Sandstrand.

Bäckerei im Ethno-Dorf.

Minigolfabenteuer im Piraten-Ambiente.

Wir schlendern weiter am Strand entlang und gelangen zum **»Pirate Adventure Minigolf« (3)**, der originellsten Minigolfanlage Kroatiens. Die 19 Bahnen befinden sich inmitten eines schattigen Wäldchens, das man sehr originell im Piraten-Ambiente gestaltet hat – inklusive kleinem See mit Piratenschiff und künstlichem Vulkan samt Licht- und Toneffekten. Da kann es schon mal passieren, dass man den Ball verfehlt, weil im Hintergrund gerade laute Kanonenschüsse krachen.

Wir folgen der Promenade noch ein Stück entlang eines lang gestreckten, breiten Kiesstrandes, dann halten wir uns bei einem Wegweiser links – geradeaus käme man zu einem weiteren Strandabschnitt – entfernen uns vom Ufer und gehen durch ein Wäldchen zwischen dem Hotel Ivan mit dem Wellnesszentrum und dem Familienhotel Andrija hindurch zurück zur Straße, auf der wir links zum Haupteingang kämen. Wir wenden uns aber nach rechts und folgen den Wegweisern zum Aquapark die Straße entlang.

Am Ende eines Parkplatzes befindet sich der Eingang zum Wasserpark. Auch wenn der **Dalmatia Aquapark (4)** im Vergleich zu den Parks in Istrien (Tour 7) wesentlich kleiner ist, bietet auch er alles, was man sich in einer derartigen Anlage erwartet: Es gibt eine große Liegewiese mit viel Schatten und einen Bereich mit Sonnenschirmen und Strandliegen, einen eigenen Kleinkinderbereich mit mehreren kurzen Rutschen in ein flaches Becken und einen schönen Strömungskanal (»Lazy river«), in dem man sich mit großen Plastikreifen treiben lassen kann. Herzstück des Wasserparks ist ein Spiel- und Kletterbereich mit fünf Rutschen, mehreren Wasserspritzen und unzähligen Fontänen und Wasserdüsen. Hauptattraktion ist aber ein riesiger Bottich an der Spitze des Spielgerüstes, der sich allmählich mit Wasser füllt und dann alle paar Minuten in einem riesigen Schwall über die darunter schon sehnsüchtig auf eine Mega-Dusche Wartenden ergießt.

Der Rückweg zum Parkplatz ist leicht zu finden; man kommt vom Ausgang des Aquaparks auf der Straße zurück zum Haupteingang und von diesem auf bekanntem Weg zum Auto. Wer vom Campingplatz kommt, kann auf der Straße innerhalb des Geländes geradeaus weiter zum Hotel Niko gehen, oder gleich links wieder zum Strand zurückkehren und an der Promenade entlangschlendern.

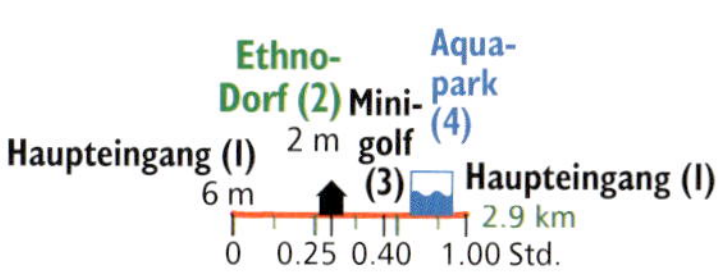

30 Besuch bei den Falken

Die Greifvogelstation bei Šibenik — ab 3 J.

Nur wenige Kilometer von Šibenik entfernt gibt es dank des Engagements zahlreicher Freiwilliger eine in Kroatien bisher einmalige Einrichtung: das »Sokolarski Centar« (Falknereizentrum), das sich dem Schutz der leider auch hier durch vielerlei Faktoren bedrohten Arten von Greifvögeln verschrieben hat. Ein Besuch im Zentrum ist spannend und lehrreich und nicht nur für die Kinder ein Erlebnis. Auch die Erwachsenen erfahren hier eine Menge Dinge, die sie über Falke, Adler, Uhu und Co. noch nicht gewusst haben.

KURZINFO

Anfahrt: Von der Autobahnabfahrt Šibenik kommend fährt man auf der Schnellstraße D33 Richtung Šibenik oder von Šibenik auf der Schnellstraße Richtung Autobahn bis zur Abfahrt Richtung Knin, Drniš und Dubrava. Von der Autobahn kommend rechts, von Šibenik kommend links Richtung Dubrava fahren und im Ort der Beschilderung (braune Wegweiser) zum Sokolarski Centar folgen. Achtung, die letzten 200 m der Zufahrt führen als schmaler Fahrweg durch einen Wald! Keine Parkmöglichkeit für große Wohnmobile. Gegebenfalls an der letzten Kreuzung davor parken und ca. 10 Min. zu Fuß gehen.
Navi: 22000 Dubrava kod Šibenika; N43.727268, E15.955623.
Ausrüstung: Leichtes Schuhwerk und Freizeitkleidung.
Altersgruppe: Ab 3 Jahren.
Öffnungszeiten: Mai bis Oktober täglich 9–19 Uhr.

Hallo Kinder,

was sind eigentlich Greifvögel? Die Bezeichnung haben wohl alle schon einmal gehört, aber welche Vögel gehören da wirklich dazu? Ganz klar werden euch dazu wahrscheinlich Adler einfallen, aber auch Geier, Habichte und Bussarde. Und die Falken? Die sind ein Beispiel dafür, dass im Tierreich Lebewesen, die aus ganz unterschiedlichen Familien stammen, sehr ähnliche Merkmale haben können, wenn sie sich an eine ähnliche Lebensweise angepasst haben. Die Falken, die über Jahrhunderte ganz selbstverständlich zu den Greifvögeln gezählt wurden, sind eigentlich näher mit Papageien als etwa mit Adlern verwandt – allerdings konnte man das erst in den letzten Jahrzehnten mithilfe moderner genetischer Untersuchungen feststellen. Bis ins 19. Jahrhundert sprach man anstatt von »Greifvögeln« allgemeiner von »Raubvögeln« und zählte auch noch die Eulen dazu. Dass diese aber mit den übrigen Greifvögeln gar nicht näher verwandt sind, hat man schon Ende des 19. Jahrhunderts erkannt. Im »Sokolarski Centar« bei Dubrava habt ihr im Übrigen Gelegenheit, alle drei Familien zu sehen, sowohl einen Uhu – die größte Eulenart überhaupt – als auch Falken und Adler.

Der große Uhu ist der eindrucksvollste Vogel im Zentrum.

Kosten: Eintritt inklusive Vorführung für Erwachsene ca. 6 €, für Kinder ca. 4 €.
Besuchsdauer: Etwa 2 Std.; die Vorführung selbst dauert 45 Minuten.
Hinweis: Die Mitnahme von Hunden ist nicht möglich!
Einkehr: Im Falknereizentrum gibt es kleine Imbisse, Getränke, Kaffee und Eis.
Unterkunft: Die Campingplätze bei Šibenik (Tour 28) und in Skradin (Tour 31) sind annähernd gleich weit entfernt.
Informationen: Sokolarski Centar Dubrava, Tel. +385 91 5320067, sokolarskicentar.com.

Das »Sokolarski Centar« in einem kleinen Wäldchen am Rand des Ortes Dubrava bei Šibenik ist bislang die einzige Einrichtung in Kroatien, die sich speziell dem Schutz und der Erforschung von Greifvögeln verschrieben hat. Auch nach über 30 Jahren Engagement für die Sache ist dem Projektleiter, Emilio Menđušić, die Begeisterung für diese edlen, faszinierenden Vögel immer noch anzumerken.

Dabei war das Zentrum ursprünglich gar nicht als touristische Attraktion konzipiert. In erster Linie – und das ist auch heute noch die primäre Aufgabe der Einrichtung – sollten hier verletzt aufgefundene Greifvögel medizinisch versorgt und gesund gepflegt werden. Tierärzte und Pfleger sowie zahlreiche ehrenamtliche Helfer unterstützen das Zentrum, das auch eine 24-Stunden-Telefonhotline betreibt, unter der man den Fund eines verwundeten Vogels melden kann. Weitere Ziele, die man sich selbst gesetzt hat, sind die Erstellung einer DNA-Datenbank und eines Online-Atlas von Vogelfedern. Im eigenen forensischen Labor wird versucht, bei tot aufgefundenen Vögeln die Todesursache herauszufinden, um einerseits auf Gefahren und Bedrohungen für die

Vögel – z. B. durch Verkehr, Stromleitungen usw. – aufmerksam zu machen, und anderseits Beweise zu sichern, um gegen illegale Jagd und Wilderei vorgehen zu können.

Dementsprechend ist das Zentrum auch kein Zoo im eigentlichen Sinn mit Käfigen, zwischen denen man herumgehen kann. Stattdessen spürt man, dass hier sämtliche Mitarbeiter mit Begeisterung bei der Sache sind. Es gibt auch keine »Flugschau«, wie man sie anderswo vielleicht zu sehen bekommt. Die Mitarbeiter der Einrichtung führen die Besucher herum, zeigen ihnen die Vögel, die sich im Freien, nicht in Käfigen, befinden, und beantworten gerne alle Fragen. Bei der anschließenden Vorführung erfährt man viel Interessantes über die verschiedenen Arten von Vögeln – und so manches ist nicht nur für die Kinder neu, sondern auch den Erwachsenen unbekannt! Die verschiedenen Tiere werden den kleinen und großen Besuchern nicht nur gezeigt, sondern fliegen direkt über deren Köpfe hinweg und können zum Teil auch von ihnen gefüttert werden.

Unser Tipp: Man sollte die Greifvogelstation nach Möglichkeit früh am Tag gleich nach der Öffnung besuchen, denn, je weniger andere Besucher da sind, desto eher kommt man in den Genuss einer »persönlichen« Vorführung. Es gibt nämlich keine Mindestzahl für diese Erklärungen und Vorführungen; wenn keine anderen Gäste da sind, nehmen sich die Mitarbeiter auch für eine einzelne Familie Zeit, um alles zu erklären und zu zeigen. Dann hat man auch die Gelegenheit, Falken zu füttern und sogar selbst fliegen zu lassen.

Die Greifvögel selbst zu füttern ist der Höhepunkt des Besuches.

Blick von der Strandpromenade zur Festung von Šibenik.

Šibenik

Lust auf etwas Kultur im Anschluss an den Besuch im Falknereizentrum? Die Altstadt von Šibenik ist auf jeden Fall einen Besuch wert. Einen Besuch der **Kathedrale**, die dem hl. Jakobus dem Älteren geweiht ist, sollte man sich nicht entgehen lassen. Sie gilt nämlich als das bedeutendste Bauwerk aus der Renaissancezeit in Dalmatien. Was selbst Laien daran gleich auffallen wird, ist die ungewöhnliche Form des Daches: Es gibt keine Ziegel, keinen Dachstuhl, keinen Giebel – denn das ganze Dach besteht ebenso wie die Kuppel ausschließlich aus fein säuberlich behauenen und zu einem Gewölbe zusammengefügten Steinquadern! In dem gesamten Bauwerk wurde kein einziger hölzerner Balken eingebaut, die Kirche, an der man über hundert Jahre von 1431 bis 1535 gebaut hat, besteht ausschließlich aus Stein. Sie befindet sich im Zentrum der Altstadt. Eintritt 2 €; geöffnet 8.30–20 Uhr (im Winter 12–16 Uhr geschlossen). – Von dem Platz vor der Kirche aus erreicht man in wenigen Minuten über Stufen und steil ansteigende Gassen die **Festung St. Michael** von Šibenik, von der aus sich ein schöner Ausblick bietet. Eintritt Erwachsene 10 €, Kinder (7–18 Jahre) Familien 23 €; geöffnet 9–19 Uhr, von Juni bis September 8–20 Uhr. Entspannen kann man auf der schönen **Strandpromenade**, an der es auch gleich unterhalb der Kathedrale einen Kinderspielplatz gibt, oder direkt am Rückweg von der Festung im **Mittelalterlichen Garten**: Im Hof eines alten Klosters befindet sich als Oase der Ruhe inmitten der lebhaften Stadt ein kleiner, aber sehr schön angelegter botanischer Garten mit Mittelmeerkräutern; auch ein Café-Restaurant gibt es hier, in dem man einkehren kann. Geöffnet im Winter 9–16 Uhr, während der Sommermonate (ab Ostern) 8–23 Uhr. – Ebenfalls unter »klein, aber fein« fällt das in einem Altstadthaus östlich der Kathedrale gelegene Aquarium Šibenik (in der Straße Kralja Tomislava 15a), dessen Besichtigung (ca. 30 Min.) eine willkommene Abwechslung bietet. Eintritt: Erwachsene ca. 5 €, Kinder (6–10 Jahre) ca. 4 €; geöffnet von Juni bis September 10–21 Uhr.

31 An den Wasserfällen der Krka

Besuch im Nationalpark bei Šibenik

ab 3 J.

In der Höhle wird auch das Leben in der Steinzeit dargestellt (Tour 31a).

Ebenso schön, ebenso bekannt – und damit zur Hochsaison ebenso stark besucht – wie die Plitvicer Seen (Tour 21) präsentiert sich der Nationalpark Krka. Der ganzjährig reichlich Wasser führende Fluss bildet in seinem Verlauf zwischen Knin und Šibenik in einer engen Schlucht eine Kette von Wasserfällen und Seen, deren unterster sich bereits mit dem Salzwasser des Meeres vermischt. Aufgrund der größeren Entfernung zwischen den Wasserfällen beschreiben wir hier zwei getrennte Touren, die aber auch problemlos am selben Tag begangen werden können und gänzlich andere Eindrücke vermitteln. Weitere Ziele innerhalb des Nationalparks sind auch bei Tour 32 beschrieben.

Baden direkt unterhalb der Wasserfälle ist inzwischen nicht mehr erlaubt.

a) Roški Slap und Oziđana Pećina

KURZINFO

Ausgangspunkt: Parkplatz beim Nationalpark-Eingang Roški Slap.
Navi: N43.904147, E15.977392.
Anfahrt: Von der Autobahn-Abfahrt Šibenik auf der Straße D33 Richtung Knin, Drniš und NP Krka. Nach 27 km in Drniš bei der Ampel geradeaus weiter Richtung Roški Slap. Die Straße führt über eine weite Hochebene und dann unvermittelt in Serpentinen in eine tiefe Schlucht hinunter. Am tiefsten Punkt unmittelbar vor der Brücke beim Kassenhäuschen parken.
Anforderungen: Leichte Rundwanderung auf breiten Spazierwegen. Der Aufstieg zur Höhle Oziđana Pećina erfolgt auf Holztreppen.
Ausrüstung: Sandalen oder Sportschuhe sind ausreichend. Sonnen- und Regenschutz, Trinkwasser, Badesachen.
Altersgruppe: Ab 3 Jahren.
Gehzeit: 1.20 Std; ohne Abstecher zu den Mühlen 20 Min. weniger; ohne Aufstieg zur Höhle 30 Min. weniger.
Weglänge: 2,5 km, ohne Abstecher zu den Mühlen 700 m weniger; ohne Aufstieg zur Höhle 800 m weniger.
Höhenunterschied: Am Rundweg keiner, Aufstieg zur Höhle 100 m, Abstieg zu den Mühlen 30 m.
Kosten: Eintrittspreis Erwachsene/Kinder (7–18 Jahre) für den gesamten Nationalpark Nov. bis März 7 €/4 €, April, Mai und Okt. 30 €/15 €, Juni bis Sept. 40 €/28 €. Wer nur den Roški Slap besuchen möchte, kann auch ein ermäßigtes Ticket kaufen (12 €/8 € im März, April und Okt. 20 €/12 € von Juni bis Sept.), das nur hier gültig ist. Bootsfahrten vom Roški Slap zum Kloster Krka und zum Skradinski Buk sind extra zu bezahlen; Info beim Kiosk.

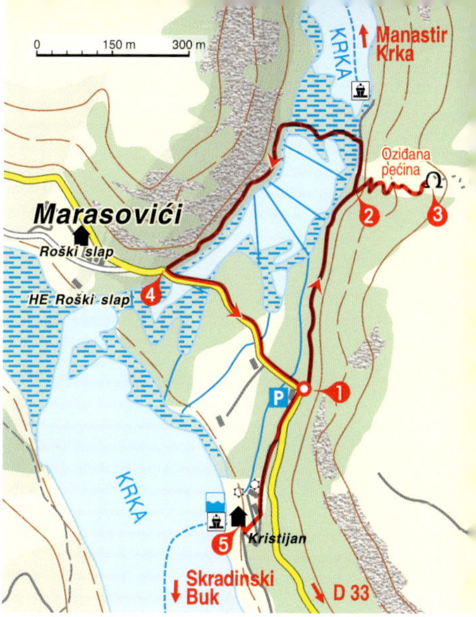

Bademöglichkeit: Unterhalb der Fälle bei der Taverne Kristijan befindet sich eine der wenigen Stellen im Nationalpark, wo das Baden noch erlaubt ist.
Einkehr: Auf der anderen Seite des Flusses etwa 150 m die Straße hinauf liegt das Hotel-Restaurant Roški Slap (tägl. geöffnet, Tel. +385 95 5692176). In die andere Richtung bei der Bootsanlegestelle Richtung Skradinski Buk der Agrotourismusbetrieb Kristijan (ab Mittag geöffnet).
Unterkunft: Keine in unmittelbarer Nähe. Es bieten sich die Campingplätze bei Skradin (siehe Tour 31b) an.
Informationen: Auch über Öffnungszeiten (je nach Parkeingang und Monat unterschiedlich) unter np-krka.hr/en/ (nur englisch), Tel. +385 22 201777.

Vom Parkplatz mit dem **Infokiosk (1)** gehen wir in Richtung der Straßenbrücke über die Krka und nehmen vor dieser die mit einem Wanderwegsymbol markierte Schotterstraße, die nach rechts abzweigt. Wir passieren hinter der Ruine eine Mühle und folgen dann einem Fußweg zwischen dem Mühlbach zu unserer Linken und Felswänden zur Rechten. Der idyllische Weg führt an mehreren Rastbänken, Infotafeln und einem kleinen Wehr vorbei. Gleich dahinter **(2)** zweigt

Blick auf die Krka am Aufstieg zur Höhle Oziđana Pećina.

nach rechts bergauf der Weg zur Höhle Oziđana Pećina ab, den man sich nicht entgehen lassen sollte – alleine schon wegen des wirklich spektakulären Zustieges, der über wie Schwalbennester am Felsen hängende Treppenaufgänge führt. Die erst im Jahr 2014 für Besucher geöffnete **Oziđana Pećina (3)** selbst ist nicht sonderlich groß, man hat sie aber nicht nur mit Schautafeln, sondern auch mit Darstellungen des Lebens von Höhlenmenschen interessant gestaltet – Archäologen fanden hier neben Resten von Keramik zwei 6000 Jahre alte Skelette.
Bergab muss man denselben Weg nehmen; dann wendet man sich rechts, wieder am Ufer entlang, und kommt nach wenigen Metern zu einer hölzernen Brücke, die nach links über das Wasser führt. Geradeaus weiter geht es zur Anlegestelle der Ausflugsboote, die über den Oberlauf des Flusses zum Manastir Krka – einem der wenigen serbisch-orthodoxen Klöster Kroatiens – fahren. Wir überqueren die Brücke, die mitten über die sogenannten **Schleierfälle** führt. Hier strömt das Wasser über unzählige niedrige Barrieren aus Travertin und bildet dadurch viele kleine Wasserfälle.
Am anderen Ufer biegt sich der Weg nach links und führt auf einem schmalen Uferstreifen zwischen Fluss und Felswand entlang. Links hat man immer wieder schöne Blicke auf die Wasserfälle, und wir kommen an weiteren Rastbänken vorbei. Dann treffen wir wieder auf die **Asphaltstraße (4)**, auf der wir nach links gehen. Rechts bergauf käme man zum Panoramarestaurant Roški Slap (Einkehrmöglichkeit). Wir queren wieder die Krka, diesmal auf einer alten Steinbrücke, die sich mit vielen Brückenbögen durch das Sumpf- und Schwemmland des Flusses schlängelt, und gelangen zurück zum **Infokiosk (1)**. Hier könnte man die Wanderung beenden; es lohnt sich aber noch der Abstecher zum Fluss unterhalb des Hauptwasserfalls: Wir gehen ein Stück die Straße bergauf und biegen dann rechts auf einen Schotterweg ab. Nach wenigen Metern führt eine Steintreppe hinunter zu einem besonders romantischen Plätzchen. Unter hohen Bäumen kann man hier in der **Taverne Kristijan (5)** einkehren. Es gibt alte, aber immer noch funktionsfähige Wassermühlen und ein sehenswertes kleines ethnografisches Museum. Auch eine Anlegestelle für die Ausflugsboote, die vom Skradinski Buk hierher fahren, und einen Platz, wo man sich bei einem Bad im Fluss abkühlen kann, findet man hier. Zurück zum Auto kommt man auf demselben Weg.

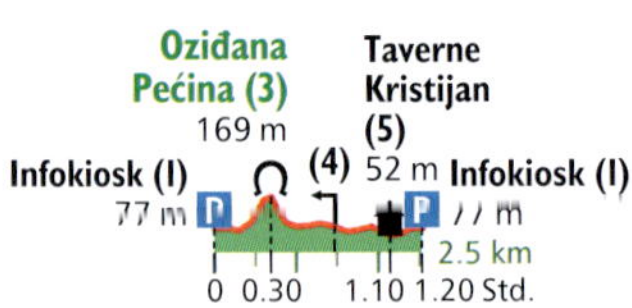

b) Skradinski Buk

KURZINFO

Ausgangspunkt: Parkplatz beim Nationalpark-Eingang Lozovac. Navi: 22221 Lozovac; N43.795873, E15.968037.
Anfahrt: Von der Autobahn-Abfahrt Šibenik auf der Straße D33 Richtung Knin, Drniš und NP Krka. Nach 4 km links auf der D56 Richtung Skradin und nach 600 m weiter geradeaus Richtung NP Krka.
Anforderungen: Leichte Wanderung großteils auf Holzstegen, teilweise auf gut befestigten, breiten Wanderwegen. Auf den Stegen gibt es nur an wenigen Stellen Geländer, deshalb kleine Kinder an der Hand nehmen!
Ausrüstung: Sandalen oder Sportschuhe sind ausreichend. Sonnen- und Regenschutz, Trinkwasser, Badesachen.
Altersgruppe: Ab 3 Jahren.
Gehzeit: 1 Std.
Weglänge: 2,2 km.
Höhenunterschied: 70 m.
Variante: Man kann auch in Skradin parken und von dort aus das Boot zur Anlegestelle am unteren Ende der Wasserfälle nehmen. Der Bootstransfer ist im Eintrittspreis des Nationalparks inbegriffen. – Vom Parkplatz zum Beginn des Rundwegs führt auch ein Wanderweg (1 km zusätzlich pro Richtung, 120 Hm, 20 Min. im Abstieg, 30 Min. im Aufstieg).
Hinweis: Eintrittspreis Erwachsene/Kinder (7–18 Jahre): Nov. bis März 7 €/4 €, April, Mai und Okt. 20 €/15 €, Juni bis Sept. 40 €/28 €. Das Ticket ist auch für alle anderen Teile des Nationalparks gültig. Der Bootstransfer von Skradin zum Skradinski Buk ist im Preis inbegriffen, die Bootsfahrten zum Kloster Visovac (2 Std.) und zum Roški Slap (3.30 Std) sind extra zu bezahlen. Es empfiehlt sich, diese Bootsausflüge sofort nach Ankunft zu buchen, da sie später v. a. in der Hauptsaison ausgebucht sind. Abfahrtsstelle ist ein Stück flussaufwärts: von der Bushaltestelle wenige Meter auf der Straße bergauf, dann auf einem Fußweg, der links abzweigt, oberhalb des Flussufers zur Anlegestelle.
Bademöglichkeit: Seit 2021 ist das Baden unterhalb des Skradinski Buk nicht mehr gestattet. Außerhalb des Nationalparks kann man jedoch an einem schönen Kieselstrand bei Skradin baden. Hier gibt es auch einen Spielplatz, Umkleidekabinen und eine Strandbar.
Einkehr: Schnellimbiss am Parkplatz beim Nationalpark-Eingang; Konoba Kalikuša am oberen Ende der Wasserfälle; Buffet Stari Mlin in der Nähe der Anlegestelle der Boote aus Richtung Skradin.
Unterkunft: An der Straße nach Skradin liegen direkt nebeneinander zwei kleine, zweckmäßig ausgestattete Campingplätze: das Autocamp Krka und das Autocamp Marina – beide mit Restaurant, Camp Marina auch mit Schwimmbecken. Auch die Campingplätze in Vodice oder Šibenik (siehe Tour 28) sind nicht weit entfernt.
Informationen: Siehe Tour 31a.

Alte Wassermühlen und Häuser

Die aus dem frühen 19. Jahrhundert stammenden alten Mühlen an der Krka beim Skradinski Buk stehen heute auf Grundmauern älterer Bauten, die bereits im 13. Jahrhundert Erwähnung fanden. Sie wurden aufwendig restauriert und instand gesetzt und bilden heute ein Freilichtmuseum. In den Häusern befinden sich auch verschiedene originalgetreu eingerichtete Werkstätten wie z. B. eine Schmiede, eine Weberei und eine Wäscherei. Andere Häuser beherbergen eine ethnografische Ausstellung, Souvenirgeschäfte und ein Gasthaus. Die Besichtigung der gesamten Anlage ist im Eintritt für den Nationalpark inbegriffen.

Einige der Kaskaden des Skradinski Buk.

Wir nehmen von der Busstation beim Parkplatz des **Eingangs Lozovac** einen der regelmäßig verkehrenden Pendelbusse (Anzeigetafel). In den Monaten November bis März fahren keine Busse, dafür ist es gestattet, mit dem eigenen Auto bis zum Parkplatz am Straßenende zu fahren, wo sich auch die untere **Busstation (1)** befindet. Ab dieser folgen wir noch ein Stück der Asphaltstraße und biegen dann rechts auf einen hölzernen Steg ab, der direkt über der Krka verläuft. Nach 100 m mündet ein Verbindungsweg von links ein; wir aber bleiben auf dem »Holzweg«, der sich weiter in Schlangenlinien zwischen den kleinen Wasserfällen und Travertinbarrieren hindurchschlängelt. Auf diesem werden wir ständig mit neuen schönen Blicken und Motiven belohnt. Wir kommen an einer alten Wehrmauer vorbei, dann zweigt links ein Weg ab, der zu einer **Aussichtsplattform (2)** oberhalb größerer Wasserfälle führt. Danach kehrt man wieder zum Hauptweg zurück und folgt diesem hinüber ans rechte Flussufer, wo rechts ein Verbindungsweg zu einer Forststraße abzweigt. Wir bleiben am Holzsteg, der über einige Stufen bergab führt und sich wieder nach links biegt. Man kommt an einer auf einem Felsen errichteten weiteren Aussichtsplattform vorbei, geht danach weiter bergab, wieder ans rechte Ufer und über zahlreiche Stufen durch den Wald zu einer Gabelung des Weges, bei der man sich links halten muss. Ebenfalls nach links zweigt ein Stichweg zu einer kleinen Höhle ab. Schließlich erreicht der Weg eine Flussterrasse unterhalb der großen Wasserfälle.

Rechts führt ein Weg zum kleinen **Gasthaus Stari Mlin** (mit Ausblick auf die Wasserfälle vom schön gelegenen Gastgarten aus) und weiter zur Bootsanlegestelle, von der die

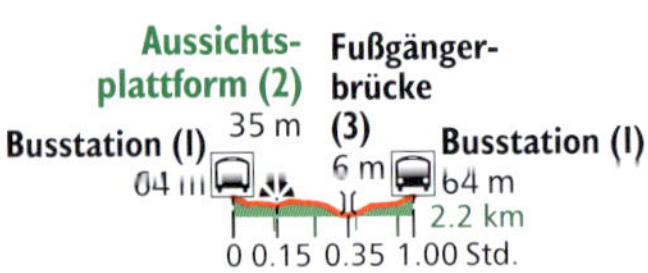

Gratis-Shuttleboote zum Nationalpark-Eingang in Skradin abfahren. Geradeaus weiter kommen wir zu einer langen **Fußgängerbrücke (3)**, die über den Fluss zum linken Ufer führt. Dort müssen wir nun die Höhenmeter, die wir bergab gegangen sind, wieder hinaufsteigen. Zum Großteil tun wir das auf Stufen direkt neben den Wasserfällen. Nach etwa 20 Höhenmetern kommen wir auf einen Weg, der links zu einem weiteren **Aussichtspunkt** führt. Danach halten wir uns rechts, nehmen die nächste Stiege wieder bergauf und kommen zu den Überresten eines alten Wasserkraftwerks.

Nach einem weiteren Anstieg gelangen wir zu einem als Park gestalteten Plateau mit Rastbänken, auf dem es links nochmals einen Aussichtspunkt gibt. Geradeaus weiter erreichen wir die alten **Wassermühlen (4)** und die **Konoba Kalikuša**.

Wer die Rundtour von Skradin mit dem Boot kommend unten begonnen hat, kann von den Mühlen gleich auf einem Steg nach links über den Fluss gehen und trifft 100 m vom Ausgangspunkt auf den Holzsteg, auf dem man dann zum unteren Ende der Fälle zurückkehrt. Wenn wir uns rechts halten, kommen wir auf die Asphaltstraße, auf der wir bergauf gehend in wenigen Minuten wieder die **Busstation (1)** erreichen.

Hallo Kinder,

wusstet ihr, dass sich das zweitälteste Wasserkraftwerk der Welt hier in Kroatien, beim Skradinski Buk an der Krka, befindet? Es wurde am 28. August 1895, nur zwei Tage nach dem Kraftwerk an den Niagarafällen in Amerika, in Betrieb genommen, um die Stadt Šibenik mit Strom zu versorgen! Dadurch war diese eine der ersten Städte Europas mit einer elektrischen Straßenbeleuchtung. Die Pläne für das Kraftwerk stammten von einem der wichtigsten Forscher und Erfinder auf dem Gebiet der Elektrizität, dem ganz in der Nähe von hier bei Gospić geborenen Wissenschaftler Nikola Tesla (sein Geburtshaus kann besichtigt werden und ist bei Tour 24 beschrieben). Tesla meldete zu seiner Lebenszeit über 100 Patente an und war als Erfinder seiner Zeit weit voraus – so beschäftigte er sich damals bereits mit drahtloser Energieübertragung, verwendete als Erster zur Beleuchtung seines Labors Leuchtstofflampen und experimentierte vor deren offizieller Erfindung mit Vakuumröhren. Viele seiner Ideen wurden erst in den letzten Jahren »wiederentdeckt« und weiterentwickelt. Dass man heute ein Handy kabellos aufladen kann, beruht im Prinzip auf einer Erfindung von Nikola Tesla!

32 Ausflug in die Festungsstadt Knin

Im Brennpunkt kroatischer Geschichte

ab 4 J.

Kaum ein anderer Ort war in der Geschichte Kroatiens so umkämpft und umstritten wie Knin. Eine der mächtigsten und eindrucksvollsten Festungen des Landes zeugt heute noch davon. Auf diesem Ausflug ins Landesinnere können wir auch die Quelle des Flusses Krka, eines der wenigen orthodoxen Klöster Kroatiens und die römischen Ausgrabungen von Burnum besuchen. Außerdem können wir noch von einem »kaiserlichen« Aussichtspunkt am Ende eines Lehrpfades aus den eindrucksvollen Wasserfall Manojlovac Slap sehen und den Tag mit einem Badestopp an der Krka in Skradin beschließen.

KURZINFO

Ausgangspunkt: Das Dorf Gradina in der Nähe von Šibenik. Navi: 22221 Gradina; N43.779004, E15.964915.
Anfahrt: Von der Autobahn-Abfahrt Šibenik auf der Straße D33 Richtung Knin, Drniš und NP Krka. Unser Ausgangspunkt Gradina liegt 4 km nördlich der Autobahn.
Anforderungen: Keine besonderen; die Fußwege bei den einzelnen Zielen liegen unter 500 m; sämtliche Wege sind breit und gut befestigt.
Ausrüstung: Bequeme Kleidung, Freizeitschuhe oder Sandalen. Trinkwasser, Sonnen- und Regenschutz. Fernglas für den Blick zum Manojlovac Slap.
Altersgruppe: Ab 4 Jahren.
Fahrzeit: Ca. 1.45 Std. reine Fahrzeit.
Streckenlänge: 111 km.
Öffnungszeiten: Die Festung Knin und das Kloster Krka können ganzjährig, die Ausgrabungen von Burnum nur von April bis Oktober besucht werden.
Kosten: Festung Knin: Erwachsene 6 €, Kinder 4 €. Die Besichtigung des Klosters Krka, des Majnolovac-Wasserfalls und der Ausgrabungen von Burnum sind im Preis inbegriffen, wenn man bereits ein (Mehrtages-)Ticket für den Krka-Nationalpark hat, sonst kostet der Eintritt für alle drei Orte für Erwachsene/Kinder 7–18 Jahren von Nov. bis März 5 €/4 €, April, Mai und Okt. 10 €/7 € und von Juni bis Sept. 15 €/10 €.
Bademöglichkeit: Beim Ort Skradin gibt es an einem schönen Kieselstrand einen Spielplatz, Umkleidekabinen und eine Strandbar.
Einkehr: Mehrere Lokale in Drniš und Knin; Pizzeria am Hauptplatz von Kistanje.
Unterkunft: Campingplätze bei Šibenik (siehe Tour 28) oder bei Skradin (Tour 31).

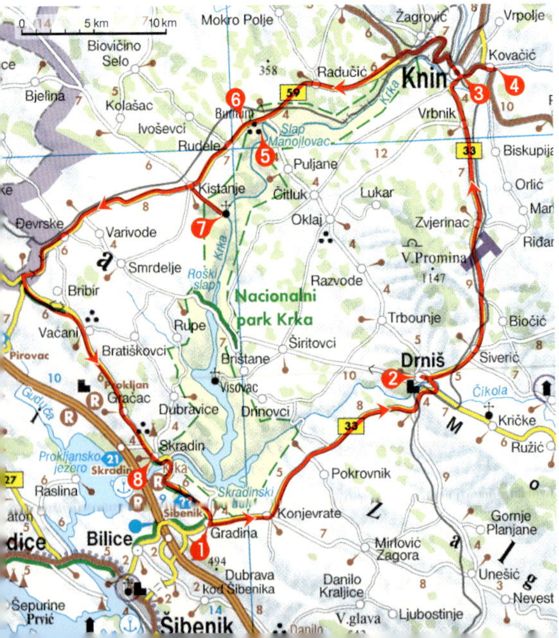

Knin gehört zu den eindrucksvollsten Festungen Kroatiens.

Wir fahren von **Gradina (1)** auf der Straße D33 Richtung Drniš und Knin. Es geht zunächst kilometerweit über weite, karge Ebenen, bis schließlich kurz vor Drniš links der tiefe Canyon des Flusses Čikola auftaucht, der parallel zur Straße verläuft. Warnschilder am Straßenrand, die auf eine mögliche Gefahr durch Landminen hinweisen, erinnern uns daran, dass dieses Gebiet im kroatischen Unabhängigkeitskrieg zwischen den hier ansässigen Serben und den Kroaten heftig umstritten war. Wir kommen an einem Parkplatz am linken Straßenrand vorbei, von dem aus man einen herrlichen Blick über Drniš genießt. Dann geht es in einer lang gestreckten Serpentine bergab in ein weites Karstbecken, in dem die Stadt liegt.

Drniš (2) selbst bietet sich für einen kurzen Zwischenstopp an. Im Zentrum gibt es eine Reihe kleiner Bars und Cafés. Etwas außerhalb westlich des Zentrums liegen am Rand des Canyons die Überreste einer türkischen Festung und das einzige erhaltene Minarett in Dalmatien. Man erreicht beide vom Zentrum aus auf der Straße der 142. Brigade und biegt an deren Ende links in die Gasse Radnička Ulica ein, die direkt zum Minarett führt. Die Reste der Festung Gradina sind rechts unterhalb am Rand der Schlucht zu sehen.

Von Drniš geht es auf der D33 weiter nach **Knin**. Die Stadt, die vor dem Bürgerkrieg zu fast 80 Prozent von (seit dem 16. und 17. Jahrhundert hier lebenden) Serben bewohnt war, stellt heute ein Symbol des kroatischen Nationalstolzes dar; der Tag ihrer Rückeroberung, der 5. August, ist nun Nationalfeiertag. Dementsprechend findet man in der Stadt – und in der sie überragenden Burg – heute keine Hinweise mehr auf die einstige serbische Bevölkerungsmehrheit. Stattdessen erinnert alles daran, dass Knin vor der Eroberung durch die Osmanen (die das Gebiet von 1522 bis 1688 hielten) Zentrum des ältesten kroatischen Königreiches und im 11. Jahrhundert der Sitz des Königs Zvonimir war. Die bedeutendste Sehenswürdigkeit der Stadt ist die **Burgruine (3)**, die in ihrer Größe einzigartig in der Region ist.

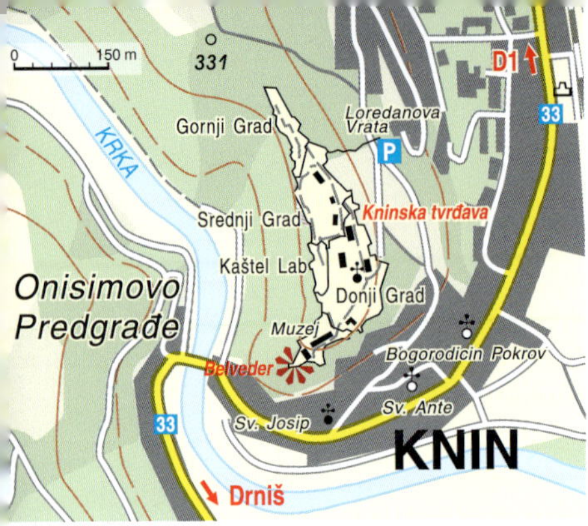

Kurz nach der Brücke über die Krka an der Stadteinfahrt von Knin biegen wir in die erste, schräg links bergauf führende Straße ein und folgen dieser bis zu einem Torturm der einstigen Festungsmauer. Hier muss man parken und die scharf links zum Eingang der Burg hinaufführende Straße zu Fuß gehen. Über dem Stadttor prangt wieder der allgegenwärtige Markuslöwe – denn die Venezianer waren es, denen im Jahr 1688 die Rückeroberung von den Türken gelang und die die Festung bis 1797 in Besitz hatten. Die mächtige Anlage besteht aus mehreren Teilen unterschiedlichen Alters; sie verfügt über mehrere versteckte Winkel und teils unterirdische Gänge, die zum Erforschen einladen. Natürlich hat man von hier oben auch einen einzigartigen Ausblick über die Stadt und den Oberlauf der Krka.

In der Stadt selbst gibt es wenig zu sehen; im Zentrum befinden sich mehrere Café-Bars und Gasthäuser. Wer stattdessen einen hübschen Platz für ein Picknick sucht, hat zwei Möglichkeiten: Neben der Brücke, über die wir in die Stadt gekommen sind, kann man am rechten Ufer ein Stück entlang des Flusses zu einem Parkplatz fahren. Ein Fuß- und Radweg führt von dort weiter durch das schöne enge Tal unterhalb der Festung mit seinen Wiesen und alten Bäumen am Flussufer. Die zweite – besonders lohnenswerte – Möglichkeit ist ein Abstecher zur Krka-Quelle. Man fährt auf der Straße D33 bis zur Einmündung in die D1, auf dieser nach rechts über die Bahn und nach der Brücke gleich wieder rechts Richtung Split und Sinj. Bei der Kreuzung direkt hinter dem Ortsende geht es geradeaus weiter Richtung Kovačić, dann halten wir uns immer rechts, dem Wegweiser »Izvor Krke« folgend. Nachdem man die Krka auf einer Brücke gequert hat, liegt links in einer wilden Felsenschlucht die **Krka-Quelle (4)**. Nach Regenfällen oder im Frühjahr nach der Schneeschmelze, wenn der Nebenfluss Krčić Wasser führt, bildet sich rechts von der Quelle ein Wasserfall.

Von Knin fahren wir auf der D1 weiter Richtung Zagreb und Zadar in gut ausgebauten Serpentinen den Berg hinauf. 4 km hinter der Stadt zweigen wir links Richtung Zadar und Benkovac auf die Straße D59 ab. Nach knapp 12 km zweigt links eine Straße Richtung Drniš und Oklaj ab. Sie führt zwar hinunter an die Krka, aber der Weg lohnt sich nicht. 350 m weiter steht links der Straße ein doppelter Torbogen, ein Überrest des römischen Legionslagers Burnum. Bevor wir uns die Ausgrabungen ansehen, zweigt nach der nächsten Kurve links ein Weg ab, an dessen Beginn eine Infotafel steht. Auf ihm kommen wir in etwa 10 Min. zu Fuß zu einem schönen **Aussichtspunkt (5)**, von dem aus man den höchsten der Krka-Wasserfälle, den **Manojlovac Slap**, sehen kann. Eine Gedenktafel erinnert daran, dass der Kaiser Franz Josef I. diesen Punkt im Jahr 1875 besucht hat.

Aufstieg zum höchsten Punkt der Festung.

Nach diesem kurzen Spaziergang fahren wir auf der Straße 500 m weiter und können dann rechts parken, um die Ruinen von **Burnum (6)** zu besichtigen. Die Ausgrabung ist erst im Gange, daher gibt es noch nicht sehr viel zu sehen – und das Eindrucksvollste, der Torbogen über dem Eingang zum Amphitheater, ist eine Rekonstruktion.
Von Burnum sind es noch etwa 8 km bis zum Ort Kistanje. Hier biegen wir am Hauptplatz links ab und fahren auf einer schmalen Asphaltstraße zum sehenswerten serbisch-orthodoxen **Kloster Manastir Krka (7)**. Am Straßenende beim Kloster gibt es einen Parkplatz.
Zurück auf der Hauptstraße in Kistanje folgen wir weiter der D59 Richtung Zadar und Benkovac. 15 km weiter treffen wir auf die Straße D56, auf der wir nach links Richtung Skradin und Šibenik fahren. In **Skradin (8)** gibt es mehrere kostenpflichtige Parkplätze für die Besucher des Krka-Nationalparks. Man nimmt am besten einen, der so nahe wie möglich am Fluss liegt, denn von hier aus kann man zu Fuß am Ufer entlang zu einem hübschen Kiesstrand gehen. An diesem gibt es eine kleine Bar, Umkleidekabinen sowie einen Spielplatz. Duschen sind nicht vorhanden, allerdings ist das Wasser hier am Unterlauf der Krka nur leicht salzig. Man kann den Tag mit einem Bad im Fluss ausklingen lassen, bevor man der Straße von Skradin über die Krka zurück Richtung Šibenik zu unserem Ausgangspunkt in **Gradina (1)** folgt.

Hallo Kinder,

den Besuch des Klosters Krka aus dem 14. Jahrhundert solltet ihr euch nicht entgehen lassen, denn es ist das einzige weit und breit, das nicht der katholischen, sondern der orthodoxen Kirche angehört und im sogenannten Byzantinischen Stil erbaut wurde. Es wurde von Mönchen aus Bosnien gegründet und heißt eigentlich »Sveti Arhanđel«, was soviel wie »Heiliger Erzengel« bedeutet – gemeint ist der heilige Michael. Wenn ihr euch die Kirche und das Kloster anseht, werden euch eine Menge Unterschiede zu katholischen Kirchen auffallen: Sämtliche Inschriften sind in kyrillischen Zeichen verfasst, wie man sie in vielen Staaten Osteuropas verwendet. Auch die Bilder in der Kirche sind in einem ganz eigenen Stil gemalt; man bezeichnet diese Art der Malerei als Ikonen. Und schließlich ist der Altar vom für die Besucher zugänglichen Teil der Kirche aus nicht zu sehen, weil er hinter einer mit solchen Ikonen bemalten Wand, der sogenannten Ikonostase, verborgen ist.

33 Die Stadt, die ein Palast ist

Split, die Stadt des römischen Kaisers Diokletian — ab 4 J.

Es kommt ja öfter vor, dass Ruinen aus der Römerzeit mitten in einer Stadt stehen, wie etwa das Amphitheater in Pula. Dass aber praktisch die gesamte Altstadt auf den Fundamenten eines römischen Palastes steht und sogar die rund 1700 Jahre alten Kellergewölbe fast vollständig erhalten sind, ist weltweit einzigartig. Aber Split hat noch mehr zu bieten, nämlich schöne Strände direkt bei der Altstadt, das sehenswerte Marinemuseum in einer alten Festung, die römischen Ruinen von Solin und die mächtige Festung Klis.

KURZINFO

Anfahrt/Parken: Split erreicht man von Norden oder Süden kommend auf der Küstenstraße D8 oder aus dem Landesinneren über die Autobahn und eine daran anschließende Schnellstraße. Die Anfahrt ins Zentrum ist beschildert. Alle Parkplätze sind kostenpflichtig, je näher beim Zentrum, desto teurer (1–4 €/Std.), und in der Hauptsaison oft überfüllt (alle Garagen und Parkplätze mit aktuellem Preis unter parkingsplit.com).
Tipp: Wer Nerven und bei längerem Aufenthalt auch Kosten sparen möchte, kann das Auto auf dem großen, gebührenfreien Parkplatz beim Friedhof von Lovrinac abstellen (nächste Abfahrt von der D8 östlich der Abzweigung zum Fährhafen, beschildert, Navi: N43.510667, E16.491304). Dort befindet sich die Endstation der Buslinie 3, mit der man direkt ins Zentrum fahren kann (alle 15–30 Min.). Fahrkarten sind direkt beim Busfahrer erhältlich; Fahrpreis: 2 € pro Fahrt für Erwachsene, 1 € für Kinder von 6–10 Jahren.

Ausrüstung: Bequeme Schuhe und Sonnenschutz.

Altersgruppe: Ab 4 Jahren.

Besuchsdauer: 1–2 Tage.

Bademöglichkeit: Gleich südlich des Bahnhofs an der Landspitze liegt die stark frequentierte Bucht Bačvice. Geht man an der Promenade, vorbei an Cafés und Bars, weiter, folgt der Sandstrand Ovčice, der nur schmal und ebenfalls sehr überlaufen ist. Etwas ruhiger ist es an den Stränden rund um die Halbinsel Marjan, etwa an den beiden an der Südseite gelegenen Kiesstränden Kaštelet und Kašuni.

Einkehr: Im Zentrum von Split wimmelt es von Lokalen, Cafés und Eissalons. Am Parkplatz bei den Ausgrabungen in Solin steht die Café-Bar Salona, in Klis gibt es beim Parkplatz der Burg das Café Belfast und die Bar Supersport.

Unterkunft: Zahlreiche Hotels und Privatquartiere. Der einzige Campingplatz befindet sich 3 km außerhalb Richtung Omiš in Stobreč.

Eines der Stadttore von Split.

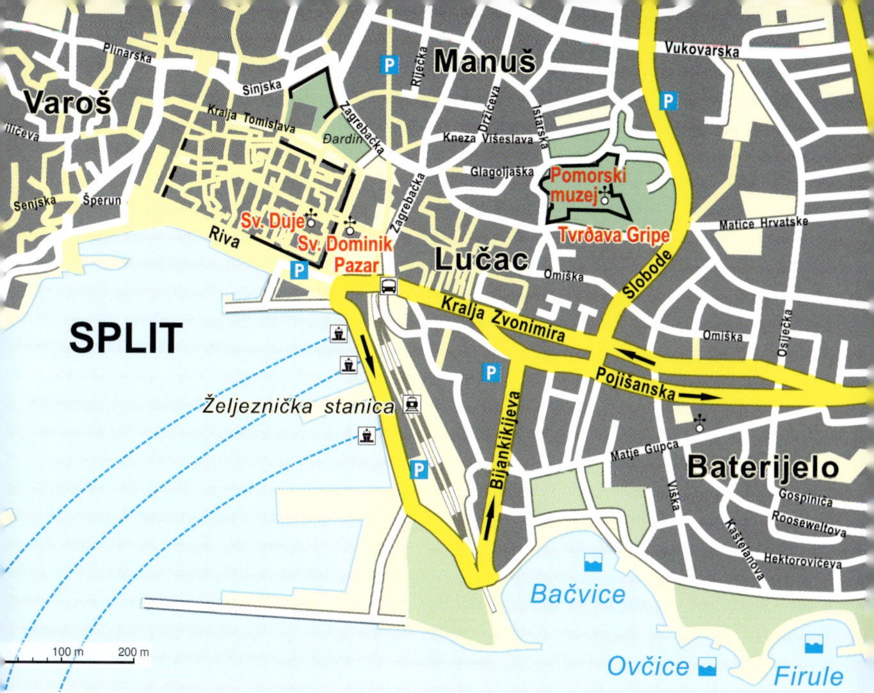

Split, die zweitgrößte Stadt Kroatiens, liegt auf einer fast 10 km langen Halbinsel. In einer geschützten Bucht an der Südseite ließ Kaiser Diokletian von 295 bis 305 n. Chr. einen rund 30.000 m² großen Palast als Altersresidenz errichten. Die 215 mal 180 m große Anlage – das entspricht 120 x 144 römischen Doppelschritten – wurde in späteren Jahrhunderten als Grundlage der mittelalterlichen Stadtbefestigung verwendet und die römische Bausubstanz in die Häuser integriert. Ein Spaziergang durch Split ist dadurch wie eine Reise durch die Jahrhunderte. Man sollte sich Zeit nehmen und einfach durch die alten Straßen mit unzähligen Läden, Cafés, Restaurants und Eisdielen spazieren.

Vom Ostende der Hafenpromenade »Riva« geht man entlang des großen Marktes die Straße Zagrebačka hinauf und dann gleich links durch das Stadttor hinein auf den Platz bei der **Kathedrale des hl. Domnius** (Sv. Duje). Vor der Kirche gibt es die gut erhaltenen Reste des **Peristyls**, des zentralen Platzes des Palastes. An dessen Südende gelangt man über eine Treppe hinunter in die früheren **Keller des Palastes**, die man besichtigen kann.

Die »Dioklecijanova Legija« wacht über die Stadt.

Im Marinemuseum.

Überragt wird die Altstadt vom aus venezianischer Zeit (13. Jh.) stammenden **Glockenturm** der Kathedrale, den man auch besteigen kann, um sich einen Überblick über die Stadt zu verschaffen.
Westlich schließt sich an den Teil der Altstadt, der aus dem Palast hervorgegangen ist, ein unregelmäßiges Straßengewirr aus späterer Zeit an; die Westspitze der Halbinsel bildet der bewaldete Hügel **Marjan**, der das beliebteste Naherholungsgebiet der Stadt darstellt. Dort gibt es Wanderwege, Spielplätze und einen Fitnesspfad. Erholung vom hektischen Treiben in der Innenstadt findet man auch auf der **Uferpromenade »Riva«**, an der sich ein Trinkwasserbrunnen, Sitzbänke, Cafés und Eissalons befinden.
Lange, bevor Diokletian seinen Palast erbauen ließ, befand sich die Hauptstadt der römischen Provinz Illyrien in **Salona**, dem heutigen Solin. Man fährt auf der D8 Richtung Šibenik, biegt nach der Brücke über den Fluss Jadro rechts Richtung Sinj ab und an der nächsten Ampel links Richtung Kaštela; nach 1 km befindet sich links der Parkplatz der Ausgrabungen. Hier gibt es neben dem Café Salona ein kleines Museum und Informationszentrum. In der weitläufigen Anlage – Salona nahm in der Antike eine Fläche von 1,6 km Länge und 700 m Breite ein – findet man die Überreste der Stadtmauer, eines Stadttores, von Thermen, einem Theater und einem großen Amphitheater. Der Eintritt kostet 3 €; das Museum ist von Juni bis Sept. Mo. bis Sa. 9–19 Uhr und So. 9–13 Uhr geöffnet; außerhalb der Saison nur Mo. bis Fr. 9–15 Uhr und Sa. 9–13 Uhr, So. geschlossen. Wer

Marinemuseum

Eines der für Kinder am interessantesten unter den vielen verschiedenen Museen in Split ist sicher, auch wegen seiner Lage, das Marinemuseum im Inneren der Festung Gripe auf einem Hügel östlich des Zentrums. Vom nördlichen Stadttor geht man durch den Park Đardin und an dessen Nordseite auf der Straße Zagrebačka nach Osten. In der Rechtskurve geradeaus weiter durch die Držićeva und an der nächsten Ecke an der rechten Straßenseite eine Treppe hinauf, die in die Ulica Glagiševa führt. Diese bringt uns leicht ansteigend direkt zum Eingang der Festung. Zum Museum gehört auch ein Freigelände im Innenhof des Kastells mit dem Bug des Schiffes »Bakar« und einem der ältesten erhaltenen Fischerboote der Adria aus dem Jahr 1857.
Öffnungszeiten: Juli und August Mo. bis Sa. 9–20 Uhr, So. und an Feiertagen 9–17 Uhr; übrige Monate Mo. bis Sa. 9–19 Uhr, So. 9–14 Uhr, an Feiertagen geschlossen; Nov. bis April Mo., Mi., Fr., Sa. nur bis 16 Uhr.
Kosten: Ca. 3 € für Erwachsene und 1,50 € für Kinder.
Informationen: Tel. +385 21 347 346, www.hpms.hr

Festung Klis

Eine Reise in eine etwas weniger weit zurückliegende Vergangenheit bietet die mächtige Festung Klis oberhalb von Solin, die im Mittelalter größte strategische Bedeutung hatte, weil sie den Zugang aus dem Landesinneren nach Split bewachte. In der weitläufigen, auf drei Ebenen angelegten Burg mit ihren zahlreichen gut erhaltenen Gebäuden gibt es eine kleine Ausstellung mit historischen Waffen und Kleidung. Interessant ist auch die St.-Veits-Kirche im Zentrum der Burg, denn in der Zeit von 1537 bis 1648, als die Türken die Festung beherrschten, diente sie als Moschee, um danach wieder als Kirche geweiht zu werden. In einem Raum der Burg finden sich zahlreiche Aufnahmen von Filmdreharbeiten: So wie viele andere Orte in Kroatien diente auch Klis für die amerikanische Fantasy-Serie »Game of Thrones« als Kulisse.

Anfahrt: Auf der Schnellstraße D1 Richtung Zagreb bis zur Ausfahrt Drniš/Klis, ab hier nach Klis ausgeschildert. 500 m hinter den beiden Restaurants Perlica und Hajduk rechts dem braunen Wegweiser zur Burg Klis folgen. Es gibt einen großen gebührenfreien Parkplatz direkt am Beginn des Fußweges zur Burg (Navi: N43.560822, E16.522375).

Öffnungszeiten: Täglich außer Mo. 9–19 Uhr geöffnet.

Kosten: Ca. 4 € für Erwachsene und 2 € für Kinder.

sich nicht so viel Zeit nehmen möchte, die ganze Anlage zu besichtigen und nur das ganz im Südwesten gelegene Amphitheater sehen möchte, der fährt auf der Straße noch 500 m weiter, biegt dann bei einer Ampel, bei der links der Turm einer modernen Kirche zu sehen ist, links in die Straße U. Sv. Nikolae ab und fährt immer geradeaus bis zum Straßenende, von dem aus bereits das Amphitheater zu sehen ist.

Die Festung Klis bewacht den Landweg nach Split.

34 Die Piraten kommen!

Wandern, Bootfahren und Planschen rund um Omiš ab 4 J.

Die Festungsruine Starigrad hoch über Omiš.

Die Umgebung der ehemaligen Piratenhochburg Omiš bietet heute auch abseits von organisierten Touristenprogrammen mit »Piraten-Überfall« am Fluss Cetina jede Menge Spaß und Abenteuer. Ob man sich einer aufregenden Rafting-Tour im oberen canyonartigen Teil des Flusses anschließt oder einer geführten Kajaktour am unteren, praktisch strömungslosen Abschnitt der Cetina, ein Kanu mietet und damit auf eigene Faust herumpaddelt, im kristallklaren Süßwasser badet oder zu einer der beiden Festungen oberhalb von Omiš hinaufsteigt – Langeweile kommt hier keine auf. Auch einen der schönsten und längsten Strände Mitteldalmatiens gibt es hier!

KURZINFO

Anfahrt: Omiš liegt direkt an der Adria-Magistrale D8 (Navi: 21310 Omiš; N43.444826, E16.691381). Wer von der Autobahn A1 kommt, verlässt diese bei Ausfahrt Nr. 30 und folgt den Wegweisern nach Omiš. Eine Umfahrungsstraße, die die Cetina auf einer Brücke in luftiger Höhe überspannt, soll Ende 2025 eröffnet werden.
Nach Radmanove Mlinice gelangt man, wenn man unmittelbar südlich der Brücke über die Cetina am Beginn der Altstadt links auf die Straße entlang des Flusses einbiegt (Wegweiser »Kanjon Cetine«). Immer auf dieser Straße bleibend, passiert man nach 4,2 km das Restaurant Kaštil Slanica. Kurz darauf bei der Abzweigung links entlang des Flusses bleiben; nach insgesamt 6 km erreicht man den Parkplatz des ehemaligen Gasthauses, der auch von den Rafting-Anbietern genutzt wird (Navi: 21208 Podašpilje; N43.438766, E16.751285).

Ausrüstung: Bequeme Schuhe und Badeschuhe; wer eine der Wanderungen (siehe Tipp) machen möchte, sollte feste Wanderschuhe wählen. Sonnenschutz und Badesachen.

Altersgruppe: Ab 4 Jahren.

Besuchsdauer: 1 Tag.

Bademöglichkeit: Großer Strand direkt am Meer bei Omiš. Badeplatz an der Cetina beim ehemaligen Gasthaus Radmanove Mlinice.

Einkehr: Restaurant Kaštil Slanica sowie zahlreiche weitere Einkehrmöglichkeiten in Omiš.

Unterkunft: Direkt in Omiš, auf der anderen Seite der Cetina, liegt das Autocamp Galeb, etwas außerhalb Richtung Split gibt es mehrere kleinere, privat geführte Plätze.

Informationen: Tourismusorganisation Omiš, visitomis.hr, Tel. +385 21 861 350.

Blick von der Festung Mirabella in den Canyon der Cetina.

Omiš galt über Jahrhunderte als Stadt der Piraten und war selbst für das mächtige Venedig eine ständige Bedrohung. Lange Zeit hatte der Ort den Ruf, für gegnerische Schiffe uneinnehmbar zu sein – was auch mit der einzigartigen Lage der Stadt zu tun hat. Der Fluss Cetina mündet hier zwischen zwei hohen, senkrechten Felsen ins Meer. Die Piraten konnten sich mit ihren kleineren Booten auf den Fluss zurückziehen und waren dort unangreifbar, denn für die venezianischen Schiffe war die Einfahrt in den von einer Festung hoch oben bewachten Canyon unmöglich.

Die zur Gänze autofreie **Altstadt** von Omiš ist mit ihrem typisch dalmatinisch-venezianischen Flair unbedingt einen Besuch wert! Hier gibt es mehrere Lokale zum Einkehren oder Eis essen; verlaufen kann man sich in der Stadt kaum, denn es gibt im Prinzip nur eine Gasse parallel zur Adria-Magistrale (Knezova Kačića) und acht Quergassen, die diese beiden Straßenzüge verbinden. Die Altstadt schmiegt sich regelrecht an den Felsen; die Kirche St. Michael und St. Johann Nepomuk (Sv. Mihovila i Sv. Ivana Nepomuka) liegt direkt an der Knezova Kačića. Westlich davon kann man dem Wegweiser »Utvrda / Fortress Peovica« folgen und gelangt – hier ist bereits der Zustieg ein Erlebnis – über 365 Stufen hinauf zur **Festung Mirabella** (auch »Peovica« genannt) direkt oberhalb der Altstadt, die einen atemberaubenden Ausblick über die Flussmündung und die Altstadt bietet. Eintritt 4 € pro Person, Kinder frei.

Wandertipp

Wer wirklich ganz hoch hinaus will, der sollte auf den Spuren der Piraten die Festung Starigrad (auch Fortica genannt) »erstürmen«. Man folgt am südlichen Ende der Altstadt (1) den Wegweisern; dann geht es erst über Stufen zwischen den Häusern und durch Gebüsch und Sträucher bergauf zum Umkehrplatz (2) einer Dorfstraße (alternativer Ausgangspunkt; erreichbar auf der Bergstraße »Put Borka«, von der man nach 2 km in einer Kehre geradeaus nach Baučići abzweigt; man spart die halbe Aufstiegszeit). Auf dieser wandert man, kurz nach rechts und dann gleich wieder links bergauf, gut beschildert auf einem steilen Fußweg zur hoch oben gelegenen Festung Fortica (3). Der Eintritt kostet ca. 5 €; Öffnungszeiten 7–20 Uhr. Auf dem Anstiegsweg gibt es praktisch keinen Schatten!

Der Abstieg erfolgt auf einem durchgehend rot-weiß markierten Weg an der Rückseite des Berges und trifft zwischen den beiden Straßentunneln (4) auf den Fluss Cetina. An diesem entlang spaziert man zurück zur Altstadt. Dieser Abstiegsweg ist zwar im unteren Teil sehr steil, verläuft aber dafür bis auf wenige Höhenmeter unter der Burg im Schatten. – Egal, in welcher Richtung man die Runde begeht, man braucht ungefähr eineinhalb Stunden für den Aufstieg und eine Stunde für den Abstieg.

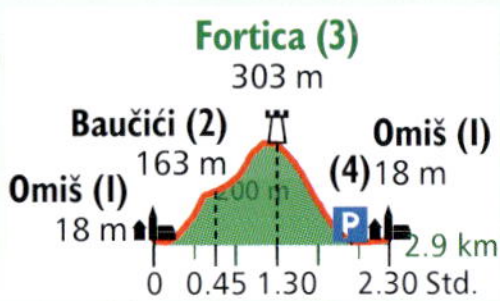

Wer direkt bei Omiš baden möchte, der muss nicht weit gehen: Direkt südlich der Altstadt gibt es einen gut 600 m langen und bis zu 50 m breiten flachen **Strand** mit Duschen, Umkleiden und mehreren Strandbars.

Die Hauptattraktion von Omiš ist aber eindeutig der Canyon des Flusses **Cetina**. Zahlreiche Agenturen in Omiš bieten organisierte Rafting-Touren auf dem Fluss an. Das Mindestalter für Kinder beträgt dabei 8 Jahre. Der Preis von ca. 60–80 € pro Person (je nach Veranstalter) beinhaltet den Transfer zum Abfahrtsort etwa 16 km flussaufwärts sowie den Verleih einer Schwimmweste. Die drei- bis vierstündige Fahrt führt über rund 10 km Länge abwechselnd durch Stromschnellen und ruhigere Abschnitte in unberührter, unzugänglicher Naturlandschaft und endet bei **Radmanove Mlinice**. Die ehemalige Mühle – bis 2022 befand sich hier auch ein Ausflugsgasthaus – ist nicht nur zu Wasser, sondern auch auf der Straße von Omiš aus leicht zu erreichen (ca. 10 Min. mit dem Auto oder 30 Min. mit dem Fahrrad; 6 km). Hier beginnt der praktisch strömungslose Unterlauf der Cetina, der sich perfekt zum Paddeln – entweder auf eigene Faust (Kajak- und Stand-up-Paddle-Boardverleih z. B. über die Agentur Adventure Omiš, Tel. +385 98 447 135, adventure-omis.com; ca. 10 €/Std. oder 35 € für den ganzen Tag) oder im Rahmen einer geführten Tour (ca. 3 Std., 40 € pro Person) erkunden lässt. Letztere beinhaltet einen Transfer nach Radmanove Mlinice, sodass man nicht hin und zurück fahren muss. Bei Radmanove Mlinice gibt es auch einen

Aufstiegsweg zur Festung Starigrad.

der schönsten Badeplätze an der Cetina: Wenn man etwa 100 m am Ufer entlang flussaufwärts geht, kommt man zu einer Wiese (auch hier wurde eine Szene aus einem Winnetou-Film gedreht) und links davon hinunter zu einer flachen Bucht unter Bäumen am Ufer des Flusses. Wer gut schwimmen kann, für den ist es auch ein Erlebnis, unmittelbar unterhalb einer Stromschnelle in den Fluss hinauszuwaten und sich dann von der in Flussmitte sehr starken Strömung mitreißen zu lassen.
Eine weitere Attraktion ist die **Omiš Zipline**: Insgesamt acht Seilrutschen mit einer Gesamtlänge von 2100 m – die Längste rund 700 m lang und in bis zu 150 m Höhe – führen kreuz und quer über die Schlucht der Cetina. Die geführten Touren beinhalten den Transfer zum Startpunkt, dauern insgesamt etwa 3 Std. und kosten ca. 55 € pro Person (Info: zipline-croatia.com).

Beim Paddeln findet man immer wieder einsame Badeplätze am Ufer.

Hallo Kinder,

Steinwüste, Mondlandschaft … – das sind Gedanken, die einem beim Anblick der schroffen, kahlen Felsen des Biokovo-Gebirges vielleicht kommen. Doch der Eindruck täuscht, man muss nur genauer hinsehen! Im Gebiet des Naturparks gibt es nicht weniger als 1500 verschiedene Pflanzenarten. Auch die Tierwelt ist viel artenreicher, als man denken würde: Hier leben über 200 Schmetterlingsarten, zahlreiche Fledermäuse in den Höhlen, viele verschiedene Insekten, Amphibien wie Kröten und Feuersalamander sowie Reptilien wie Eidechsen, Schildkröten und Schlangen. Neben Adlern und Falken kommen auch Raben, Amseln sowie Blau- und Kohlmeisen vor. Berggämsen und Mufflons wurden in den 1960er-Jahren hier angesiedelt und bevölkern nun wieder das Gebirge. Auch Igel, Hasen, Wühl- und Spitzmäuse gibt es. Seltener bis gar nicht zu sehen bekommt man hingegen Füchse, Siebenschläfer, Dachse oder gar Wölfe, denn sie meiden die Gebiete, die von Menschen besucht werden.

direkt daneben der Aussichtspunkt **Ravna Laška (4)** auf 1228 m Höhe. Hier befindet sich die spektakuläre Aussichtsplattform »Biokovo Skywalk«, ein hufeisenförmiger, frei über dem Abgrund schwebender Steg mit gläsernem Boden – nichts für Leute mit Höhenangst!

Die Straße verläuft anschließend durch ein Hochtal, in dem im Windschatten sogar ein kleines Wäldchen von Nadelbäumen liegt. Nach km 17 gabelt sich die Straße. Wir fahren hier zunächst nach links in eine kleine Senke bergab und parken bei der unbewirtschafteten Berghütte **Planinarski Dom Pod Vošcom (5)**. Von hier geht es zu Fuß auf einem schmalen Waldweg zunächst ein Stück bergab in eine Senke und dann in Serpentinen am kahlen Gegenhang wieder bergauf. In der fünften Kehre teilt sich der markierte Weg; geradeaus käme man über einen Bergsattel und dann steil bergab nach Makarska. Wir wenden uns aber links und gehen weiter im Zickzack bergauf. Der Weg endet bei der direkt am Gipfel des 1422 m hohen **Vošac (6)** gelegenen Berghütte, von der aus sich ein fantastisches Panorama der Küste und der vorgelagerten Inseln bietet. Der Abstieg zum Auto erfolgt mangels Alternativen auf demselben Weg.

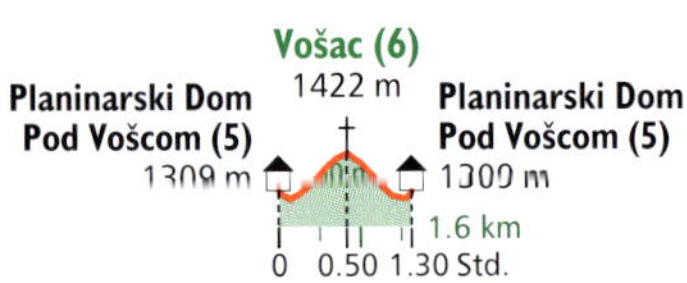

Man fährt ca. 800 m zurück zur Straßengabelung und wählt dann den weiter bergauf führenden Hauptast der Straße. Dieser führt vorbei am Imbiss Pod Javorom auf die dem Meer abgewandte Seite des Bergrückens, von wo der Ausblick weit ins Landesinnere bis über die Grenze nach Bosnien reicht. Es geht kurz bergab und dann wieder für den Rest der Strecke bergauf. In der Ferne kommt bereits der Sendemast auf dem Gipfel in Sicht.

Das letzte Stück der Straße ist nichts für nervenschwache Autofahrer:

Die Hütte am Gipfel des Vošac.

Statt einer Leitplanke gibt es nur Stahlstangen mit dazwischen gespannten Seilen als Begrenzung. Die Straße steigt nun steiler an und führt zur **Berghütte Sveti Jure**, bei der es einen kleinen Parkplatz gibt. Wer den Aufstieg zum Gipfel zu Fuß unternehmen möchte, findet etwas links von der Berghütte eine Reihe von Metallstangen, zwischen denen Seile zum Festhalten gespannt sind – der Weg führt nämlich in direkter Linie den steilen Hang hinauf.

Wenn man mit dem Auto bis fast zum Gipfel fahren möchte, erreicht man nach fünf sehr engen Serpentinen einen weiteren, etwas größeren **Parkplatz (7)** unterhalb des am Gipfel stehenden Sendemastes. (Das letzte Stück und der Bereich um die Funkanlage sind für Besucher gesperrt.) Von hier führt ein kurzer Rundweg um den Gipfel herum, der an der steileren Westseite des Berges mit einem Geländer gesichert ist und zur – für den Gipfel namensgebenden – **Kapelle Sveti Jure** führt.

Vom Rundweg aus bietet sich ein unvergleichliches Panorama, sowohl Richtung Landesinneres als auch Richtung Meer. Die gesamte mitteldalmatinische Inselwelt mit Šolta, Brač, Hvar und Korčula liegt uns zu Füßen; weit draußen kann man die Inseln Lastovo und Vis erkennen. An klaren Tagen soll man sogar den 210 km entfernten Monte Gargano in Italien sehen können.

Auf der vom Hinweg bekannten Straße fährt man zurück ins Tal. Wenn der Wetterbericht für den Nachmittag das Aufziehen von Wolken ankündigt oder die Erfahrung der vorangegangenen Tage zeigt, dass das Wetter eher am Morgen klar ist und die Sicht dann schlechter wird, empfiehlt es sich, gleich zu Beginn auf den Gipfel zu fahren und die entlang der Strecke liegenden Plätze erst danach zu besuchen.

36 An den Baćina-Seen

Radfahren, Wandern und Stehpaddeln

ab 7 J.

An manchen Stellen kann man mitten zwischen Seerosen schwimmen.

Die Baćina-Seen, nur wenige Kilometer von der Adriaküste bei Ploče direkt an der Küsten-Magistrale gelegen, sind ein praktisch nur den Einheimischen bekanntes Naturparadies. Die sieben zusammenhängenden Seen, die meist spürbar – bis zu drei Grad – wärmer sind als das Wasser der Adria, stellen eine fast unberührte Naturlandschaft dar, die sich durch breite Schilfgürtel und Seerosenteppiche in den Uferbereichen auszeichnet. In den letzten Jahren wurden um die Seen herum mehrere Rad- und Spazierwege, Picknickplätze und ein Badestrand angelegt.

KURZINFO

Ausgangspunkt: Strand von Baćina. Navi: N43.068872, E17.423833.

Anfahrt: Die Küsten-Magistrale D8 führt kurz vor Ploče direkt an den Seen vorbei. Wer von der Autobahn kommt, biegt am Ende des Autobahnzubringers auf die D8 Richtung Makarska ein und erreicht so den Ort Baćina. 10 m hinter dem Ortsende-Schild von Baćina biegt man rechts (aus Richtung Makarska 10 m vor dem Ortsende links) ab und fährt auf einer schmalen asphaltierten Straße, die sich sofort wieder bei einer Tafel mit Orientierungsplan gabelt. Hier links halten, sodass der See zu unserer Rechten liegt. Nach 300 m befindet sich rechts eine Wiese mit kleinem Strand, Anlegesteg für Ausflugsboote, einer Beach-Bar und der Paddlesurf-Schule.

Ausrüstung: Touren- oder Trekkingrad; ein Mountainbike ist nicht nötig. Keine Rennräder. Wer zu Fuß unterwegs ist, braucht nur bequeme Schuhe oder Sandalen. Badesachen, Badeschuhe und Sonnenschutz; Fernglas zum Beobachten von Vögeln. Zum Stand-up-Paddeln benötigt man unbedingt Schirmkappe, Badeshirt oder Surfanzug.

Altersgruppe: Radfahren, Wandern und Stand-up-Paddeln ab 7 Jahren, Planschen ab 3 Jahren.

Fahr-/Gehzeit: 1–1.30 Std. mit dem Rad. Wer die Runde zu Fuß gehen möchte, muss 2–3 Std. (je nach gewählter Variante) einplanen. Mit Baden sollte man für den Besuch der Baćina-Seen aber einen ganzen Tag Zeit einplanen.

Weglänge: 9,4 km; ohne Abstecher zum Badeplatz (WP 3) sind es 7,7 km.

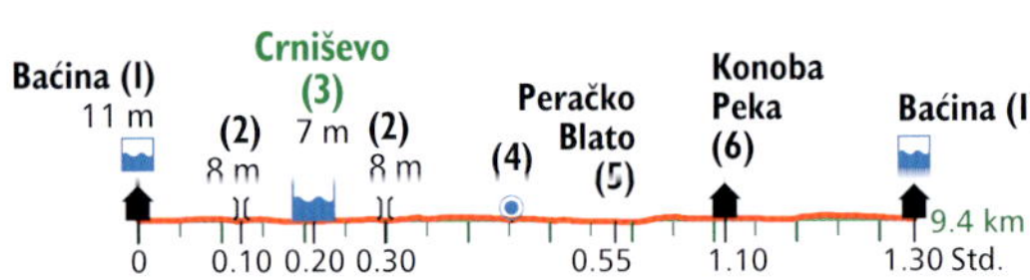

Hallo Kinder,

Stand-up-Paddeln (SUP) hat sich in wenigen Jahren zu einer der beliebtesten Wassersportarten entwickelt. Nicht ohne Grund: Im Gegensatz zum Surfen ist man nicht auf den Wind angewiesen, und weil das Brett viel weniger Wasser verdrängt, ist das Paddeln leichter als bei einem Kanu oder Ruderboot. Entstanden ist die Sportart auf Hawaii – ursprünglich benutzten aber nur die Surflehrer ein Paddel, um rascher vom Ufer zu den Riffen zu kommen und im Stehen einen besseren Überblick über die Surfschüler zu haben. Erst vor etwas mehr als einem Jahrzehnt entwickelte sich das Stand-up-Paddeln zu einer eigenen Freizeitsportart – vor allem in den USA, Australien und Großbritannien. Die SUP-Schule an den Bačina-Seen gehörte zu den Pionieren in Europa. Wer es also einmal ausprobieren möchte, ist hier gut aufgehoben.

Täglich von 1. Mai bis 1. November gibt es eine dreistündige Tour (9.30–12.30 Uhr) auf den Seen. Sie beginnt mit einer Einschulung am Trockenen samt Übungen für Anfänger, dann geht es schon hinaus auf den See. Ein Früchtepicknick an einem »geheimen« Ort und der Verleih der Ausrüstung sind im Preis von 35 € pro Person enthalten. Das Mindestalter beträgt 7 Jahre; kleinere Kinder können aber am Board eines Elternteils sitzend mitfahren. Anmeldung mindestens einen Tag vorher unter Tel. +385 91 7615480 unbedingt nötig!

Höhenunterschied: Unwesentlich.
Hinweis: Bei der Paddlesurf-Schule können neben Stand-up-Boards auch E-Bikes gemietet werden (Preis für 2 Std. 15 €).
Bademöglichkeit: Badestrand beim Dorf Peračko Blato und Wildbadeplatz am See Crniševo.
Einkehr: »Beach Bar« direkt am Seeufer; Konoba »Peka« an der Straße nach Peračko Blato.
Unterkunft: Es gibt eine Reihe von Privatzimmern und Appartements in Baćina und Peračko Blato. Für Camper empfiehlt sich das kleine, familiäre Autocamp Bačinska Jezera direkt an der Uferstraße 400 m hinter dem Ausgangspunkt.
Informationen: Tourismusorganisation »Sieben Seen« in Ploče (Tel. +385 20 670220, bacinskajezera.com) oder bei der Stand-up-Paddelschule (Tel. +385 91 7615480, paddlesurfcroatia.com/de).

Vom **Strand (1)** von Baćina fahren oder gehen wir auf einer schmalen Asphaltstraße am Seeufer entlang. Der Belag endet nach 700 m, nun auf Schotter kommt man zu einer alten **Brücke (2)** über den Kanal, der den See Crniševo mit den übrigen Seen verbindet. Gleich dahinter teilt sich die Straße. Es lohnt sich, nach links einen Abstecher von 800 m zu einem einsamen **Badeplatz (3)** zu machen: Kurz, nachdem man die nördlichste Bucht des Sees umrundet hat, liegen zwischen Weg und See ein kleines Wäldchen und näher zum Ufer eine Wiese und ein schmaler Holzsteg, von dem aus man ins Wasser springen kann. Links und rechts bedecken Schilf und Seerosen das Ufer. An diesen idyllischen Platz verirren sich kaum Touristen, ab und an tauchen Einheimische auf, die hier schwimmen gehen oder ihre Hunde ins Wasser führen. Für Nichtschwimmer ist diese Stelle weniger geeignet, da das Wasser sofort tief wird. Den Feldweg von hier parallel zum Ufer weiterzugehen oder -fahren hat keinen Sinn; er endet blind und hat auch keine Verbindung mehr zum See.

Nach dem Abstecher geht es von der **Brücke (2)** nach rechts entlang des anderen Sees weiter. Nach wenigen Metern passieren wir ein Haus, dann versperrt eine Schranke den Weg für Autos. Per Rad oder zu Fuß können wir die Tour auf einem mit feinem Kies bedeckten Weg entlang des Ufers fortsetzen. Nach der insgesamt vierten Rastbank neben dem Weg hat man rechts einen Blick aufs Wasser, und ein Fußpfad zweigt steil bergab ab. Wenn man ihm folgt (Fahrräder am Weg stehen lassen!), findet man sich leicht rechts haltend nahe beim See eine **Quelle (4)** mit Trinkwasser. Wer zu Fuß unterwegs ist, kann einen abenteuerlichen Pfad direkt am sumpfigen Ufer entlang weitergehen; er führt an eine Landspitze an der Engstelle zwischen zwei Seen und trifft dann wieder auf den Radweg. Radfahrer gehen von der Quelle wieder hinauf zum Schotterweg und fahren auf diesem weiter. Man gelangt zum Dorf und Badestrand von **Peračko Blato (5)**. Hier mündet ein Kanal, der von links aus einem Wasserstollen kommt, in den See ein. Per Rad überquert man den Kanal auf einer etwas weiter vom Ufer entfernten Brücke; zu Fuß kann man einen schmalen Steg benutzen. Auf der anderen Seite gibt es eine Liege- und Picknickwiese mit Rastbänken. Von allen Stränden eignet sich dieser durch die flache Uferböschung am besten für Kleinkinder, bei der Kanalmündung ist das Wasser nur wenige Zentimeter tief.

Die Baćina-Seen sind ein weitgehend unberührtes Naturparadies.

Wir fahren oder gehen auf einem Schotterweg parallel zum Ufer weiter, der nach wenigen Metern in Asphalt übergeht. An der nächsten Kreuzung halten wir uns links, kommen an einem Platz mit einem kleinen Lebensmittelladen vorbei, bleiben hier am Hauptweg nach rechts und biegen bei der nächsten Gabelung links ab. Wir treffen auf eine Landstraße, auf der wir uns rechts wenden und nach 150 m bei der **Konoba Peka (6)** vorbeikommen. Der Rückweg zum Strand von Baćina erfolgt auf der Straße, wobei der erste Teil wenig befahren ist, während insgesamt etwa 500 m auf der Adria-Magistrale zurückzulegen sind. Wegen des dort starken Verkehrs sollten Familien mit kleinen Kindern bei der Konoba Peka warten, während ein Elternteil alleine das Auto holt. Man folgt der Straße zurück nach Baćina, wo sie auf die Magistrale trifft; auf dieser geht es rechts Richtung Makarska und man gelangt zu der Abzweigung beim Orientierungsplan (s. oben) und weiter entlang des Ufers zum **Strand (1)**.

Die besten Chancen, Wasservögel im Schilf zu beobachten, hat man während der Runde um den See, wenn man leise und zu Fuß unterwegs ist. Mit dem Rad sollte man eher langsam fahren, um die Landschaft zu genießen. Wer das alles nicht möchte und nur die Badeplätze aufsuchen will, kann diese auch direkt mit dem Auto erreichen. Zum Strand von Bačina gelangt man wie oben beschrieben; zu dem von Perućko Blato wie folgt: von der Magistrale in Bačina Richtung Ljubuški und Vrgorac abbiegen, dann nach der Konoba Peka links Richtung Peračko Blato fahren. Wer Schotterstraßen nicht scheut, kann auch den Badeplatz (3) direkt per Auto erreichen; für Wohnmobile ist die Zufahrt allerdings nicht geeignet.

37 Auf der Insel der Mungos

Wandern, Radeln und Baden im Nationalpark Mljet — ab 4 J.

»Mali Raj«, auf Deutsch »kleines Paradies«, heißt nicht nur ein Gasthaus im Nationalpark Mljet – die Insel ist auch eines! Mljet gilt mit rund 90 Prozent Waldanteil als die am dichtesten bewaldete Insel der Adria. Der Westteil wurde bereits 1960 zum Nationalpark erklärt, da er nicht nur eine besonders reiche Flora und Fauna aufweist, sondern auch mit einer weiteren Besonderheit aufwarten kann: zwei miteinander und mit dem offenen Meer durch schmale Kanäle verbundene Salzwasserseen. Im größeren der beiden liegt eine »Insel in der Insel«, auf der ein Benediktinerkloster aus dem 12. Jahrhundert steht. Im Nationalpark kann man wandern, Rad fahren, baden und Boot fahren.

KURZINFO

Ausgangspunkt: Parkplatz beim Nationalpark-Eingang Polače auf der Insel Mljet. Navi: N42.778543, E17.367764.
Anfahrt: Von der neuen Küstenstraße D 674 etwa 20 km südlich der Pelješac-Brücke bei der Ausfahrt Ston / Otok Mljet abfahren und den Wegweisern Richtung »O. Mljet, Trajekt / Car Ferry« folgen. Den Fahrplan der Autofähre findet man unter www.jadrolinija.hr/de, wo man das Ticket online kaufen kann. Karten sind auch beim Schalter direkt am Fähranleger in Prapratno erhältlich. Die Überfahrt dauert ca. 45 Minuten. Wer das eigene Auto nicht mitnehmen möchte, kann zu Fuß auf die Fähre gehen und direkt am Fähranleger ein Auto mieten. Der einzige Autoverleih der Insel, »Mini Brum«, vermietet großteils Cabrios und ältere Fahrzeugmodelle. Info: Tel. +385 20 74 50 84 oder rent-a-car-scooter-mljet.hr, ab ca. 60 € pro Tag in der Vor- und Nachsaison, im Juli und August ab 75 € pro Tag. Wenn man mit einem größeren Wohnmobil unterwegs ist und nicht auf Mljet übernachten möchte, sollte man auf jeden Fall die Kosten für die Fähre mit denen für den Mietwagen vergleichen! – Auf Mljet folgt man der einzigen Straße der Insel über Babino Polje nach Polače. 1 km hinter dem Ort links zum Parkplatz am Nationalpark-Eingang.
Anforderungen: Leichte Wanderung auf großteils breiten, einfachen Spazierwegen. Die Fahrradtour fuhrt ausschließlich über Asphaltstraßen; bei der Veliki Most muss eine Brücke schiebend auf Metallschienen überwunden werden.
Ausrüstung: Leichte Sportschuhe oder Trekkingsandalen. Badesachen und genügend Trinkwasser mitnehmen.
Altersgruppe: Wanderung ab 4 Jahren, Radtour ab 8 Jahren.
Geh-/Fahrzeit: Wanderung 2.15 Std., Rundweg auf der Klosterinsel 30 Min. zusätzlich. Fahrradtour 1.30 Std, ohne Abstecher nach Soline 1.15 Std.
Weglänge: Wanderung 5,8 km, Rundweg auf der Klosterinsel 300 m, Fahrradtour 11,4 km, ohne Abstecher nach Soline 9,2 km.
Höhenunterschied: Unwesentlich.
Kosten: Eintritt in den Nationalpark Er-

Das Kloster Sveta Marija ist nur per Boot erreichbar.

Hallo Kinder,

der Indische Mungo ist ein kleines, extrem wendiges Raubtier aus der Familie der Katzenartigen. Er wird zwischen einem und eineinhalb Kilogramm schwer und etwa 70 bis 80 Zentimeter lang, wobei fast die Hälfte der Körperlänge der buschige Schwanz ausmacht. Mungos sind sehr gute Jäger und jagen sogar Giftschlangen. Obwohl sie gegen deren Gift nicht immun sind, gewinnen sie fast immer aufgrund ihrer Schnelligkeit: Sie reizen die Schlange solange dazu, immer wieder zuzustoßen und weichen blitzartig aus, bis ihr Gegner so ermüdet ist, dass er eine leichte Beute darstellt. Sollte die Schlange doch einmal zubeißen, durchdringen ihre Giftzähne mit etwas Glück nicht einmal das dichte Fell des Mungos. Da die Mungos am Tag aktiv sind und in der Nacht in ihren Höhlen schlafen, hat man auf der Insel Mljet auch durchaus Chancen, einmal einem zu begegnen. Ursprünglich waren Mungos hier nicht heimisch – denn ihr natürlicher Lebensraum liegt in Indien und Pakistan. Man hat sie im Jahr 1909 auf Mljet ausgesetzt, um die Hornvipern auszurotten. Das ist zwar gelungen, und auf der Insel gibt es heute keine Giftschlangen mehr. Allerdings fraßen die Mungos auch viele andere Schlangen, Eidechsen und kleine Vögel und drangen in die Hühnerställe ein. Obwohl man eigentlich aus Schaden klug werden sollte, wurden später auch noch andere Tiere – Hasen, Hirsche und Wildschweine – auf Mljet ausgesetzt, von denen sich Letztere zu einer wahren Plage entwickelt haben und immer wieder Äcker und Weingärten verwüsten.

wachsene/Kinder (8–18 Jahre): 10 €/3 €; 15. Juni bis 15. Sept. 20 €/6 €. Achtung, Tickets unbedingt über np-mljet.hr kaufen; vor Ort 5 €/2 € Aufschlag. Eine Hin- und Rückfahrt mit dem Boot, das zwischen Pristanište, Sv. Marija und Mali Most verkehrt, und eine Fahrt mit dem Elektrozug sind im Preis inbegriffen.

Variante: Von der Mali Most kann man auch mit dem Elektrozug zurück zum Ausgangspunkt fahren. Die Fahrt zur Klosterinsel kann auch im Anschluss an die Radtour unternommen werden.

Hinweis: Fahrräder können entweder direkt am Parkplatz beim Nationalpark-Eingang Polače oder in Babine Kuće gemietet werden. Normalerweise sind auch Kinderfahrräder und Räder mit Kindersitz verfügbar. Räder dürfen nicht mit aufs Boot. Bei der Mali Most sind auch Kanus zu mieten. Nur Barzahlung (Geldautomat beim Postamt in Pristanište).

Bademöglichkeit: Flacher, kinderfreundlicher Badeplatz am Malo Jezero bei der Mali Most. Auf der Radtour kann man auch bei der Veliki Most baden.

Einkehr: Restaurant Melita auf der Insel Sv. Marija beim Kloster, Konoba Mali Raj direkt am Seeufer in Babine Kuće sowie mehrere Lokale im Ort Soline.

Unterkunft: Auf der Insel gibt es nur einen für Campingbusse und Wohnmobile geeigneten Platz, das Autocamp »Mungos« in Babino Polje, sowie zwei kleine Plätze nur für Zelte in Kozarica und Ropa. Alternativ dazu plant man die Tour als Tagesausflug und fährt mit der Fähre am Morgen hin und am Abend zurück. 500 m vom Fähranleger liegt das Autocamp Prapratno (s. Tour 38).

Informationen: Nationalpark Mljet, Tel. +385 20 744 041, np-mljet.hr (Fahrplan für Boot und Elektrozug, Eintrittskarten zum günstigeren Preis).

Rundweg um den See Malo Jezero.

a) Wanderung mit Bootsfahrt zum Kloster

Vom Parkplatz beim Nationalpark-Eingang **Polače (1)** gehen wir auf der Asphaltstraße bergab (in der Hauptsaison kann man den Bus-Pendelverkehr nützen) zum Ufer des größeren der beiden Salzwasserseen. Hier gibt es einen weiteren Infokiosk, wo auch Eintrittskarten und Fahrkarten für das Boot erworben werden können. Von der **Anlegestelle Pristanište (2)** aus verkehren sowohl kleinere Boote, die nur zwischen hier und der Klosterinsel Sv. Marija hin- und herpendeln, als auch größere Boote mit Dreieckskurs von Pristanište nach Sv. Marija, von dort zur Brücke »Mali Most« (zwischen großem und kleinem Salzwassersee gelegen) und wieder zurück nach Pristanište. Zunächst können wir beide Fähren benutzen, denn unser erstes Ziel ist die Klosterinsel **Sv. Marija (3)**. Das Boot legt auf der nur 150 m im Durchmesser großen Insel direkt beim Kloster an; die Fahrt dauert kaum 10 Min. Gleich beim Bootsanleger befindet sich auch das Restaurant Melita. Man kann zuerst die Klosterkirche besuchen und von einer Plattform links davon den Blick über den See genießen. Danach lohnt es sich, eine kleine Runde um die Insel zu drehen. Es gibt einen Spazierweg, der nahe am Ufer verläuft, sowie einen, der von der Anlegestelle aus gesehen links hinter der Klosterkirche auf halber Höhe beginnt. Von diesem zweigt nach rechts ein Weg zum höchsten Punkt des Inselchens ab. Kinder interessieren sich erfahrungsgemäß weniger für die romanische Klosterkirche als für die Esel, an deren Gehege man auf diesem Weg vorbeikommt und die sich gerne füttern lassen. (Am Gehege ist eine Futterbox angebracht, aus der man sich gegen eine Spende bedienen kann.)

Weiter geht es mit dem Boot, das hinüber zur »Mali Most« fährt. Nach ca. 15 Min. Fahrt kommt man zu einer Anlegestelle in Sichtweite des schmalen Kanals, der den kleinen See (Malo Jezero) mit dem großen See (Veliko Jezero) verbindet. Wir folgen dem asphaltierten Promenadenweg an einem Bootsverleih vorbei am Seeufer nach links zur kleinen Brücke **Mali Most (4)**, bei der es mehrere Rastbänke gibt. Auf der anderen Seite der Brücke, rechts am Ufer des kleinen Sees, kann man gut baden. Wir werden an diesen Platz zurückkommen – zuerst aber wollen wir die Landschaft des Nationalparks mit seinen Aleppokiefern und Steineichen genießen. Dazu nehmen wir den breiten Weg, der vor der Brücke nach rechts am Ufer entlang verläuft. Wir kommen gleich an einem Info- und Kassenhäuschen vorbei und folgen, immer mit schönen Blicken auf

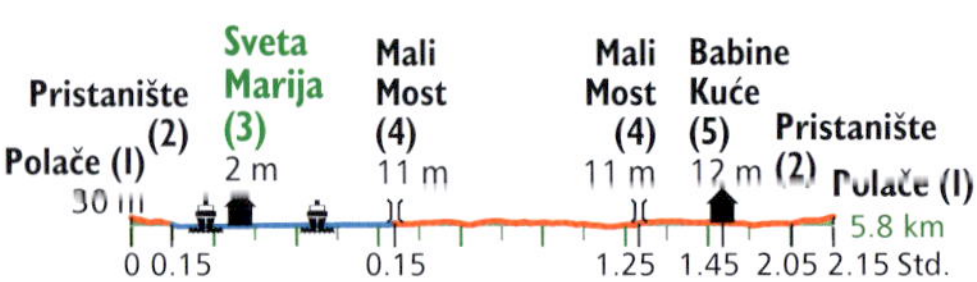

den kleinen See, dessen Ufer. Nach rechts abzweigend käme man in den Ort Pomena, der etwa 15 Min. entfernt liegt. Wir bleiben aber auf dem breiten Fahrweg und folgen dort, wo er sich vom Ufer entfernt, dem Wegweiser »Malo Jezero« nach links. Nun geht es auf einem Fußweg weiter am Ufer entlang. In der nächsten Bucht führt ein Weg vom Ufer weg; wir halten uns wieder links und bleiben nahe am Wasser. Nachdem wir den See zu zwei Dritteln umrundet haben, ignorieren wir in einer schmalen Bucht einen Weg Richtung »Veliko Jezero«. Immer am Ufer des kleinen Sees entlang erreichen wir nach etwa einer Stunde wieder die **Mali Most (4)**. Hier haben wir nun einen Badestopp verdient, bevor wir uns auf den Rückweg machen.

Am Kanuverleih vorbei gehen wir zur Anlegestelle – wer müde ist, kann mit dem Boot zurück nach Pristanište fahren – und folgen dem Spazierweg am Seeufer. Nach etwa 20 Min. kommen wir in den Weiler **Babine Kuće (5)** – wörtlich übersetzt »Großmutters Häuser«, wo die Taverne Konoba Mali Raj zur Einkehr einlädt. 300 m weiter entfernt sich der Promenadenweg vom Ufer und führt leicht bergauf über einen Hügelrücken. Man kann auf diesem Weg bleiben oder sich rechts am Ufer halten und auf einem Fußweg um eine Halbinsel herumgehen; auf beiden Wegen gelangt man wieder zur **Anlegestelle Pristanište (2)**. Der Nationalpark-Eingang **Polače (1)** ist am bekannten Weg von hier aus in 10 Min. erreicht.

Eselgehege hinter dem Kloster.

An der Uferpromenade im Ort Soline.

b) Fahrradtour rund um den Veliko Jezero

Vom Parkplatz beim Nationalpark-**Eingang Polače (1)** fahren wir eine abschüssige Asphaltstraße hinab zur **Anlegestelle Pristanište (2)** am Ufer des Veliko Jezero, des größeren der beiden Salzwasserseen, von der aus die Boote zur Klosterinsel Sv. Marija übersetzen. Hier gibt es auch einen Infokiosk und ein Postamt mit Geldautomat. Wir nehmen im Kreisverkehr die erste Ausfahrt nach rechts, überqueren eine kleine Halbinsel und gelangen direkt hinab ans Seeufer. Diesem folgen wir durch den Weiler **Babine Kuće (3)** – wörtlich übersetzt »Großmutters Häuser« – mit Möglichkeit zur Einkehr in der Konoba Mali Raj (durch den Ort müssen Räder geschoben werden). Weiter geht es eben entlang des

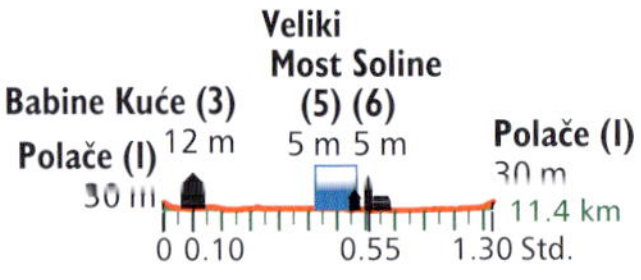

Ufers vorbei an einem Bootsanleger und einem Kanuverleih zur kleinen Brücke **Mali Most (4)**. Diese überspannt den schmalen Kanal, der den kleinen See (Malo Jezero) zu unserer Rechten mit dem Veliko Jezero verbindet. Hier gibt es mehrere Rastbänke, und rechts am Ufer des kleinen Sees kann man gut baden.

Wir folgen weiter der Asphaltstraße entlang des Veliko Jezero. Nach etwa 500 m geht es leicht bergauf und eine weitere Halbinsel wird überquert, anschließend folgt die Straße wieder für längere Zeit dem Seeufer. Rund 1,6 km ab der Mali Most kommt die Klosterinsel Sv. Marija in Sicht, die sich in eine Bucht des Sees schmiegt. Obwohl – oder gerade weil – sie so nahe ist, ist das Hinüberschwimmen streng verboten, man kann sich aber mit einem kleinen Boot zum Restaurant auf der Insel hinüberbringen lassen (Räder müssen an Land zurückbleiben). Wir radeln auf der Asphaltstraße entlang des Ufers weiter und kommen nach weiteren rund 1,5 km zur

Brücke **Veliki Most (5)**. Auf den Stufen hinunter zur Brücke, über diese hinweg und drüben wieder hinauf zu einer Asphaltstraße, hat man Metallschienen montiert, sodass die Räder geschoben werden können. Kleinere Kinder brauchen hier sicher Hilfe. Zu beiden Seiten der Brücke gibt es auch einen Badeplatz.

Nach Querung der Brücke kann man nach links direkt nach Pristanište zurückkehren. Es lohnt sich aber, zuvor noch einen Abstecher nach rechts zu machen. Nach knapp 500 m erreicht man den Weiler **Soline (6)**, wo es gleich drei Einkehrmöglichkeiten gibt. Durch den Ort müssen Räder wieder geschoben werden. Die Straße endet 200 m weiter an einem Parkplatz, von dem man noch 50 m zu Fuß zu einem Aussichtspunkt weitergehen kann, von dem man die Küste und das offene Meer sehen kann.

Man fährt denselben Weg zurück zur **Veliki Most (5)** und folgt immer der Asphaltstraße am Ufer, bis man schließlich wieder nach **Pristanište (2)** gelangt. Von hier folgt man

Blühende Agaven sieht man hier oft.

beim Kreisverkehr der Straße nach rechts bergauf zurück zum Ausgangspunkt, dem Nationalpark-Eingang **Polače (1)**. Wer schon müde ist, kann das letzte Stück der Steigung das Rad auch schieben.

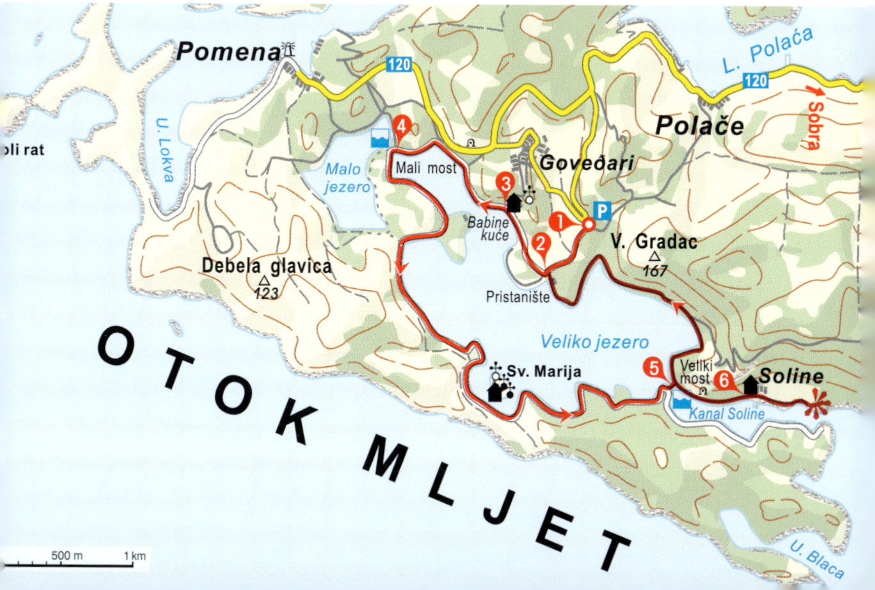

38 Die Stadt der langen Mauern

Besuch der Festungsstadt Ston

ab 4 J.

Eine Lore voll Salz in der alten Saline.

Zugegeben, die Festungsmauern von Dubrovnik (Tour 39) mit ihren zwei Kilometern Länge sind wesentlich bekannter, aber was die Länge angeht, ist die heute kleine und relativ unbekannte Stadt Ston unangefochtener Sieger. Ihre 5,5 km langen Mauern ziehen sich quer über einen ganzen Berg bis zum Nachbarort Mali Ston. Auch die seit der Römerzeit bestehende, älteste aktive Salzgewinnung im Mittelmeerraum ist eine Besonderheit, wegen der sich ein Besuch lohnt, zumal man seit der Eröffnung der neuen Küstenstraße mit der Pelješac-Brücke praktisch direkt an der Stadt vorbeifährt.

KURZINFO

Ausgangspunkt: Ston. Navi: 20230 Ston; N42.837769, E17.697231.
Anfahrt: Von Norden kommend auf der D674 über die Pelješac-Brücke und nach ca. 20 km bei der Ausfahrt Ston/Otok Mljet abfahren und der D414 nach Ston folgen. Von Süden aus Richtung Dubrovnik auf der D414 vorbei an Mali Ston nach Ston. Parkplatz direkt gegenüber der Altstadt.
Anforderungen: Der Weg über die Mauern besteht großteils aus Steinstufen; es gibt keinen Schatten.
Ausrüstung: Bequeme Schuhe oder Sandalen. Sonnenschutz und genügend Trinkwasser mitnehmen!
Altersgruppe: Ab 4 Jahren.
Öffnungszeiten: Tägl. 8–19 Uhr.
Kosten: Eintritt zu den Stadtmauern Erwachsene 5 €, Kinder 2 €.
Besuchsdauer: 1 Tag.
Gehzeit Wanderung: 2 Std.
Weglänge: 3,8 km.
Höhenunterschied: 170 m.
Variante: Man kann auch in Mali Ston parken und die Wanderung von der anderen Seite beginnen.
Bademöglichkeit: In der Bucht beim Autocamp Prapratno (siehe unten) gibt es einen großen, teils sandigen Strand mit Duschen und Umkleiden.
Einkehr: Sowohl in Ston als auch in Mali Ston gibt es ein breites Angebot. Der Schwerpunkt beim Essen liegt eindeutig auf Fisch. Freunde von Meeresfrüchten kommen hier auf ihre Rechnung, denn die Muscheln und Austern kommen frisch aus den lokalen Zuchten.
Unterkunft: Das Autocamp Prapratno (Tel. +385 20 754000, camping-prapratno.com) liegt 4 km von Ston entfernt in einer tief eingeschnittenen, windgeschützten Bucht mit teilweise sandigem, teilweise aus feinem Kies bestehendem schönen Strand. Es gibt auch ein Restaurant und einen kleinen Laden.
Informationen: Tourismusverein der Gemeinde Ston (Tel. +385 20 754452, ston.hr).

Die Mauer verbindet die Orte Ston und Mali Ston.

Als die Republik Ragusa (Dubrovnik) im Jahr 1333 das Gebiet um das heutige Ston erwarb, gingen damit auch die schon von den Römern betriebenen Salzgärten in ihren Besitz über. Da der Salzhandel zu jener Zeit ein einträgliches Geschäft war und sich zeitweise sogar zur Haupteinnahmequelle von Dubrovnik entwickeln sollte, wurde zum Schutz des Zugangs auf die Halbinsel Pelješac nach Plänen der besten Festungsarchitekten jener Zeit eine mächtige Befestigungsanlage errichtet. Die Landbrücke zwischen den Buchten von Ston und Mali Ston ist nur knapp 1,5 km breit und dadurch leicht zu verteidigen.

Man baute insgesamt drei Kastelle – auf dem Berg Pozvizd, in Mali Ston und in Ston – und verband sie durch über 5 km lange Mauern – die längsten in Europa und die zweitlängsten der Welt nach der Großen Mauer in China – mit mehr als 40 Türmen! Der Bau dauerte etwa 175 Jahre und war erst 1506 fertiggestellt. Die ca. 1 km lange fünfeckige Mauer, die die Stadt Ston selbst umschließt, war so großzügig konzipiert, dass sie noch

39 Hoch über dem alten Ragusa

Wanderung auf den Hausberg von Dubrovnik — ab 4 J.

Dass die zum UNESCO-Weltkulturerbe zählende Stadt Dubrovnik mit ihren mächtigen Stadtmauern zu den Hauptsehenswürdigkeiten Kroatiens gehört, steht außer Frage. Die wenigsten Touristen wissen aber, dass man hier auch eine sehr schöne Wanderung unternehmen kann, und zwar auf den Berg mit dem unaussprechlichen Namen Srđ, der sich direkt über der Altstadt erhebt. Da auf diesen Gipfel mit seiner Festung aus der Habsburgerzeit auch eine Seilbahn hinaufführt, kann man die Wanderung teilen und entweder nur bergauf oder nur bergab zu Fuß gehen.

KURZINFO

Ausgangspunkt: Pile-Tor an der Westseite der Altstadt von Dubrovnik. Navi: N42.642006, E18.106659.
Anfahrt: Von der Adria-Magistrale D8 folgt man der Beschilderung ins Stadtzentrum von Dubrovnik und parkt auf einem der kostenpflichtigen Parkplätze am Rand der Altstadt. Weiter zu Fuß durch eines der Stadttore zum alten Hafen. Die allgegenwärtigen Orientierungspläne helfen beim Finden des Weges. Vom Campingplatz Solitudo besser per Buslinie 2a, 5 oder 6 zum Pile Platz am Rand der Altstadt. Auch von den weiter entfernten Campingplätzen in Zaton, Kupari und Mlini gibt es Busse (Fahrplan unter libertasdubrovnik.com/en).
Anforderungen: Einfache Wanderung großteils auf Stufenwegen, teilweise Asphalt und Straßenpflaster. Der Serpentinenweg ist zwar nicht steil angelegt, verläuft aber in der prallen Sonne. Nicht um die Mittagszeit empfehlenswert.
Ausrüstung: Wanderschuhe, Sonnenschutz, viel Wasser!
Altersgruppe: Ab 4 Jahren.
Gehzeit: 4 Std. (ganze Runde), 2.15 Std. bei Talfahrt mit der Seilbahn.
Weglänge: 6,9 km (ganze Runde), 4,2 km bei Talfahrt mit der Seilbahn.
Höhenunterschied: 400 m.
Variante: Eine Möglichkeit, Parkgebühren und Nerven zu sparen, ist es, mit dem Auto nach Bosanka hinaufzufahren und dort zu parken. Man geht dann zunächst vom Wegpunkt 4 zu Fuß hinunter in die Altstadt und dann auf dem Serpentinenweg hinauf auf den Srđ.
Hinweis: Betriebszeiten der Seilbahn April bis Dezember täglich ab 9 Uhr; letzte Fahrt im April um 21 Uhr, im Mai um 23 Uhr, Juni bis Sept. um 24 Uhr, Okt. um 20 Uhr, Nov. um 17 Uhr und Dez. um 16 Uhr. Preis 15 €, Kinder 4–12 Jahre 4 €.
Einkehr: Aussichtsrestaurant in der Seilbahn-Bergstation am Srđ (geöffnet während der Betriebszeiten der Seilbahn, Tel. +385 20 312664), Konoba Dubrava in Bosanka (tägl. 10–23.30 Uhr, Tel. +385 20 416405, konobadubrava.com), zahlreiche Einkehrmöglichkeiten in der Altstadt von Dubrovnik.
Unterkunft: Direkt in Dubrovnik, auf der Halbinsel Babin Kuk, ca. 4 km vom Zentrum entfernt liegt das Autocamp Solitudo. Etwa 6 km Richtung Süden gibt es die zwei Campingplätze Matkovica in Kupari und Kate in Mlini, 8 km Richtung Norden in Zaton die Camps Polje Zaton und Bunica.
Informationen: Tourismusverband Dubrovnik, Tel. +385 20 323 887, tzdubrovnik.hr/lang/de.

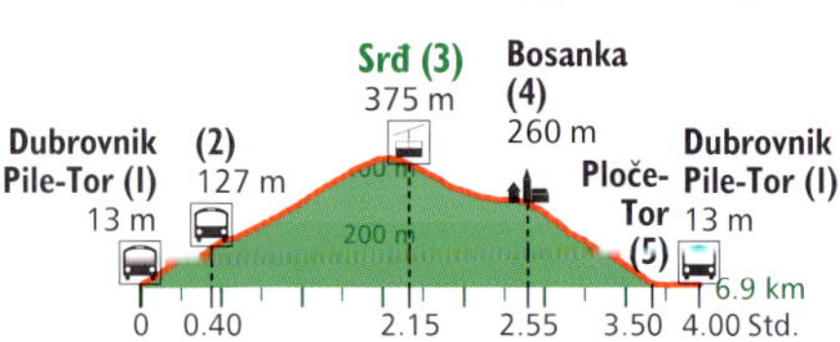

Von der Seilbahnstation aus hat man einen schönen Blick auf Dubrovnik.

Wir beginnen unseren Aufstieg zum Berg Srđ direkt beim **Pile-Tor (1)**, einem der beiden Haupttore der Altstadt, und gehen auf den Pile-Platz mit dem Busbahnhof zu. Gleich nach dem Überqueren der Brücke wenden wir uns rechts und gehen auf der entlang des Stadtgrabens verlaufenden Straße Iza Grada rechts bergauf. Nach dem Parkplatz nehmen wir eine breite Treppe, die links parallel zur Straße bergauf führt. Am oberen Ende gehen wir leicht nach rechts versetzt weitere Stufen hinauf, mit schönem Blick auf die Stadtmauern. Bei einer Bushaltestelle kreuzen wir die Zagrebačka-Straße und steigen gegenüber durch die Bernhard-Shaw-Gasse weiter bergauf. Dieser immer folgend, erreichen wir einen **Aussichtspunkt** an der Straße Gornji Kono und gehen auf dieser nach links. Diese mündet in die Ulica Pera Bakića (der Fußgeherweg führt über Stufen direkt zu einem Schutzweg, auf dem wir die Straße queren). Wir gehen wenige Meter bergab und dann in die Fortsetzung der Gornji Kono halb rechts. Nach 10 m führt eine schmale Treppe rechts bergauf (Straßenschild »Od Križa«), auf der wir hinauf zur Umfahrungsstraße von Dubrovnik gelangen. Wir queren zunächst die ins Stadtzentrum abzweigende Abfahrt, steigen noch ein paar Stufen hinauf und kreuzen dann die Hauptfahrbahn. Gegenüber führt ein Betonweg zwischen Sträuchern in ein Zypressenwäldchen und trifft nach wenigen Metern auf einen von links von einer **Bushaltestelle (2)** kommenden Weg. Auf diesem wandern wir rechts bergauf. Nun führt ein altösterreichischer Militärweg mit gleichförmiger Steigung zunächst durch den Wald; wir verlassen den Weg aber nach der zweiten Kehre wieder. Danach geht es auf einem kahlen Hang, stets mit Blick hinab auf die Stadt und aufs Meer, in insgesamt fünfzehn Kehren bis zum Gipfel, wobei in jeder davon eine Kreuzwegstation errichtet wur-

de. Über uns sehen wir bereits von Weitem die Seilbahnstation und die Festung. An deren Rückseite entlang erreichen wir eine Schotterstraße, auf der wir rechts zum Eingang der Festung (heute Museum des Bürgerkriegs) und weiter zur **Seilbahnstation (3)** gelangen (Restaurant, Souvenirshop und Aussichtsterrasse).

Wer nicht mit der Seilbahn hinunter in die Stadt fahren möchte, folgt nun der ab hier asphaltierten Zufahrtsstraße steil bergab (eine Serpentine kann man auf einem sehr steinigen Fußweg abkürzen) und erreicht ein Wäldchen, in dem sich rechts eine Boccia-Bahn und ein Gedenkstein direkt neben der Straße befinden. Links von uns liegt der Ort **Bosanka (4)**. Wenn wir hier geradeaus weitergehen, können wir nach 150 m in der Konoba Dubrava einkehren. Der Rückweg nach Dubrovnik aber zweigt 50 m vor der Asphaltstraße, die schräg aus dem Ortszentrum von Bosanka herausführt, ab: Ein Schotterweg führt durch das Wäldchen und an den Rand eines steilen Abhanges. Hier beginnt ein steingepflasterter Stufenweg, auf dem wir bergab gehen. An einer Abzweigung halten wir uns rechts und kommen nach vielen Stufen zu einem Parkplatz an der Küsten-Magistrale. Wir gehen auf diesem rechts bergab, queren am Ende die Straße und sehen gegenüber wieder eine Treppe, die weiter bergab führt. Die Fortsetzung des Stufenweges mündet in die Gasse »Put od Bosanke«, der wir immer geradeaus folgen. Mehrere Gassen werden in schrägem Winkel gekreuzt, und immer wieder geht es über Stufen hinunter, bis wir schließlich wieder auf die Straße Iza Grada am Rand des Stadtzentrums treffen. Auf dieser gehen wir wenige Meter nach links bergab und kommen zu einem Fußweg, der rechts durch das **Ploče-Tor (5)** in die Altstadt führt.

Wie wir wieder zurück zum anderen Stadttor gehen, bleibt ganz uns überlassen. Es lohnt sich, durch die engen Gassen zu bummeln, die Stadtmauern zu besichtigen (siehe »Hallo Kinder«) oder in einem der vielen Lokale, Cafés und Eissalons einzukehren. Der direkte, kürzeste Weg führt immer der Straße nach, durch einen Torbogen nach rechts auf die Hauptstraße der Stadt, die Stradun, und auf dieser geradewegs zurück zum **Pile-Tor (1)**.

Hallo Kinder,

ein eigenes Abenteuer ist der Rundweg auf der Stadtmauer von Dubrovnik. Die Mauern sind insgesamt fast zwei Kilometer lang und gelten als die besterhaltene Stadtbefestigung des Mittelmeerraumes. Da die Seite zum Festland mehr durch Angriffe mit Kanonen gefährdet war, sind die Mauern hier zwischen vier und sechs Meter dick, und es wurde zusätzlich ein tiefer, fast unüberwindbarer Graben ausgehoben! Zum Meer hin gaben sich die Festungsbauer mit »nur« eineinhalb bis drei Metern zufrieden. An einigen Stellen sind die Mauern bis zu 25 Meter hoch, was einem achtstöckigen Haus entspricht. Zusätzlich hat man zur besseren Verteidigung an jeder der vier Ecken der Stadt entweder einen besonders mächtigen Turm oder eine frei stehende eigene Festung errichtet: den Minceta-Turm im Norden, die Festung Bokar im Westen, das Fort Sveti Ivan im Süden und die Festung Revelin im Osten. Sollte es ein Angreifer schaffen, trotz einem guten Dutzend Türmen und Bastionen sowie mehr als 120 Kanonen durch eines der Tore ins Innere der Stadt vorzudringen, so hätte er sich zu früh gefreut: Die Wege in die Stadt verlaufen nämlich nicht direkt, sondern über ein längeres Stück unterhalb der Mauern vorbei, sodass man Eindringlinge auch innerhalb des äußeren Tores nochmals unter Beschuss nehmen und bekämpfen konnte. Der Rundweg auf den Mauern, zu dem es mehrere Zugänge gibt, führt immer wieder über Stufen bergauf und bergab. Man hat ständig neue Blicke auf die Altstadt und das Meer und lernt immer neue Blickwinkel und Ansichten kennen. Da es kaum Schatten gibt, sollte man die Tour, bei der man im Einbahnsystem immer entgegen dem Uhrzeigersinn geht, nicht zur Mittagszeit unternehmen – ratsam ist es, gleich morgens um 8 Uhr oder erst gegen 17 Uhr die Tour zu unternehmen. Man sollte etwa zwei Stunden für die komplette Umrundung einplanen, wenn man alles in Ruhe genießen möchte. Es gibt im Nordteil der Runde einen Erfrischungskiosk oben auf der Mauer, an dem man eine Pause einlegen kann.

Eintrittspreis: 15 € Erwachsene, 5 € Kinder (5–18 Jahre).

Öffnungszeiten: Täglich ab 8 Uhr, Juni und Juli bis 19.30 Uhr, April, Mai, Aug. und Sept. bis 18.30 Uhr, Okt. bis 17.30 Uhr, Nov. bis März bis 15 Uhr.

Tipp: Wer zusätzlich zur Stadtmauer auch noch öffentliche Verkehrsmittel benützen und andere Museen besuchen möchte, ist mit einer »Dubrovnik-Card« (35 € für 24 Std. oder 45 € für drei Tage) günstiger dran!

40 Pfauenfedern und Ruinen

Abwechslungsreiche Tour auf der Insel Lokrum ab 4 J.

Wer den Touristenmassen in Dubrovnik für einen Tag entfliehen möchte, der sollte sich eine Auszeit im kleinen Paradies direkt vor den Toren der Stadt gönnen. Die kleine Insel Lokrum wurde in der Zeit der Habsburgerherrschaft zu einem subtropischen Park umgestaltet. Heute findet man neben ausgedehnten schattigen Pinienwäldern einen botanischen Garten, die Ruinen einer österreichischen Festung und eines alten Klosters, Picknick- und Badeplätze sowie gemütliche Cafés. Die größte Attraktion für Kinder sind aber die zahlreichen Pfaue, die die Insel bevölkern, sich ohne jede Scheu den Besuchern präsentieren und auch gerne mit Brotkrümeln füttern lassen.

An der Bucht Skalica im Nordteil von Lokrum.

KURZINFO

Ausgangspunkt: Dubrovnik, alter Bootshafen in der Altstadt. Navi: Ulica Iza Grada, 20000 Dubrovnik; Parkplatz am Pile-Platz: N42.642006, E18.106659).
Anfahrt: Von der Adria-Magistrale D8 folgt man der Beschilderung ins Stadtzentrum von Dubrovnik und parkt auf einem der kostenpflichtigen Parkplätze am Rand der Altstadt. Weiter zu Fuß durch eines der Stadttore zum alten Hafen. Die allgegenwärtigen Orientierungspläne helfen beim Finden des Weges. Vom Campingplatz Solitudo besser per Bus mit der Linie 2a, 5 oder 6 direkt zum Pile-Platz am Rand der Altstadt.
Anforderungen: Leichter Spaziergang auf schönen Parkwegen, großteils Kiesboden. Die erweiterte Runde zum Lazarett und zur Bucht Skalica führt über unebene Waldwege und steinige Pfade.
Ausrüstung: Leichtes Schuhwerk, Sonnenschutz, Badesachen, Badeschuhe.
Altersgruppe: Ab 4 Jahren, die erweiterte Runde ab 6 Jahren.
Gehzeit: 2 Std.
Weglänge: 4,7 km.
Höhenunterschied: ca. 100 m.
Fahrtzeiten: Die Boote zur Insel Lokrum fahren von 9–19 Uhr alle 30 Min., die Überfahrt dauert etwa 15 Min.
Kosten: Der Eintritt auf die Insel kostet 27 € für Erwachsene und 4 € für Kinder (7–18 Jahre) inklusive Bootsfahrt.
Varianten: Auf der Insel gibt es eine Vielzahl möglicher Rundwege, die man beliebig kombinieren, zur Verlängerung oder Abkürzung der Runde nutzen kann.
Hinweis: Bei der Insel handelt es sich um ein Naturreservat. Die Mitnahme von Hunden sowie das Rauchen sind auf der gesamten Insel verboten!
Bademöglichkeit: Mehrere felsige Badebuchten auf der Westseite der Insel. An der Südspitze gibt es einen FKK-Strand für alle, die keine Badesachen dabei haben. Beliebt ist auch das Baden im »Toten Meer«, einem kleinen See mit hohem Salzgehalt, in dem man besonders leicht schwimmen kann. Keine Duschen und Umkleiden!
Einkehr: Es gibt zwei Lokale, beim Bootsanleger in der Bucht Portoč und beim Kloster, sowie eine Strandbar beim »Toten Meer«.
Unterkunft: Siehe Tour 39.
Informationen: Tourismusverband Dubrovnik, Tel. +385 20 323887, tzdubrovnik.hr/lang/de.

Die Pfaue zeigen keinerlei Scheu.

Wir fahren vom Altstadthafen von Dubrovnik mit einem der offiziellen Boote des Naturreservats Lokrum (die Fahrkarten, die zugleich Eintrittskarten für die Insel sind, werden direkt am Hafen verkauft) zum Bootsanleger in der Bucht **Portoč (1)**. Hier gibt es einen großen Orientierungsplan, mit dem man sich auf dem überschaubaren kleinen Eiland recht schnell zurechtfindet. Im Prinzip besteht Lokrum aus einem eher »wilden«, bewaldeten Nordteil, in dem sich der höchste Punkt der Insel mit der Festung Fort Royal befindet, und einem gärtnerisch gestalteten Südteil.

Wenn wir mit der Erforschung der Nordseite beginnen, gehen wir am Försterhaus vorbei bergauf und passieren zu unserer Linken ein Gasthaus. Wir halten uns eher rechts und kommen an der Klosterruine (links) und der **Verkündigungskapelle (2)** (rechts) vorbei, neben der sich gleich der Eingang zum sehens-

Der Garten im alten Kloster.

werten botanischen Garten mit seinen zahlreichen exotischen Pflanzen befindet. Geradeaus weiter gelangen wir an einem weiteren Orientierungsplan vorbei in den alten Olivenhain (mit Rastplätzen). Am rechten Rand des Hains entlang gehen wir weiter, an einem weiteren Eingang in den botanischen Garten vorbei, dann auf einem leicht ansteigenden Weg durch den Kiefernwald und bei der nächsten Abzweigung rechts bergauf. In der zweiten Kehre des mit Steinmauern befestigten Weges liegt eines von zwei Wasserreservoirs der Insel. Hier gabelt sich der Weg; wir nehmen nicht den scharf links eben entlang des Hanges weiterführenden Hauptweg, sondern folgen einem Wegweiser zum Fort Royal auf einem Waldweg. Er trifft nach wenigen Minuten auf den »Rajski put« (Paradiesweg), auf dem rechts ein Wegweiser Richtung Portoč steht. Wir gehen aber links, schnurgerade bergauf. Der Weg ist zuerst geschottert, dann auf einem Abschnitt mit Steinplatten befestigt. Zuletzt geht es steiler, teilweise über Stufen, hinauf zum höchsten Punkt der Insel mit dem unter französischer Herrschaft begonnenen und von den Österreichern vollendeten **Fort Royal (3)**. Über eine Treppe an der Rückseite kann man in den Festungsturm hineingehen und auf dessen Dach hinaufsteigen, von dem aus man einen fantastischen Rundblick über die Insel und die Bucht von Dubrovnik genießt.

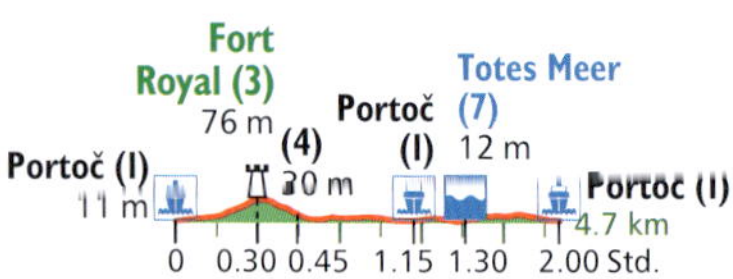

An der Nordseite der Festung folgen wir den Wegweisern bergab Richtung **Lazarett (4)**. Wir erreichen die mächtigen Ruinen des ehemaligen Quarantänespitals, gehen an der Mauer entlang und an der Unterseite scharf links auf einem Weg bergab, der zuletzt über Stufen in die **Bucht Skalica (5)** hinunterführt. Der Legende nach soll hier der englische König Richard Löwenherz bei seiner Rückkehr von Palästina an Land gegangen sein, um sich vor einem schweren Sturm zu retten. Von hier aus hat man einen schönen Blick auf die Altstadt von Dubrovnik. Wir gehen die Stufen wieder hinauf und folgen dann nach links einem Pfad, der am Ufer entlang zum Triton-Kreuz (das an die Seeleute eines untergegangenen Schiffes erinnert) und weiter zurück zur Bucht **Portoč (1)** mit der Anlegestelle und dem Försterhaus führt.

Der Südteil der Insel bietet sich eher dafür an, einfach in den weitläufigen Gartenanlagen und auf den Spazierwegen herumzustreifen, die allgegenwärtigen Pfaue zu beobachten und es sich am Strand oder auf einer der Picknickwiesen gemütlich zu machen. Auf demselben Weg wie bereits beschrieben erreicht man die Klosterruine mit ihren immer noch eindrucksvollen Mauern.

Hallo Kinder,

wollt ihr eine schaurige Geschichte lesen? Auf Lokrum soll ein Fluch liegen, der allen Besitzern der Insel Unglück und einen frühzeitigen Tod bringen soll. Über viele Jahrhunderte befand sich auf der Insel ein Benediktinerkloster, dessen Ruinen bis heute besichtigt werden können. Als die Mönche im Jahr 1798 von der Insel vertrieben wurden und diese an drei Adelsfamilien aus Dubrovnik verkauft wurde, sollen sich die Mönche am Vorabend ihrer Abreise noch einmal nach einer letzten Messe zu einer nächtlichen Prozession versammelt haben. Die Legende erzählt, dass sie mit tief ins Gesicht gezogenen Kapuzen – die Kerzen zu Boden gerichtet, sodass die Wachstropfen auf die Erde fielen – dreimal um die Insel gegangen sind und dabei düstere Worte gemurmelt haben. Alle zukünftigen Besitzer der Insel sollen sie verwünscht haben, und tatsächlich scheint es so, als habe sich der dunkle Fluch erfüllt: Die Oberhäupter der drei Familien aus Dubrovnik starben schon bald – einer ertrank, einer sprang aus dem Fenster und der dritte wurde von einem Diener erstochen. Auch die späteren Besitzer der Insel hatten wenig Glück: Der österreichische Erzherzog Maximilian, der auf der Insel seine Sommerresidenz errichten und die Gärten anlegen ließ, wurde in Mexiko hingerichtet, und der Kronprinz Rudolf beging Selbstmord. Heute müssen alle Besucher die Insel am Abend verlassen; niemand darf die Nacht hier verbringen, denn viele Bewohner Dubrovniks sind davon überzeugt, dass selbst das Unglück bringen würde. So gehört die Insel in der Nacht ganz alleine ihren einzigen ständigen Bewohnern – den Pfauen und Kaninchen.

Der Südteil des früheren Klosters wurde im 19. Jahrhundert zur Sommerresidenz von Erzherzog Maximilian umgebaut; der Klosterhof zu einem schönen Garten gestaltet. Hier befindet sich auch ein **Gasthaus (6)**. Westlich davon liegt der barocke Maximiliangarten, südlich eine große Wiese mit Sportplätzen. An diesen vorbei kommt man, sich rechts haltend, zu einem felsigen Strand, links zu Freiluft-Fitnessgeräten und geradeaus weiter zum sogenannten **Toten Meer (7)**. Stufen führen hinunter zu dem kleinen, salzigen See, in dem man baden kann. Wer nicht selbst ins Wasser gehen möchte, kann den Klippenspringern zusehen, die sich vom gegenüberliegenden Ufer in die Tiefe stürzen, oder in der Café- und Cocktailbar gleich rechts oberhalb einkehren. Alle, die die Badesachen vergessen haben und sich doch noch entschließen, ins Wasser zu gehen, können dem Weg links am Toten Meer vorbei und dann immer an der Küste entlang folgen. Von ihm zweigt ein Pfad zum am südöstlichen Zipfel der Insel gelegenen ausgewiesenen **FKK-Strand** ab, an dem sich auch eine Strandbar befindet. Der Weg führt uns immer an der Ostküste entlang und erreicht schließlich wieder die Bootsanlegestelle **Portoč (1)**.

Stichwortverzeichnis

BERG WELTEN
Die Schönheit der Natur entdecken
Bergwelten zeigt die schönsten und außergewöhnlichsten Schauplätze der Alpen und der Berge dieser Welt. Lässt die Menschen die Freiheit und Faszination auf den Gipfeln, Almen und Hütten hautnah miterleben und inspiriert sie hinauszugehen. Werden auch Sie Teil von Bergwelten.
IM HANDEL & ALS ABO
BERG WELTEN
Sechsmal Abenteuer, bitte!
20 Gründe fürs Daheimbleiben
Die 4.000er-Frau am Mont Blanc
Nach dem Frühstück auf einen 3.000er
Mehr zu der aktuellen Ausgabe unter:
magazin.bergwelten.com
FOTO: Manuel Peric

Impressum

Titelbilder: Oben: Aquapark Istralandia (Tour 6a) und Paddeln auf der Cetina (Tour 34). Unten: Blick auf die Bucht von Baška (Dr. Gerhard Hirtlreiter).
Bild Seite 1: Kraxel- und Badespaß auf Krk.
Bild Seite 26/27: Auf dem Weg zum Strand – Insel Krk.
Bild Umschlagrückseite: Wandern auf der Insel Krk.

Alle Fotos von den Autorinnen mit Ausnahme der Bilder auf den Seiten S. 1, 10, 25, 26/27, 74, 86, 98, 103, 104 oben, 111, 117, 137 oben, 141 und Umschlagrückseite (Dr. Gerhard Hirtlreiter), S. 22 (Alfred Stöckl), S. 125 (Sonja Stöckl), S. 146, 156 oben, 159 (Martin Stöckl), S. 168 unten, 172 (Klaus Süßmuth).

Die Autorinnen:
Johanna Stöckl ist Wanderführerin und Autorin; Rosemarie Pexa ist als Journalistin, Autorin, Wanderführerin und in der Erwachsenenbildung tätig. Beide stammen aus Wien und schreiben schon seit mehr als einem Jahrzehnt auch Wanderbücher. Bei den Recherchen sind die beiden Kinder Martin und Sonja fast immer mit von der Partie.
Website der Autorinnen: www.stoeckl.me

Kartografie:
Karten im Maßstab 1:10.000 bis 1:300.000 © Johanna Stöckl
Zwei Übersichtskarten im Maßstab 1:500.000 und 1:1.300.000
© Freytag & Berndt, Wien

Illustrationen: Stephanie Stickel (www.stephanie-stickel.de).

2., aktualisierte Auflage 2023

ISBN 978-3-7633-3389-9

FSC www.fsc.org MIX Papier aus verantwortungsvollen Quellen FSC® C021956

Wir freuen uns über jeden Korrekturhinweis zu diesem Wanderbuch!
Bitte per E-Mail an: **leserzuschrift@rother.de**

ROTHER BERGVERLAG · Keltenring 17 · D-82041 Oberhaching
Tel. +49 89 608669-0 · rother.de